新编21世纪高等职业教育精品教材

金融类

个人理财实务

（第四版）

主　编　孙　黎
副主编　蔡　璨

中国人民大学出版社
· 北京 ·

第四版前言

党的二十大报告明确指出："高质量发展是全面建设社会主义现代化国家的首要任务。"每个人都希望过上幸福美满的生活，幸福是人的一种精神感受，而这种让人愉悦的精神感受需要经济基础做后盾。因此，理财已经越来越受到人们的关注和重视。通过理财实现资产的增值、提高或保持现有生活质量，逐渐成为人们经济生活中必不可少的一部分。

一个人想要理财成功，就要有科学的理财思维。面对复杂的经济环境、层出不穷的金融工具，人们需要增强风险意识，谨慎远离各种诱惑和陷阱，结合自己的理财规划和目标，独立思考和慎重决策。

理财是一种需要长期坚持的行为，人们通过时间带来的复利以及不间断的资金投入获得巨大的收益。理财在一定程度上是一场人生修炼，遇到的困难和压力要比想象的更大，如果没有坚韧不拔、持之以恒的品质，很可能会半途而废，止步不前，最终难有所成。

理财的根本是人生规划。人们需要面对以下问题：如何规避疾病、伤残、死亡给家庭带来的经济风险？如何为子女成长做好教育金规划？如何置业、投资？如何规划退休养老生活？如何对现有的财产进行保护和传承？我们需要找到这些理财问题的答案。

本教材第四版一如既往地遵循了前三版编写的原则，突出了实践性和可操作性的特点，注重内容的时效性和案例的典型性，注重帮助读者找到适合自己家庭现状的理财方法和工具，注重解决现实生活中的理财问题。本教材增加了素养目标，并结合最近几年政策和行政法规的变化、读者反馈的意见、理财规划人员的建议以及相关学科方面的最新研究，调整了相应的课程内容，更新了相关案例。本教材共分为十个学习情景，学习情景一为个人理财和个人理财规划，学习情景二为个人财务管理和现金规划，学习情景三为个人风险管理和保险规划，学习情景四为个人税收筹划，学习情景五为个人住房规划，学习情景六为个人投资管理和投资规划，学习情景七为子女教育规划，学习情景八为退休养老规划，学习情景九为财产分配与遗产规划，学习情景十为综合理财规划。

本教材适用于所有对理财有兴趣但理财知识及技巧有限的读者，适用于生活中面对理财困境不知如何解决的读者。编者既希望本教材能够帮助读者正确认知理财，获得理财方面的知识，找出解决生活中理财问题的思路和方案，最终拥有一个适合自己的理财系统；也希望本教材能够成为理财规划人员的指导教材，帮助他们提升理财能力。

此次修订工作由辽宁经济职业技术学院孙黎完成，并统纂定稿。感谢中国人民大学出版社为本教材的出版付出的努力；感谢行业、企业方面专家的大力支持；同时，编者参阅和借鉴了众多金融界和教育界专家与学者的著作和研究成果，也从互联网上选用了一些案例和资料，在此一并向相关单位和作者致以诚挚的谢意！

限于编者水平，书中有疏漏和瑕疵在所难免，敬请广大读者提出意见和建议。

编者

2024年12月

目　录

学习情景一　个人理财和个人理财规划

情景导入

33 岁的宋喆在长春有一份月收入 5 000 元左右的稳定工作。不过，最近参加了一次大学同学聚会后，他感觉颇受打击。十年前毕业时起点差不多的同学，现在有的已经踏入百万富翁的行列，而自己却还是一个有房贷的“负翁”。

同学小赵毕业后找到的工作和宋喆差不多，最初的月薪不过 3 000 元，现在也就 6 000 多元。不过，小赵在同学圈里是公认的理财达人。当初在大学时，小赵就选修了证券投资课程，大四时还拿出节省下来的几千元生活费练手。毕业后，他并不像其他“月光族”那样有多少花多少，而是拿出一部分月薪“强制储蓄”。毕业三年后，小赵拿着自己攒下来的 2 万元做起了网店生意，最初只是做小规模兼职网店，每月最多创收几百元，后来网店规模不断扩大。2017 年，小赵存到了人生的第一个 20 万元。在经营网店创收、增收的同时，小赵将一部分闲钱投资于股票和房产。因为抓住了几次好机会，小赵的家庭资产很快增加至百万元。

相比之下，宋喆在投资理财方面不及小赵。最初月薪 2 000 多元的时候，他基本上都是“月光”。2018 年结婚前，宋喆一直在租房住。因为要结婚，他当时贷款买了一套两室一厅的房子，到目前为止每月收入的一半都得用来还房贷。

事实上，每个人身边都不乏这样的实例。“同样的工资收入，理财和不理财，就是有这么大的差距。”一个小小的理财计划、一个小小的理财习惯，眼下也许对于你和别人的影响没有什么不一样，可是如果坚持做，那么复利的“魔力”可以让未来 5 年、10 年、20 年后的你，与没有理财的人相比，人生的处境完全不同。

随堂思考：我们应该如何理财？

俗话说：“吃不穷，穿不穷，算计不到才受穷。”理财专业人士说：“你不理财，财不理你。”但也有人说：“你若理财，财便离你。”究竟什么是个人理财？为什么要进行个人理财？个人理财会给我们带来什么？我们应如何理财？

一般人谈到个人理财，想到的不是储蓄、投资，就是保险。实际上，理财的范围很广泛。科学的个人理财远远超出了储蓄、投资、保险等范畴，它是为了实现个人的人生目标和理想而制订、安排、实施和管理的一个各方面总体协调的财务计划的过程，最终实现个人终身的财务安全与财务自由。

个人理财的兴起是经济发展到一定阶段的产物。当收入提高到一定水平后，手中积聚了越来越多的闲置资金，民众就会逐渐产生对个人理财的市场需求。个人/家庭只有正确认识个人理财，灵活运用个人理财工具，制订可行的理财计划，坚持执行理财计划，才能实现理财的最终目标。

个人理财学习的基本任务就是做好理财的充分准备，树立正确的理财观念，养成良好的理财习惯，设定适当的理财目标，制订可行的理财计划。

一、做好理财的充分准备

在开始理财之前，人们应做好资金、知识和心理三方面的充分准备。资金准备是指要准备好用于投资的资金，一般来说，它主要是指除日常开支、应急准备金以外的个人流动性资金。知识准备是指应该熟悉和掌握理财基本知识和基本操作技能。心理准备是指要对投资风险有一定的认识，能够承受投资失败的心理压力。

二、树立正确的理财观念

理财观念决定理财行为，但并非每个人都有正确的理财观念。生活中许多个人/家庭常常走入理财误区，因此需要树立正确的理财观念，这对理财成功至关重要。

三、养成良好的理财习惯

行为科学研究表明：一个人 95%的行为都是因为习惯。当一个人要有所改变的时候，一定是从习惯开始的。个人理财也是一种行为习惯、自发意识，与资本多少没有必然的联系。

四、设定适当的理财目标

设定适当的理财目标是个人理财最为重要的一环。理财目标不仅要考虑短期目标、中期目标，更主要的是要设定长期目标。因为长期目标往往是个人/家庭在未来相当长一段时间内的生活保障，或者说是追求更高生活水平、生活质量的有效手段。

对于理财，目光短浅者往往只能为现在奔波，大多承受不了太多的“变数”和突发事件；相反，目标长远者不但不惧怕未来，还会对未来即将产生的收益有所期待。

五、制订可行的理财计划

为了实现理财目标而制订理财计划非常重要。理财计划应因人而异，但所有的理财计划在制订时都应遵循以下原则：灵活性、变现能力、保障性以及成本最小化。坚持实施理财计划更为重要，只有长期坚持，理财效果才会显现。

个人理财规划是指根据客户的财务与非财务状况，运用规范的方法，并遵循一定程序，为客户制订切合实际、可操作的某一方面或一系列相互协调的规划方案。个人理财规划通常由专业的理财人士或资深的投资人士为客户提供。

正确认识个人理财规划的基本任务就是掌握个人理财规划编制的内容，正确遵循个人理财规划的编制原则，了解主要的理财规划职业资格认证。

任务一　正确认识个人理财

学习目标

◇ 掌握个人理财的基本知识
◇ 能够做好个人理财准备工作
◇ 能够树立正确的理财观念
◇ 能够养成良好的理财习惯

素养目标

◇ 通过对理财观念的学习，树立正确的人生观、世界观和价值观，具有较强的民族精神、科学态度、竞争观念、法律意识等现代思想观念
◇ 通过对理财习惯的学习，树立科学的思维方式，具备积极进取的心态，具有无坚不摧的意志和坚韧不拔的毅力

任务描述

孟君和妻子是在工作时认识的，巧的是两个人都住在市郊的村庄中，因此结缘并修成正果，喜结连理。

婚后两人便想要搬到市区的小区里，租个一室一厅或是两室一厅，偶尔亲友来了，也能招待一下，像个家的样子。

于是，两人省吃俭用，用了快一年的时间才算攒足了一年的房租，幸福地搬进了一个较新的小区内，住上了两室一厅的大房子，过上了更滋润的小日子，这也算是他们结婚一周年纪念日的最好礼物。

因为图便宜，两人选择的房子并无家电，只有一张床、两个柜子和基本的卫生间、厨房设备而已。即使这样，两人的幸福感也丝毫未减。在他们看来，要是房东添置了家电，每月房租就会多出好几百元，还不如自己慢慢置办，一来不会因为别人用过而心里不舒服，二来买的东西终归是自己的，钱花得也值。

当时是初秋时节，天气转凉，眼看就要入冬，为了方便洗澡，两人决定先攒钱买个热水器；冬末春初，眼看再过几个月就要到夏天了，两人决定买空调和冰箱，

但无奈经济能力有限，暂时只能二选一，最终两人决定先买冰箱，以方便储存食物，没有空调可以用电风扇代替；在结婚两周年纪念日前的大半年里，两人计划花费六七千元到邻近国家跟团双人游，于是他们又开始攒钱。钱好不容易攒够了，但又该付房租了，于是他们只好放弃旅游交了房租，下一年的居住权成为两人结婚两周年纪念日的礼物。

又过了几个月，两人计划把借朋友的钱还了，再买个饮水机。

又过了几个月，两人计划买套沙发，让客厅显得更加漂亮。

又过了几个月，两人计划买台电脑，这已经是时下年轻人必不可少的东西。

转眼又快要到夏天了，两人决定无论如何也要买个空调。

夏天过去了，又到了交房租的时候。

…………

到了第四年的时候，两人的家电已添置齐备，欠朋友的外债也还清了，他们觉得终于可以有些余钱了。然而，他们又感到每个月花一两千块钱租房，还不如自己按揭买一套房子，虽然要交房贷，但房子毕竟是自己的。有了买房的计划，他们漫长的攒钱岁月又开始了。

任务分析

孟君夫妇一步步看似“有计划”“有目标”“十分清晰”的消费行为，其实体现出了他们的理财计划，然而他们时时面临的无奈局面却暴露了一个问题：他们的理财目光过于短浅，只限于满足眼前的需要。

就他们的买房计划而言，以每年攒 2 万元的速度来计算，等到两人再用三四年或四五年的时间攒够买房的首付后，接踵而来的就是“新家装修”。就现代小夫妻的心理来说，是很少有人会忍受“新家搬进旧家具”的，所以，之前花费几年所添置的家电就都白费了，“新家”的家电添置很有可能又要从头再来一次了。

理财需要有长远的眼光，不仅要理好眼前的财，而且还要照顾好长远的财，这才是最佳的理财之道。对于长远的理财计划，我们应该怎样去把握呢？

任务精讲

一、为什么要理财

（一）人的一生要面临巨大的财务缺口

个人理财是现金流量管理，每个人一出生就需要用钱（现金流出），假设我们在一生中的任何时刻都有收入（现金流入），而且我们的收入永远等于或大于我们的支出，那么不理财也可以。但可惜的是，绝大多数人的一生要面临巨大的财务缺口。

个人的理财人生和收支状况如图 1－1 所示。支出曲线说明人的一生一直在消费。收入曲线代表一生的收入变化情况，但人并不是一生下来就有收入。一个人大约从 18 岁开始才慢慢有了工作收入，约 20 岁时收入开始大于支出，打拼到 40～50 岁，就会达到人生的顶点，个人收入也达到最高峰，然后收入可能开始下降。到了最后一个阶段，可能个人就没有了收入，支出又开始大于收入。也就是说，事实上我们一生中只有大约一半的时间有赚取收入的能力，这个时间约为 47 年，如果以我国人均寿命 80 岁来计算，我们还有大约 33 年的时间是纯支出，同时还要抵御通货膨胀的威胁，因此每个人不管现在是否有钱，都需要理财。

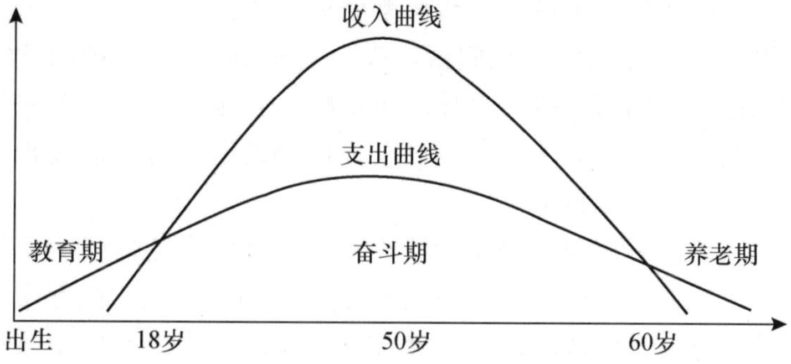

图 1-1 个人的理财人生和收支状况

（二）提升生活质量

每个人都希望更好地生活，而不只是满足于基本的生活需求。人既要通过合理的家庭资产搭配组合保障资金安全，又要通过投资抵御通货膨胀对财富的侵蚀。理财就是要学会使用每一分钱，让资产稳定增值，从而保证整个家庭生活的正常运转，并追求高品质的生活。

（三）抵御人生的风险

个人/家庭所面对的人生风险主要有两类：一类是微观风险，如失业、疾病伤残、意外死亡、财产损失等；另一类是宏观风险，一般是个人所无法控制的，如通货膨胀、金融风暴、政治动荡等。这些风险会给我们的财务安全带来一定程度的冲击，一次风险就可能摧毁一个家庭。个人理财可以帮助人们事先采取有针对性的防范措施，当风险来临的时候人们就不会惊慌失措了。

此外，个人理财切忌盲目投资，一味地追求收益，让财富面临较大的风险。个人理财的价值也体现在，在承担相同风险的情况下尽量提高投资收益率，或者在获得同样的投资收益率的情况下尽可能降低所承担的风险。

（四）实现人生梦想

在人生的不同阶段，我们有着不同的梦想和需要，即我们的人生目标包括短期目标、中期目标和长期目标。我们都希望人生梦想能够成为现实，但“欲望无穷，资源有限”，只有通过理财检视个人的资产状况，进行资产配置，让有限的资源发挥最大的效用，才能实现我们的人生梦想。

二、什么是个人理财

20 世纪 70 年代，个人理财开始在一些发达国家和地区兴起，尤其是欧美国家，个人理财规划已成为一个热门行业。在中国，“个人理财”一词最早在 20 世纪 90 年代初期才见诸报端，但个人理财在中国的发展速度却非常快。随着中国经济的快速增长，中国股票、债券市场的扩容，商业银行、零售业务的日趋丰富和国民总体收入的逐年增长，个人理财在现代社会经济生活中扮演着越来越重要的角色。

谈到个人理财，人们想到的不是储蓄、投资，就是保险，实际上理财的范围很广。科学的个人理财远远超出储蓄、投资、保险等范畴，它是为了实现个人的人生目标和理想而制定、安排、实施和管理的一个各方面总体协调的财务计划的过程，最终目的是实现个人终身的财务安全与财务自由。

现代意义的个人理财不仅包括财富的积累，还包括财富的保障和安排。财富积累是指人们将在满足了个人或家庭的基本生活需要之后的剩余资金积攒起来，形成一定规模的财富；财富保障的核心是对风险的管理和控制，也就是当自己的生命和健康出现了意外，或个人所处的经济环境发生了重大不利变化，如恶性通货膨胀、汇率大幅降低时，自己和家人的生活水平不至于受到严重的影响；财富安排是指资产配置，即将财富分散投资在不同种类的投资工具或资产类别上。个人理财也有风险，除了评估自身风险承受能力以及客观经济实力，还需要咨询专业人士。

随堂思考：高收益的理财方案是不是好的理财方案？

解析：不同的个人/家庭的财务状况千差万别，风险承受能力也会有很大差异，适合自己的方案才是好方案。高收益的理财方案不一定是好的理财方案，因为收益率越高，其风险就越大。适合自己的方案是既能达到预期目的，风险又最小的方案。我们不要盲目选择收益率最高的方案。

三、做好理财的充分准备

个人/家庭在开始理财之前，要对自己有一个全面的了解，并做好资金、知识和心理三方面的充分准备。资金准备是指要准备好用于投资的资金，一般来说，主要是指除日常开支、应急准备金以外的个人流动性资金。知识准备是指应该熟悉和掌握理财基本知识和基本操作技能。理财心理准备也很重要，它是指要对投资风险有一定的认识，能够承受投资失败的心理压力。

充分做好上述准备工作后，个人/家庭即可寻找适合自己的理财观念、方式和方法，规划人生各个阶段的理财具体方案，并付诸行动。

四、树立正确的理财观念

在理财活动中要树立正确的理财观念，这对理财成功至关重要。理财观念决定理财行为，理财行为决定理财效果。

案例阅读

A和B的不同选择

有A和B两个大学生，他们每月都从家里得到1 000元的生活费，每月都用完。现在他们都想买台5 000元左右的笔记本电脑，但是家中不提供这笔资金，A和B对这个问题持不同的态度：A觉得自己付不起，直到毕业也没买笔记本电脑，想着什么时候能有一笔意外之财再买。B则一直在考虑如何才能付得起这笔钱。后来B通过获得奖学金和勤工俭学在两年的时间里就买了笔记本电脑。

并非每个人都有正确的理财观念，有的人甚至走入了理财误区。

（一）误区一：没钱，所以不用理财

这种想法是错误的，无论有钱还是没有钱，都应该理财。对于没有钱的人，理财应该从开源与节流两个方面入手。有的人工资收入过低，在支付必要的生活费用之后确实无财可理，这种类型的人应该努力提高自身在职场的竞争力，努力增加自身的劳动收入。有的人自身收入较高，但是缺乏长远计划，对子女教育、养老金准备没有予以足够的重视，从而过度消费。这种类型的人应逐步加强长远规划，减少自身消费支出，将剩余资金用于理财。

（二）误区二：理财等于投资

理财不等于投资，投资仅仅是理财的一个方面。投资更侧重于财富的快速增值，以利益最大化为目标；理财是长远的考虑，是为了使未来的生活更有质量，因此，它更注重资产的最优配置，会综合考虑投资者的资产负债状况、风险偏好程度等，最终寻求各项理财目标的实现。

（三）误区三：理财麻烦且有风险

由于目前理财产品的种类比以前更加多元化，且随着金融市场的逐步开放，投资品种也日趋复杂，对于普通投资者来说，理财确实变得越来越复杂了，并且存在一定的风险。在这种情况下，工作较忙、没有时间涉足相关领域的个人/家庭，最好能更多地借助于专业人士，在评估自身主观风险承受能力以及客观经济实力之后，再进行理财投资。

（四）误区四：理财产品是为有钱人设计的

理财是一种行为习惯和自发意识，与钱多钱少没有必然的联系。目前金融机构提供的理财产品也针对不同金额的客户，在投资起点上做了进一步细分，投资者可根据自身实际情况进行选择。比如既有每个月几百元就可以参与的基金定投，也有投资起点为上千万元的私募股权投资基金，还有5万元、20万元、100万元、300万元等诸多起点的产品可供选择。因此，理财是每个有意愿的人都可以做的事情。

（五）误区五：等到年纪大点再理财

凡事都要趁早，既然知道理财是一件对每个人都很有帮助的事情，何必要等到年纪再大点呢？早开始理财只会让今后的生活更加轻松。

购房计划、子女教育计划、养老计划等一系列大额刚性支出，若临到支出发生的时候才去准备资金就会十分仓促，甚至会造成理财目标无法实现。以子女教育为例，如果能在小孩刚出生的时候，每个月固定用一部分资金开始准备子女教育基金，就完全可以避免将来子女需要一次性大笔支出教育费用而对家庭财务造成过大的冲击。

（六）误区六：幻想一夜暴富

认为理财就是“发财”是对理财的一大认识误区。永远不要想着天上掉馅饼，理财不是为了发财，理财者理财是为了做到未雨绸缪，让自己的财务状况更平稳。

理财应该抱有合理的预期，比如某人去年买基金，赚了一倍，千万别再想着今年还能赚一倍。一部分人在与专业理财人士沟通时，一张口就要求一年的收益率不低于30%。理性地说，如能长期保持8%～10%的年收益就是不错的业绩了。

（七）误区七：理财就是“随大流”

很多人理财时随波逐流，一哄而上，人家炒股我也炒股，人家买基金我也买基金，不考虑自己的实际情况。有人看到同事买基金赚了20%，自己也拿钱去买基金，但等他去买基金时，就挣不到钱了。一个人在理财过程中如果被从众心理控制了，就会出现盲目投资的情况。

其实，理财是个性化的。每个人都有不同的财务状况和不同的生活目标，一定要从自身的实际情况出发，寻找适合自己的理财方式。理财要自主，要自己做财务的主人。

五、养成良好的理财习惯

个人/家庭应培养以下良好的理财习惯：

（一）开源节流

科学理财最根本的方法就是开源节流，处理好个人/家庭的收入与支出。一方面要增加收入来源，另一方面要减少不必要的开支。开源不仅仅包括努力工作，还要扩大个人/家庭资产的对外投资，增加个人/家庭投资收益和资本积累。节流不仅仅是压缩开支，也包括合理消费，合理利用借贷消费、信用消费，建立一种现代的消费观念。

（二）先储蓄后消费

储蓄是理财的第一步，即通过储蓄来进行财富积累。储蓄的意义并不在于存了多少钱，而在于可以形成一个整体观念。随着存款的增加，个人在财务上的安全感会不断增强，进而激发其对美好未来的追求。先储蓄后消费实际上是一种收支管理模式，具体做法是：每月或每次取得收入时，将至少10%以上的金额先储蓄，以保证财富的积累。剩下的用于消费，严格控制开支，不能超支。

（三）记账

记账能对日常的收入和开支做出分析，了解哪些支出是必需的、哪些支出是可有可无的，从而能够更合理地安排支出。我们平日养成记账的习惯，可以清楚每一项目的花费是多少，随时了解自己已经花了多少钱，不会入不敷出。

（四）善于计划

理财是理一生的财，不是为了解决燃眉之急。理财是一项长期的经济活动，不能一蹴而就。理财的目的不在于要赚很多的钱，而在于使将来的生活更有保障或生活得更好，善于计划对于理财很重要。

（五）持续学习理财知识

生活中理财失败的案例比比皆是，不断学习和积累理财知识，就可以少走很多弯路。理财知识会帮助我们正确决策，防范理财风险。选择适合自己的理财机构、理财产品，对实现理财目标有很大的帮助。

六、个人理财的最终目标

个人理财的最终目标是实现个人的财务安全与财务自由。

（一）财务安全

所谓财务安全，是指个人/家庭对自己的财务现状有充分的信心，认为现有的财富足以应对未来的财务支出和其他生活目标的实现，不会出现大的财务危机。简单来说，就是依赖现有稳定、充足的收入和充足的现金准备可以维持个人/家庭一段时间的财务支出和其他目标的实现。一般来说，个人/家庭财务安全的衡量标准如图 1－2 所示。

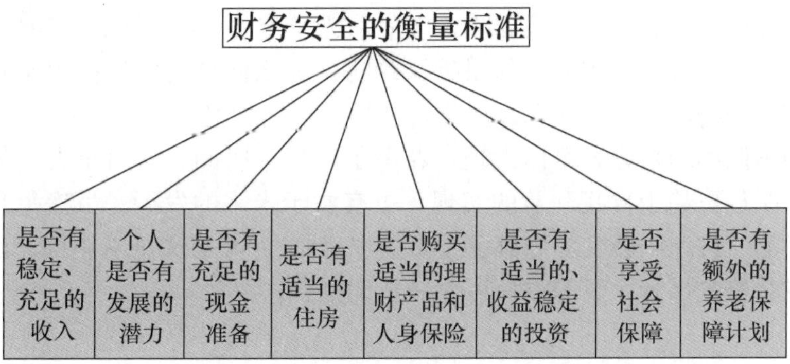

图 1－2　个人/家庭财务安全的衡量标准

（二）财务自由

根据是否与投入时间成正比，收入可分为主动收入和被动收入。其中，主动收入是与投入时间成正比的收入，如工资收入等；被动收入是指不与投入时间成正比的收入，如投资收入等。

所谓财务自由，用公式来表达就是：

财务自由＝被动收入＞全部支出

当个人/家庭的被动收入大于全部支出时，个人/家庭就不必依靠工资来维持生活，并且即使不再继续花时间，资产也会继续增值。这时就达到了财务自由，投资收入将成为个人收入的主要来源。

任务实施

关于孟君夫妇的理财计划，如果添加以下的理财观点，效果是不是会有所改变呢？

一、设定长远的理财目标

一开始就打定主意在工作所在城市买房定居，并以此为大目标去打理钱财，一切小目标也应当以此为最终目标。

二、以目标为中心，实施理财计划

租房在初期是必要的，婚后其实并不必急着住大房子，以“买房”为长远目标的话，租一厨一卫的标间即可，这样有利于集中钱财，不必每年把攒下来的大部分钱交了房租。

此外，住房面积小可以减少家电的使用率，如热水器、冰箱、饮水机、沙发、电脑、空调等，即使要用，也可选择一些较为便宜的、小型的、二手的家电作为过渡，既能省钱，又不至于在装修新房买新家电时过于纠结如何处理。

三、实现预期大目标

当这一切的小目标开始为大目标让步时，每年攒几万元，几年便可以攒够房子的首付，按揭一套房子。之后两人可根据收入水平来选择还款方式与还款金额。

装修费用也要早早做好规划，如果欲买现房，那么同首付一起攒出来自然最好，如果欲买价格较低的期房，就可在每月房贷之外另行规划积攒。

比较两种不同的理财方式可以发现：花费了同样的时间，这对小夫妻的状态是完全不同的。后者明显更趋于自我利益的实现，更有益于未来的发展。虽然每月仍有固定支出，但将每月的“房租”转变为金额差不多的“房贷”，其意义绝对不同。因为房子是自己的，所以在装修和添置家具等方面可以做长期打算。

实训练习

一、知识训练

1. 课堂讨论题

（1）为什么要学习个人理财？

（2）什么是个人理财？

（3）怎样树立正确的个人理财观念？

（4）我们应该养成哪些个人理财习惯？

（5）个人理财的最终目标是什么？如何衡量目标的实现？

2. 判断题

（1）理财就是财富的积累。（　　）

（2）理财没有风险。（　　）

（3）没钱，所以不用理财。（　　）

（4）储蓄是理财的第一步。（　　）

（5）当家庭的被动收入大于主动收入时，财务自由就实现了。（　　）

3. 单项选择题

（1）开始理财之前，要做好哪些方面的充分准备？（　　）

A. 资金、知识和心理　　B. 资金、知识和技能

C. 知识、技能和心理　　D. 资金、技能和心理

（2）下列哪个理财观念是正确的？（　　）

A. 理财产品是为有钱人设计的　　B. 理财就是要“一夜暴富”

C. 理财等同于投资　　D. 理财要趁早

（3）与时间成正比的收入，称为（　　）。

A. 理财收入　　B. 投资收入

C. 主动收入　　D. 被动收入

二、技能实训

1. 检视你目前的理财观念是否正确。

2. 检视你目前的理财习惯，看自己还有哪些理财习惯需要养成，制订养成计划。

3. 思考你怎样才能达到财务自由，并制订可行性计划。

课后自检

1. 任务一的知识点：

2. 任务一的技能点：

3. 我掌握了哪些知识和技能？

任务二　制订个人理财计划

学习目标

◇ 掌握制订个人理财计划的流程
◇ 能够设定适当的理财目标
◇ 能够制订合理的理财计划
◇ 执行过程中能够适时修正理财计划

素养目标

◇ 通过对理财计划的学习，加强学习的自主意识，学会凡事预先作出合理的安排，有条不紊、循序渐进地学习，并加强过程中的自我管理
◇ 通过对理财目标的学习，学会正确认识评价自己，准确定位，树立适合自己的人生目标和奋斗目标，同时为实现整个社会的奋斗目标贡献一份微薄的力量

任务描述

张秋实：31 岁。居住地：北京。职业：兼职，但即将成为饮品店店长。月收入（税前）：兼职收入 8 000 元左右。期望：拥有一份自己喜爱的事业与稳定的收入来源，让孩子健康成长、自己生活无忧。

离婚一年半以来，张秋实和 3 岁的儿子在一起生活。张秋实暂时不想再婚。孩子的父亲每月支付 1 000 元的赡养费，但是一个成长中的孩子需要的费用远远不止这些。

“有个幸福的家庭，事业安稳有序。”这是张秋实曾经期待的事。现在她离职在家照顾孩子。“没能给孩子一个完整的家，已经亏欠他了，我想陪伴孩子成长。”张秋实此前在人力资源管理部门做了 11 年，离职前已是一家百货公司的人力资源经理。

由于有多年工作经验和资源，如今她做了一份兼职，每月有 8 000 元左右的提成收入到账。之前的工资积累加上卖掉原有房产的收益，让她还有大概 89 万元的资金存留。她对此做了分散投资，也炒过股。看起来经济上还算宽裕。

可她的压力也不小。虽然搬回家与父母住在一起——这不仅可以节省开销、让父母帮助照看孩子，亲人的陪伴也让张秋实自己心里更有安全感，但张秋实“仍不会刻意限

制花销，每月基本是出清状态”。汽油费、停车费越来越贵，新换的汽车开销是以前的3倍；自己也是独生子女，去超市会给父母买喜欢的红枣等表孝心，采购一次花500元是常有的事。

如今她不得不考虑创收的事情。现有的89万元资金当然不足以保障孩子的教育与自己的养老。更主要的是，孩子下半年开始上幼儿园，她希望能开始一份新的事业。

更多的时候，她担心的是孩子的健康成长。“孩子和父亲只在探视时有机会相处，我怕孩子性格会有缺陷。孩子在成长中，他也会发觉自己家庭与别的家庭的差异，该怎么引导他形成健康的心智呢?”她心里还在盘算孩子9月份要去的幼儿园：“是公立的还是私立的？是离家近的，还是名气大但跨区的?”这些目前都还不明确。

张秋实有时间就和亲友一起带着孩子旅游，年初就刚去海南玩了几天。张秋实觉得这也能开阔孩子的视野。不过这自然也需要经费预算。

任务分析

看看张秋实目前的理财计划：

一、分散投资，理财有数

现在的资金安排中，有30万元投资在股市。张秋实从2003年开始炒股，她关注政策变化，而且看好大公司的股票。“这样的股票至少不会大跌，盈利相对有保障。”她喜欢长线持有股票，一拿就是几年。她长期持有的两只股票中，目前一只略有亏损，另一只已翻倍，相当于这几年的收益有25%左右。

银行理财产品30万元中，20万元用于购买银行短期理财产品，由退休的父亲帮着打理，他经常到银行关注这类信息，到期再挑选合适的产品继续投资。还有10万元，她购买了按月计息的滚动理财产品，年收益率5%，相当于三年期存款利率。

定期存款有20万元，她存的是五年期。

还有9万元活期存款作为流动资金。

二、保障配置早落实

虽然已离职，但张秋实仍自己续交基本五险。此外，她在2010年开始添置商业保险。她给自己和孩子各配置有一份光大永明瑞银重疾附加住院报销保险，每年共缴费1.4万元，重疾保额大人20万元，孩子10万元。她还给孩子配置了一份光大永明福享人生分红型两全保险，缴费20年，每年2.5万元，保额15万元。投保满两年后就可以每两年领取1.5万元生存年金，60岁后可以每年领取2.5万元，直至99岁。如果生存至合同满期，还将全额返还已交保费，生存年金如不领取，可放到生存金账户复利生息。万一在保险期内身故，将向受益人全额返还已交保费。张秋实觉得自己现在每两年可享受返还收益，自己不在后，儿子还能继续享有。

三、事业发展安排：创业

张秋实不愿再回公司过朝九晚五的上班族生活，她想按照自己的兴趣和特长赚钱，自己当老板。她计划和表弟一起加盟饮品店，这也能让她有更多时间照顾孩子。

目前她已通过人脉资源争取到了好的地点与租金优惠。她选择的加盟项目是连锁饮品店“鲜果时间”。她还根据目标商厦的超市与百货的客流、客单和销售情况预估了潜在客户数量，然后对比该品牌其他加盟店铺的水电费、租金、销售情况进行了分析和预算。确定暂时先做两家。前期资金投入 30 万元左右，预计 1 年回本，年利润 20 万元。

四、需要解决的问题

（1）梳理投资安排的合理性；（2）判断保险配置是否充分；（3）单亲家庭孩子的教育应注意的问题，比如幼儿园的选择；（4）创业资金从哪个部分出，该如何顺利落实饮品店加盟。

任务精讲

制订个人理财计划的流程一般包括：明确个人/家庭的财务状况；了解个人/家庭的投资风险偏好；制定个人理财目标；制订并实施理财计划；评估和修正理财计划，如图 1-3 所示。

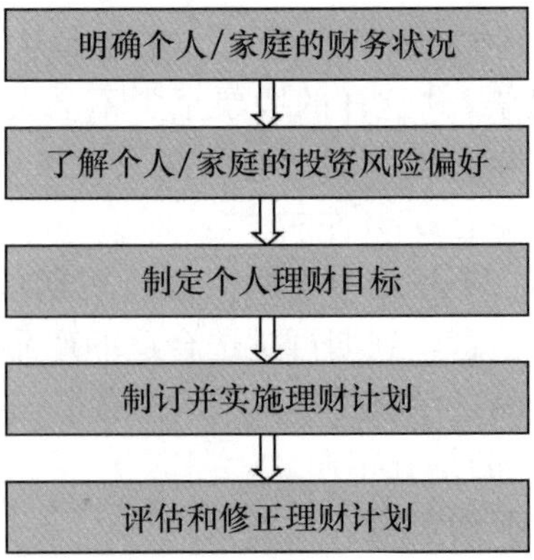

图 1-3　制订个人理财计划的流程

一、明确个人/家庭的财务状况

首先要清楚了解个人/家庭的基本财务情况，包括存量资产和未来收入及支出的预期，知道有多少财可理，这是最基本的前提。例如，到底有多少资产？哪些是固定资产？流动资产有多少？负债有多少？有多少可以用来再投资？个人/家庭平时的总收入是多少？平时的总支出是多少？个人/家庭处在什么样的社会经济地位？是否掌握了一定的投资方式和投资技能？自己能承受多大的投资亏损？这样，理财思路才能清晰，才可以做出较合理的理财计划。

二、了解个人/家庭的投资风险偏好

了解自身风险偏好是量身定做计划方案的基础。风险偏好是指个人/家庭对于风险的态度。个人/家庭的风险偏好是由很多因素决定的，如年龄、经验、财力、价值取向等。通常情况下，人们随着年龄的增大，往往会变得厌恶风险。不同的人，由于家庭财力、学识、投资时机、个人投资取向等因素的不同，其投资风险承受能力也不同；同一个人也可能在不同的时期、不同的年龄阶段及因其他因素的变化而表现出对投资风险承受能力的不同。一般来说，风险偏好越倾向于进取，越期望获得更大的收益，也越愿意承受更大的风险。

风险承受能力是制订个人理财计划的依据。投资者愿意承受多大的风险只能说明他的风险倾向，并不说明其风险承受能力。如果一个投资者在高收益的诱惑之下，根本不考虑自身的风险承受能力，投资一些完全不符合自身收益风险特征的产品，一旦出现风险损失，后果就非常严重。投资的成败首先取决于投资者对投资风险的认知程度。只有理性地对待自己的风险偏好，清醒地知道自己所能承受的风险大小，并据此选择相匹配的产品，才能在有效控制风险的前提下实现预期的财务目标。

三、制定个人理财目标

个人理财一定要有明确的目标，这样才能围绕目标制订切实可行的理财计划，并且按部就班地去执行，最终实现目标。如果目标不明确，制订理财计划就只能跟着感觉走，最终的效果就很难评估。理财目标必须结合个人/家庭的财务状况、生命周期阶段、投资风险偏好等因素设定。

个人理财目标

一个理财目标必须具备以下五个特征：（1）具体，如“我要储蓄”就不是具体的描述，“我每月储蓄500元”才是具体的理财目标；（2）可衡量，即可以用衡量标准判断理财目标有没有实现；（3）可达成，如个人可用于投资的金额只有10 000元，却要求在1年后变成100 000元，这显然不现实；（4）相关，即理财目标与生活、工作息息相关；（5）基于时间，即理财目标有明确的完成期限。

随堂思考：小王的目标是“要买一辆汽车”，请问这是不是理财目标？

常见的理财目标有：（1）10年内拥有100万元的资产；（2）5年内购置一幢价值60万元的房子；（3）60岁退休时除拥有一幢完全产权的住房外，还要有100万元的现金；（4）能够负担一个12岁孩子6年后上大学每年20 000元的学费；（5）每月节省收入的20%定投到中等程度风险的开放式基金；（6）从本月开始，每月削减全家100元的娱乐开支；（7）明年初购置一辆价值18万元的家庭轿车。

此外，理财目标确定后，需要按照重要程度和紧迫程度重新排列，从而在理财计划中确定实现的步骤。

如何才能在最短的时间内实现这个目标呢？在不考虑其他复杂因素的情况下，一般理财目标的实现与下列几个因素有关：（1）个人/家庭所投入的金额。所投入的金额可分为一次投入或多次投入。（2）投资工具的回报率。投资工具可分为定存、基金、股票、期货、债券及黄金等。投资回报率越高，相对风险也越高。（3）投入的时间。资金是有时间价值的，投入的时间越长，所获得的报酬也越高。

最基本的目标实现方式为先确定个人/家庭所能投入的金额，再选择投资工具。此外，投资工具的回报率要超过通货膨胀，随着时间的累积，最终可实现所设定的理财目标。

随堂思考： 理财目标达不到时怎么办？

解析： 理财目标达不到时，我们可以考虑以下四个对策：一是设法开源节流；二是延后实现目标的年限，如晚些退休、购房、购车等；三是降低目标水准；四是当原来设定的投资报酬率过低时，提高投资报酬率。

四、制订并实施理财计划

为了实现理财目标，制订合理的理财计划是至关重要的。理财计划应因人而异，但所有的理财计划在制订时都应注意以下几点：灵活性、变现能力、保障以及成本最小化。灵活性是为了应付突如其来的变化和意外事件；变现能力是指在需要时能及时取得现金；保障是用来避免财务灾难的发生；成本最小化可以使收入最大化。坚持实施理财计划更为重要，只有长期坚持，理财效果才会显现。

五、评估和修正理财计划

随着年龄的增长和生命周期的变化，理财目标会相应发生变化，理财方案也要适当调整。个人理财是一个长期、动态的过程。市场情况瞬息万变，在全球金融快速变化的大环境下，我们更应该及时地审视和调整家庭财务结构，在理财的过程中多关注自己家庭财务状况的变化，包括收支变化、资产负债情况以及其他日常消费的变化等，同时要了解经济发展的走势，多与理财专业人士沟通交流，及时了解市场信息。建议每半年对自己的理财方案做一次梳理，不断检视并优化自己的投资组合，确保投资规划一直在向目标靠拢。

任务实施

从张秋实的案例可见，个人理财计划是因人而异的，每个人都应该根据自己的实际情况及具体目标，制订个性化的理财计划。

从财务分析上看，她目前的支出比例过高，结余率较低。虽然没有负债，经济压力较小，但独自抚养孩子的责任也大。资产中自住房不能带来收益，而现有金融资产 89 万元仅占总资产的 24.6%，其中 2/3 为银行存款和银行理财产品，资金利用率不算太高；另外 1/3 为股票，但满仓个股在目前市场情况下风险较大。

结合张秋实的理财目标（根据需要解决的问题设定），再考虑张秋实的风险承受能力，制订理财计划如下：

一、资金计划

鉴于目前的职业状态和即将开始的创业道路，建议张秋实保留一年的生活费约 10 万元作为备用金，这部分资金可投资固定收益的短期银行理财产品、货币型基金和少量银行活期存款。预留创业资金可来自30万元银行理财产品，根据加盟店进度，不要提前滚动到新的投资周期，以免影响提款。

定期存款的20万元，从收益来看不太划算，但暂时不能变动。其余29万元，可以选择一些长期业绩表现较好的基金品种做组合，并实时跟踪调整；逐步减少股票投资，尤其是在最近几年的震荡市中。从统计来看，基金投资长期收益优于散户个股投资，而且波动幅度不会太剧烈。组合中，主动型的基金如混合型、偏股型比例应高一些，被动的指数型基金比例应稍低一些，这样年收益率保守估计应在8%左右。

二、关于保险配置

目前家庭保费支出在3.9万元左右，占收入比例过高。其中2.5万元为孩子的两全保险更宜被看作储蓄——保额只有15万元，生存年金作用有限。这类产品收益在3%左右，还不如一年期定存，如果保留，可以用返还金额补充到孩子的教育金里。

此外，单亲妈妈是孩子的最大支柱，在孩子成年前，保障大人最重要，所以建议张秋实为自己补充20年期的定期寿险，加上已有资产，要保障孩子成长期的教育花费，额度30万元左右即可。这类消费型保险年支出2 000元左右，不会给她带来过多负担。

三、孩子的教育

孩子的教育金在18岁高中毕业前，可部分依托保险返还的资金（1.5万元×8次＝12万元），其他及大学费用可从之前的组合中单独列出教育金专户，10万元的资金按8%的收益率计算，每月再加2 000元定投就足够。自己的养老金也需要由每年结余资金继续投资累积。

单亲妈妈的教育难点在于父母自身要摆正心态，才能言传身教。这个时期的孩子性格、心智发育是关键，的确不用强加过多知识性的学习，应更多地保护他的学习兴趣。但父母要在基本的规则学习基础上，让孩子明白“不妨碍别人、不伤害自己、不破坏环境”。安全感是孩子健康成长的基础，最好不要采用威胁、黑屋谈话的方式管教，更多的应该是引导。安全感还来自家长无私的爱护，要经常对孩子表达“妈妈爱你，爸爸也爱你”，让孩子知道自己有父母两方的关爱，只是他们不在一起了而已。

幼儿园的选择，其实不在于公立与私立的区别，主要看学校的软硬件条件是不是符合妈妈的教育理念。建议张秋实在这之前亲自考察幼儿园的综合情况，观察老师的教育方式，也可以带孩子一起去看，让他表达自己的喜好。选定后，父母和孩子要做好入园前的过渡：从心理上，反而是妈妈容易离不开孩子；父母和孩子必须信任老师；孩子也可提前一周到幼儿园熟悉环境，消除陌生感；培养孩子的自理能力，最好提前让孩子具备最基本的自理能力。

四、饮品连锁店创业

饮品连锁店创业最关键的一步其实是选项目和选地点。这方面张秋实的调查和预算都做得很好，利用自己的资源做有把握的投资。此外，还需要注意以下六个问题：

（1）这类外卖式饮品店的发展整体处于下滑趋势，因为更多的人倾向于去咖啡厅消费，冰激凌类产品也更受欢迎，所以选好项目很关键。

（2）鲜果时间的目标客户群在14岁至24岁，第一目标应是大学生，那么选高校加盟店较好。还要注意观察人流情况，分辨真实客户数量，可以选择周三、周五、周六的高峰时段10时至14时考察经过人群的状况，预估比例。一杯饮料制作加上收银花费3.5分钟左右，可估算出高峰时段容纳的客单值。预估利润不能盲目乐观。

（3）店面具体选址：在商厦内最好是距人流主要通道12米内，因为这类消费更多是“顺路行为”，人们不会为了解渴专程寻找饮品店。销售上还有排队效应。这个可以让主店专业人员亲自考察，他们更有经验一些。

（4）加盟的方式：项目公司有固定的合同约定，流程只需按照它详细的规定步骤进行即可。但正是因为鲜果时间的业内排名靠前，所以加盟费用会略高。主店的利润大头在于品牌费用、流水提成、设备购置费和装修费，要争取优惠比较困难。

（5）人力成本：一般实行倒班制，根据客流确定招聘人数，女性店员一般更细心和可靠。因为是现金收付，所以还涉及信用问题，可采取责任人保证方式，雇员必须由在本地的第三方亲友做担保。

（6）这类店一般不建议合伙经营，因为现金交付，很难准确记录，容易因钱生疑。与表弟合伙开店也要提前商议好分工合作，收益可以确定一个固定比例或数额。有些事情看似简单，但却很关键，先协商好如何处理利润分配，才会不影响感情。

对于上述理财计划实施过程中可能出现的各种问题，一定要有应对预案。当外部环境和内部条件等发生变化时，要及时修正理财计划，以保证实现理财目标。

实训练习

一、知识训练

1. 课堂讨论题

（1）制订个人理财计划的流程一般包括哪些？

（2）如何明确个人/家庭的财务状况？

（3）怎样了解个人/家庭的风险偏好？

（4）怎样设定短期、中期和长期的理财目标？

（5）什么情况下需要修正理财目标？

2. 判断题

（1）了解个人/家庭的基本财务情况就是了解其资产状况。（　　）

（2）通常情况下，人们随着年龄的增大，往往会厌恶风险。（　　）

（3）明确个人/家庭的财务状况时，需要了解个人/家庭的社会经济地位。（　　）

（4）理财目标确定后，需要按照重要程度和紧迫程度进行排列。（　　）

（5）所有的理财计划在制订时，都应注意灵活性、变现能力、保障性以及成本最小化。（　　）

3. 单项选择题

（1）制订个人理财计划的首要步骤是（　　）。

A. 了解个人/家庭的投资风险偏好　　B. 明确个人/家庭的财务状况

C. 制定个人理财目标　　D. 了解个人/家庭的基本状况

（2）下列（　　）因素不是个人的风险偏好的影响因素。

A. 年龄　　B. 性别　　C. 学识　　D. 财力

（3）“我每月储蓄”这一目标不符合理财目标的（　　）特征。

A. 可达成　　B. 相关　　C. 具体　　D. 基于时间

二、技能实训

1. 制定你的理财目标。

短期目标（1年以内）	优先等级	预计完成时间	预计费用
……			
中期目标（1～10年）			
……			
长期目标（10年以上）			
……			

2. 选择一个最重要的短期目标，制订完成这一目标的计划。

课后自检

1. 任务二的知识点：

2. 任务二的技能点：

3. 我掌握了哪些知识和技能？

任务三 正确认识个人理财规划

学习目标

◇ 了解个人理财规划的概念
◇ 掌握个人理财规划的内容
◇ 正确遵循个人理财规划原则
◇ 明确个人理财规划的职业方向
◇ 了解主要的理财规划职业资格认证

素养目标

◇ 通过理财规划的学习，培养以正直和诚实信用的精神提供理财规划专业服务的态度
◇ 在执业过程中，遵守职业道德、客观公正、恪尽职守、爱岗敬业、勤勉尽责、顾全大局，全心全意地为客户服务，严守客户的个人隐私和商业秘密，保护客户的相关利益不受损害

任务描述

家庭成员：黄先生，33 岁；妻子，31 岁；有一子，现年 3 岁半；孩子外祖母，55 岁，无收入来源（同住）。夫妻二人均为公司技术管理人员，年薪合计 15 万元，年支出约 7 万元（含孩子学杂费、妻子及孩子的商业保险费及房屋按揭），黄先生已参加社保，家庭无存款，自有住房价值 50 万元，该房产目前尚有 26 万元银行贷款及 3 万元债务，计划两年后买车。黄先生需要筹划孩子将来的大学教育费用及夫妇二人的养老金。

任务分析

黄先生家庭理财分析如下：

（1）从家庭财务状况来看，黄先生的家庭收入状况较好，年收支相抵后结余 8 万元，但目前尚无存款，未来理财目标资金需求较大。

（2）由于无存款，家庭紧急预备金准备不足，万一失业或者公司欠薪，会导致家庭出现流动性风险。

（3）每年的还贷支出占家庭收入的19.33%，低于正常水平的20%，比较合理。

（4）家庭无生息资产，理财收入为0。

通过以上财务状况分析得出如下结论：其家庭累积财富的速度极慢，如不改善，几乎不能实现将来的理财目标。

要改善家庭的财务状况，需要积极储蓄，年结余8万元要合理安排投资组合，加快资产累积的速度，提取一定的紧急预备金。

黄先生虽然参加社保，但保障是有限的，目前家庭尚有偿还房屋贷款、债务及将来子女教育金、夫妇二人养老金的需求，作为家庭的经济支柱之一，黄先生的个人保险规划也很重要。

任务精讲

一、什么是个人理财规划

个人理财规划，是指根据客户财务与非财务状况，运用规范的方法并遵循一定的程序为客户制订切合实际、可操作的某一方面或一系列相互协调的规划方案，包括现金规划、消费支出规划、保险规划、税收筹划、投资规划、子女教育规划、退休养老规划、财产分配与遗产规划等。个人理财规划的定义强调以下几点：

（1）个人理财规划是全方位的综合性服务，它不局限于提供某种单一的金融产品，而是针对客户不同阶段的各种理财目标进行的全方位、多层次、个性化的服务。

（2）个人理财规划强调个性化。每个客户都有自己独特的财务与非财务状况，并且往往差异巨大，这就决定了理财规划服务不可能有一成不变的模式，而是因具体情况而异。

（3）尽管个人理财规划经常以短期规划方案的形式表现，但就生命周期而言，个人理财规划是一项长期规划，它贯穿人的一生，而不是针对某一阶段的规划。

（4）个人理财规划通常由专业的理财人士或资深的投资人士为客户提供。

二、个人理财规划的主要内容

（一）现金规划

现金规划是为满足个人/家庭短期需求而进行的管理日常的现金及现金等价物和短期融资的活动。现金规划的核心是建立个人/家庭现金储备，以保障个人生活质量和状态的持续稳定。做好现金规划是理财规划的必备基础。

（二）消费支出规划

消费支出规划主要基于一定的财务资源，对个人消费水平和消费结构进行规划，以达到适度消费，稳步提高生活质量的目标。个人消费支出规划主要包括住房消费规划、汽车消费规划以及信用卡与个人信贷消费规划等。

（三）保险规划

保险规划是指经济单位通过对风险的识别、衡量和评价，选择与优化组合各种风险管理技术，对风险实施有效控制和妥善处理风险所致损失的后果，以尽量小的成本争取最大的安全保障和经济利益的行为。

（四）税收筹划

税收筹划是指在纳税行为发生前，在法律允许的范围内，通过对纳税主体的经营、投资、理财等经济活动的事先筹划和安排，充分利用税法提供的优惠和差别待遇，以减轻税负，达到整体税后利润最大化的过程。

（五）投资规划

投资规划是根据投资理财目标和风险承受能力，制定合理的风险配置方案，构建投资组合来实现理财目标的过程。投资规划的评估并不是投资收益越高越好，而是看是否满足了理财目标。

（六）子女教育规划

子女教育规划是指在收集子女教育需求信息、分析教育费用的变动趋势并估算教育费用的基础上，选择适当的教育费用准备方式及工具，制定并根据因素变化调整子女教育方案。

（七）退休养老规划

退休养老规划是为保证个人在将来有自立、尊严、高品质的退休生活，而从现在开始积极实施的规划方案。该方案的核心在于进行退休费用的分析和退休规划工具的选择。

（八）财产分配与遗产规划

财产分配规划是指为了家庭财产在家庭成员之间进行合理分配而制订的财务规划。遗产规划是指当事人在其健在时提前做出合法、有效、全面的计划，将拥有或控制的各种资产或负债精心安排，从而实现身故后按照遗愿进行分配，确保在自己去世或丧失行为能力时资产能够以简单、迅速的方式以及税务上最有利的方式转移给继承人的一种合理财产安排。

三、个人理财规划的原则

（一）尽早规划

事实上，能否通过个人理财规划达到预期的财务目标，与资金的关联度并没有人们想象的那么大，但却与时间长短有很直接的关系。根据资金的时间价值理论，尽早规划并立刻行动就变得更有意义。一方面，可以尽量利用复利的“钱生钱”的功效；另一方面，由于准备期长，可以减轻各期的经济压力。

案例阅读

投资收益

假如我们每个月拿出 100 元来投资，以 10%作为年收益率。一个月投资 100 元，那么我们来计算一下：

从 20 岁开始，到 60 岁将拥有 632 407 元。

从 30 岁开始，到 60 岁将拥有 226 048 元。

从 40 岁开始，到 60 岁将拥有 75 936 元。

从 50 岁开始，到 60 岁将拥有 20 844 元。

（二）整体规划

整体规划原则既包含规划思想的整体性，也包含理财方案的整体性。制订理财规划方案时，不仅要综合考虑客户的财务状况，而且要关注客户的非财务状况及其变化，进而提出符合客户实际和目标预期的，包括现金规划、消费支出规划、保险规划、税收筹划、投资规划、子女教育规划、退休养老规划、财产分配与遗产规划等单项规划方案在内的综合性规划。

（三）现金保障优先

进行任何理财规划前应首先考虑及重点安排现金保障，即为客户建立一个能够帮助其在出现失业、大病、灾难等意外事件的情况下也能安然度过危机的现金保障系统。个人只有建立了完备的现金保障系统，才能考虑将自己的其他资产进行专项安排。一般来说，现金储备主要包括日常生活覆盖储备和意外现金储备。

随堂思考：一般来说，一个家庭应该储备多少现金？

（四）风险管理优于追求收益

理财规划首先应考虑的因素是风险，而非收益。理财规划旨在通过财务安排和合理运作来实现个人财富的保值增值，最终使生活更加舒适、快乐。保值是增值的前提，我们做理财规划时必须认清可能出现的各种风险，合理利用理财规划工具规避风险，并采取措施应对这些风险。追求收益最大化应建立在风险管理基础之上，因此制订理财规划方案时应以不同客户不同生命周期阶段及风险承受能力为依据。

（五）消费、投资与收入相匹配

在收入一定的前提下，消费与投资支出往往此消彼长。理财规划应该正确处理消费、资本投入与收入之间的关系，形成资产的动态平衡，确保在投资达到预期目的的同时保证生活质量的提高。在现实中，注意消费与收入相匹配，如在购房规划中考虑月供与还贷能力；投资规模也应与收入相匹配，要将风险控制在自己的可承受范围之内；等等。此外，还应注意投资与消费支出安排要与现金流量状况相匹配。

（六）家庭类型与理财策略相匹配

家庭的基本类型有青年家庭、中年家庭和老年家庭三种。不同的家庭形态，其财务收支状况、风险承受能力各不相同，理财需求和具体理财规划内容也不尽相同，应根据不同生命周期、不同家庭形态的特点分别制定不同的理财规划策略，如表 1-1 所示。

表 1-1　不同生命周期、不同家庭形态下的理财规划

<table>
<tr><th>生命周期</th><th>家庭形态</th><th>理财需求分析</th><th>理财规划</th></tr>
<tr><td>单身期</td><td rowspan="2">青年家庭</td><td>（1）租赁房屋
（2）满足日常支出
（3）偿还教育贷款
（4）储蓄
（5）小额投资积累经验</td><td>（1）现金规划
（2）消费支出规划
（3）投资规划</td></tr>
<tr><td>家庭形成期</td><td>（1）购买房屋
（2）子女出生和养育
（3）建立应急基金
（4）增加收入
（5）风险保障
（6）储蓄和投资
（7）建立退休资金</td><td>（1）消费支出规划
（2）现金规划
（3）保险规划
（4）投资规划
（5）税收筹划
（6）子女教育规划
（7）退休养老规划</td></tr>
<tr><td>家庭成长期</td><td rowspan="2">中年家庭</td><td>（1）购买房屋、汽车
（2）子女教育费用
（3）增加收入
（4）风险保障
（5）储蓄和投资
（6）养老金储备</td><td>（1）子女教育规划
（2）保险规划
（3）投资规划
（4）退休养老规划
（5）现金规划
（6）税收筹划</td></tr>
<tr><td>家庭成熟期</td><td>（1）提高投资收益的稳定性
（2）养老金储备
（3）财产传承</td><td>（1）退休养老规划
（2）投资规划
（3）税收筹划
（4）现金规划
（5）财产分配与遗产规划</td></tr>
<tr><td>退休期</td><td>老年家庭</td><td>（1）保障财务安全
（2）遗嘱
（3）建立信托
（4）准备善后费用</td><td>（1）财产分配与遗产规划
（2）现金规划
（3）投资规划</td></tr>
</table>

资料来源：中国就业培训技术指导中心

四、理财规划职业

随着过去几十年中国经济的快速发展，中产阶层和富裕阶层正在迅速形成，其中有相当一部分人从激进投资和财富快速积累阶段逐步向稳健保守投资、财务安全和综合理财方向发展，他们对能够提供客观、全面理财服务的理财规划师的需求迅猛增长。专业理财将成为我国最具发展潜力的金融业务之一。

理财规划师是指运用理财规划的原理、技术和方法，针对个人、家庭以及中小企业、机构的理财目标，提供综合性理财咨询服务的人员。

理财规划师既可以服务于金融机构，如商业银行、保险公司等，也可以独立执业，以第三方的身份为客户提供理财服务。

理财规划师的职业方向如下。

（一）银行理财经理

银行理财经理的综合性较强，包括投资规划、流动性管理、负债管理、税收筹划及人生事件规划。

（二）投资分析与客户服务人员

投资分析与客户服务人员主要任职于证券机构、期货机构、投资公司，提供专业化程度较高的金融证券服务。

（三）银行一线服务人员

随着银行个人理财概念的泛化，除了理财经理，普通的银行一线人员也要在熟悉综合柜台业务的基础上具备一定的基金、银行理财产品等金融产品的综合营销能力。

此外，个人学习理财规划知识，还能够帮助自身进行家庭资产配置，进行投资、保障等理财规划。

理财规划师是一种专业性极强的职业，从业者必须具备以下条件：有扎实的专业知识和娴熟的投资理财技能；具有较强的学习能力，掌握金融领域的各项知识，熟悉股票、基金、债券、外汇等各项金融业务领域和国家金融政策及发展现状，对金融市场具有敏锐的洞察力；具备较强的分析能力、表达能力、沟通能力、应变能力等。

随堂思考：如何寻找专业的理财规划师？

解析：可通过以下“六问”判断某个理财规划师是否专业。第一，资格证书的发证机关是否权威？第二，证书是怎么获得的？培训学时有多少？第三，有多少从业经验？第四，是否有成功的客户案例？第五，是一个人服务还是一个团队进行服务？第六，怎样提供服务？

知识拓展：主要的理财规划职业资格认证

任务实施

黄先生的家庭理财规划方案（使用目标排序法）如表 1－2 所示。

表 1-2　黄先生的家庭理财规划方案

	购车需求	子女教育	养老需求	保险需求	金额（元）
投资年限	首年起 2 年	第三年起 13 年	第三年起 22 年	未来配偶收入	940 000
学习年限		4 年		未来生活支出	1 130 000
届时需求额	120 000 元	285 600 元	1 050 000 元	小孩大学费用	200 000
学费成长率		2%		幼儿至高中	240 000
积累年限	2 年	13 年		房贷及负债	290 000
通货膨胀率			2%	丧葬最终支出	55 000
预计收益率	5.36%	5.36%	5.36%	遗族法寿险需求	1 000 000
现值需求额		200 000 元	682 000 元		
退休后余寿			25 年		
需月储蓄额	4 748 元	1 270 元	2 085 元		

注：投资预期收益率 5.36%是根据投资资产配置中各项资产期望收益率加权计算出来的。资产配置方案为银行存款占比 20%，期望收益率为 1.8%；债券占比 30%，期望收益率为 4%；股票、基金占比 50%，期望收益率为 7.6%；综合计算预期收益率为 5.36%。

实训练习

一、知识训练

1. 课堂讨论题

(1) 什么是个人理财规划？个人理财规划包括哪些内容？

(2) 制订个人理财规划时应遵循哪些原则？

(3) 如何理解尽早规划原则？

(4) 简述不同家庭类型的理财需求。

2. 判断题

(1) 理财规划是全方位的综合性服务。(　　)

(2) 理财规划的模式是一成不变的。(　　)

(3) 个人理财规划要尽早规划。(　　)

(4) 进行任何理财规划前应首先考虑及重点安排保险保障。(　　)

(5) 个人理财规划首先考虑的因素是收益。(　　)

3. 单项选择题

(1) 理财规划的必备基础是（　　）。

A. 现金规划　　B. 保险规划

C. 税收筹划　　D. 投资规划

(2) 生命周期处于单身期的家庭理财规划策略不包含（　　）。

A. 现金规划　　B. 风险管理规划

C. 消费支出规划　　　　D. 投资规划

(3) 国际金融理财协会推出的“注册理财规划师”简称（　　）。

A. CFA　　　　B. CFP

C. RFP　　　　D. AFP

二、技能实训

刘先生，35 岁，工作稳定，年收入 8 万元，年底有 10 万元奖金。刘太太在一家外企工作，年收入工资加奖金约 10 万元。夫妻二人有一个 6 岁的儿子，正在上小学。

请判断：刘先生家庭处于家庭生命周期的哪个阶段？这个阶段有哪些理财需求？

课后自检

1. 任务三的知识点：

2. 任务三的技能点：

3. 我掌握了哪些知识和技能？

学习情景二　个人财务管理和现金规划

情景导入

李先生，35 岁。李先生的妻子，33 岁。儿子 2 岁。目前他家的月收入是 24 000 元。李先生一家过着平常的生活，每月开支较大。李先生一家每月预算如下。

每月收入情况：

收入	金额（元）
工资	20 000
房屋租金收入	4 000
总收入	24 000

每月支出情况：

支出	金额（元）	支出	金额（元）
住房按揭	4 000	保姆费	2 000
水、电费	400	赡养父母	2 000
通信费	1 600	人寿保险	1 500
汽车按揭	3 000	服装	1 200
汽油费	500	储蓄计划	2 000
俱乐部会员费	1 000	娱乐	800
养老金计划	1 000	餐饮	3 000
	总支出	24 000	

李先生家庭每月存起来的 4 500 元只是收入（24 000 元）的小部分，包括储蓄计划、人寿保险、养老金计划。随着儿子的成长，李先生和妻子都认识到花钱有点失控了，必须削减一些不必要的开支。

随堂思考：你和李先生一样花得太多吗？

李先生家庭面临的问题是："如何管好自己的荷包?"这需要对个人/家庭的财务进行计划和管理，并进行现金规划。

个人财务管理主要是帮助个人/家庭有效地控制财务，早日实现财务自由。现金规划是为满足个人/家庭短期需求而进行的管理日常的现金及现金等价物和短期融资的活动。

一、保存好个人/家庭财务记录

做好理财规划的关键之一是收集并保存好个人/家庭财务记录，即跟踪个人的财务活动，记录、存储个人的相关信息，并组织、管理好这些记录，以便随时获取信息。

二、了解个人/家庭的财务状况

了解个人/家庭的财务状况主要是通过个人/家庭财务报表的编制来进行的，即通过个人/家庭资产负债表和现金流量表的编制来了解个人/家庭的资产、负债、净资产、现金流入、现金流出等实际情况。

三、进行个人/家庭的财务分析

通过个人/家庭的财务分析，可以正确评价个人/家庭提高净资产的能力、偿债的能力、支付的能力，或者可以找出个人/家庭财务存在的问题。

四、建立个人/家庭的收支预算系统

通过建立个人/家庭的收支预算系统并仔细监控，可以清楚地了解个人/家庭收入、支出，检查资金短期流动性，可以最大化地利用家庭财务资源。

五、编制现金规划

编制现金规划的核心是建立个人/家庭的现金储备，确保个人/家庭在面临突如其来的支出需求时仍能够应付自如。

任务一　进行个人财务管理

学习目标

◇ 做好个人财务记录
◇ 学会编制个人财务报表
◇ 正确分析个人财务状况
◇ 学会编制并控制预算

素养目标

◇ 通过对个人财务管理知识的学习，具有扎实精深的专业知识，具备运用专业知识解决专业问题的能力
◇ 通过对财务报表的编制和财务分析的学习，培养耐心专注、严谨细致、孜孜不倦、精益求精的工匠精神

任务描述

小韦的收入不低，由于没有家庭负担，因此她总是赚多少就花多少，这些钱，小韦根本不知道都花到哪里去了，而到了月末，她有时还要用吃方便面的办法来解决缺钱的尴尬。

任务分析

生活中像小韦这样的人有很多，收入不低，但是永远“月光”。这样的花钱习惯，导致他们的财富永远缺了重要的一角。改变现状应从个人财务计划与管理开始。

小韦首先可以考虑记账。或许有人认为，记账是一些低收入的人才需要做的事情，如果我记账了，那么别人会说我小气，最重要的是，我一个月的薪水够我生活。其实，钱是你辛苦赚来的，所以你更加有义务知道它流向了何处。有很多人不清楚自己到底有多少收入，而没有这些基本信息，就很难制定预算，并以此合理安排钱财的使用；搞不清楚什么地方该花钱，也就不能在花费上做出合理的改变。

任务精讲

一、个人财务记录

（一）个人财务记录的意义

做好个人理财的关键之一是收集个人财务记录，即跟踪个人的财务活动，记录、存储个人的相关信息，并组织、管理好这些记录，以便随时获取信息。个人的理财规划方案是否适合，很大程度上取决于制订方案时是否对财务信息以及与理财规划有关的非财务信息有充分的了解，如表 2－1 所示。而理财目标的形成，也需要在充分掌握上述信息的基础上确定。

表 2－1　个人/家庭需要保留的相关文件资料

类别	相关文件资料
个人基本信息	身份证、学历学位证、户口簿、结婚证、出生证明、社会保险文件等
个人职业信息	工作证、工作奖励证书、劳动合同等
个人资产信息	购房合同、不动产权证、契税完税证明、机动车登记证、机动车行驶证、车辆购置税完税证明、股东卡、银行卡、保险单证等
个人收入信息	工资单、收入证明、红利记录、利息计算单、债息入账单等
个人消费信息	信用卡对账单、收据、购物发票、保修卡、缴费发票、保费支出等
个人资金管理信息	个人财务报表、个人预算、养老计划信息、退休账户结算单、遗嘱、财产公证书等

精确、详细的记录有以下益处：

（1）保证日常事务顺利完成。例如，按时偿还按揭贷款，按时偿付信用卡借款，及时缴纳各种日常费用。

（2）及时了解财务状况。例如，及时掌握日常收支情况——日常消费是否超支、是否有冲动消费行为，这样有利于控制支出，有效改变非理性的消费行为，同时也方便随时进行财务决策。

（3）为日后的各种财务活动提供基础信息。

随堂思考：平常消费中，你有索取发票的习惯吗？

解析：在平常消费中，你应该养成索取发票的习惯，以便为日后的各种财务活动提供基础信息。拿到发票后，你要清楚地记下消费时间、金额、品名等项目，没有标识品名的单据最好马上加注。

（二）个人财务记录的内容

1. 财务信息和非财务信息

财务信息是指个人目前的收支情况、资产负债状况、社会保障信息、风险管理信息、遗产管理信息、其他财务安排以及这些信息的未来变化状况；非财务信息则是指财务信息以外与理财规划有关的信息，包括个人的年龄、社会地位、投资偏好、健康状况、风险承受能力和价值观等。

非财务信息能够帮助理财人员进一步了解客户，直接影响理财方案的制订。如果客户的风险承受能力较低，理财人员在制订理财规划方案时就应该避免选用高风险的理财工具。

2. 事实性信息和判断性信息

表 2-2 中的信息又可以区分为事实性信息和判断性信息。

事实性信息是指关于个人自身客观情况的事实性描述，如个人的工资收入、年龄、金融投资金额和所拥有的房产等信息；判断性信息是指带有较大的主观性且很难用数字或其他有形标准表示的信息。在个人理财中，判断性信息主要是指个人对风险的态度、个人的投资偏好和个人对未来生活的期望等。事实性信息可以通过填写基本信息调查表的方式取得，而判断性信息因很难用数字或其他有形标准表示，收集时会有一定困难，甚至需要对此进一步分析和推断。

表 2-2　事实性信息和判断性信息的区分

类别	具体描述
事实性信息	小张每月的工资收入是 3 200 元
判断性信息	我希望今年能获得 15%的投资收益

（三）个人财务记录的保存

个人财务记录的保存也是一个很重要的问题，具体分为文本方式和电子方式。

1. 文本方式

文本方式是指将各类文件资料以文本的方式保存起来。例如，很多家庭会将家庭中的一些重要证件、文件等分门别类地放在不同的文件袋中，编制好文件清单，并妥善保管。

2. 电子方式

随着现代信息技术的不断进步，人们在工作生活中大大减少了必须保存的纸质文件资料，取而代之的是采用电子方式保存。电子方式保存具有如下优点：方便检索、占用空间小、存储容量巨大。出于安全的考虑，这类文件应以文本形式保存备份。

二、个人财务报表

在个人财务记录的基础上，需要编制个人财务报表，从而进行下一步分析。因为个人的财务活动主要是现金流动，所以省略利润表，只编制资产负债表和个人现金流量表。

（一）资产负债表

1. 资产负债表的定义

个人/家庭资产负债表反映的是某一时点个人/家庭的财务状况，即这个时点上个人/

家庭拥有和控制的资产（无论是自己购买的，还是负债得来的）、负债和净资产。净资产反映的是某个时点上个人/家庭拥有的净财富。资产、负债、净资产的关系用公式表示如下：

净资产=资产-负债

个人理财中，由于各个家庭的情况千差万别，需要关注的重点也各不相同，所以一般不对个人资产负债表的具体格式做具体规定，理财人员可根据个人的实际情况和习惯进行具体的格式设计。资产负债表格式可参考表2-3。

表2-3　资产负债表格式

年　月　日　　　　单位：元

资产	金额	负债	金额
现金及活期存款		信用卡贷款余额	
定期存款		消费贷款余额	
股票		汽车贷款余额	
基金		住房贷款余额	
房地产投资		其他	
汽车及家电			
自用房地产			
……			
资产总计（1）		负债总计（2）	
净资产（1）-（2）			

随堂思考：你的资产负债情况怎么样？你有多少净资产？

2. 资产负债的分类

（1）资产的分类。从分析家庭财务状况的角度，家庭资产分为财务资产、使用资产和奢侈资产。

财务资产就是指能够带来收益的资产，如银行存款能带来利息收入、国债能带来债息收入、股票能带来资本利得和股息红利收入。财务资产是理财中最重要的资产，因为它们能为个人/家庭带来投资性收入，向财务自由的最终目标迈进。

使用资产是个人/家庭每天生活要使用的资产，包括自用住宅、汽车、家具、家电、衣物等。它们不会产生收入，主要构成家庭消费支出。

奢侈资产也是个人/家庭使用的，但它们不是家庭日常生活必需的。这一类资产的界定取决于这个家庭认为哪些资产是必需的。如有的家庭认为健身器材是必需的使用资产，而有的家庭则认为健身器材是奢侈资产。奢侈资产与使用资产的主要区别在于变卖时奢侈资产的价值较高。

除了上述资产之外，还有一种资产叫人力资本，也就是理财里面讲的未来的收入能力。一个未来有收入能力的人，追加资本能力相对较强，那么最终的收益也会相对较好。

因为终值不仅取决于现值，还取决于追加的投资。

(2) 负债的分类。常见的个人负债有住房抵押贷款、汽车消费贷款、信用卡贷款、其他消费贷款、保单质押贷款等。个人负债可分为流动负债和长期负债。流动负债是一个月以内到期的债务，长期负债是一个月以后到期或很多年内每月要支付的负债。这种区分在个人理财中非常重要，因为家庭的常见负债如住房抵押贷款、汽车消费贷款、信用卡贷款都必须按月偿还，通过列明当月应付的债务，可以使投资具有流动性，以防范当期收入不足以支付流动负债的风险。

随堂思考：个人/家庭为什么要负债？

个人/家庭负债主要是为了贷款投资或者贷款消费。

贷款投资可以发挥财务杠杆的效用，让资产加速成长。但是否贷款投资需要三思而后行，尤其是涉及高风险投资时要务必谨慎。贷款投资的前提是投资回报率要高于贷款利率。合理的贷款上限应设定为储蓄或投资的现金结余能支付贷款利息，原有净资产应足以弥补投资市值下跌时的本金损失，两者取其低者，才能应对投资市值变化的风险。

贷款消费包括住房消费规划、汽车消费规划以及信用卡与个人信贷消费贷款。购房是家庭大事，涉及金额较大，如果仅靠储蓄，许多家庭很难实现购房梦想。通过住房抵押贷款，人们可以提前获得需要的住房。购房后还贷的压力还可使很多家庭注意节约开支，收到强迫储蓄的功效。除住房外，汽车、家电、旅游等都可以通过消费贷款获取，如果合理控制，人们可以在提前享受这些消费的同时，通过还贷时间差获得其他产品的投资收益。

需要注意的是，贷款消费中利率提高了购买价格，降低了资产净值的增长速度。此外，贷款消费一定要考虑偿还能力，收入不稳定、消费无节制、资金管理较差的人尽量不要贷款消费。如果随意或是恶意借钱不还，就会在中国人民银行的征信系统中留下不良记录，以后贷款时，银行可能会因此提高信贷条件，如要求提供抵押、担保，或者降低贷款额度、提高贷款利率，甚至会拒绝贷款。

随堂思考：你会考虑贷款买汽车吗？

解析：汽车是一种不断折旧的资产（具有收藏价值的除外），汽车的价值一般都会随着时间的流逝而降低。此外，汽车还会带来很高的养车费用。所以，除非必要（如商务用车），尽量不要贷款买汽车。

3. 资产负债的计价

个人资产负债的价值评估可参照企业资产和负债的价值计量标准，但应尽量使其相对简单。

(1) 财务资产的计价。这类资产通常根据市场情况确定价值，即可变现的价值。一般应扣除交易税费，如交易税费过低，也可忽略不计。

(2) 使用资产的计价。大多数情况下，个人使用资产的价值与个人理财无关，只有在两种情况下需要认真考虑现有的使用资产价值，一种情况是投保家庭财产险的时候，另一种情况是接近退休打算卖掉一些个人使用资产并将所得的资金作为退休基金的一部分时。

使用资产的价值确定可按照以下原则进行：房子和汽车由于变卖时价值较高，而且较为容易出售，因此按照市场可变现价值扣除交易税费来确定其价值；所有其他个人使用资产按照在新的条件下重新购买这一资产的价格，即重置成本来确定其价值。对所有打算卖掉而且不打算重新购买的资产，按照市场价值减去交易税费后的价值来确定。较常见的做法是将房子和汽车单独评估价值，其他一般的使用资产合计估价。

（3）奢侈资产的计价。奢侈资产按照除房子和汽车以外的个人使用资产的价值确定方法计量。

（4）负债的计价。负债按照所欠金额的当前价值来确定。这与市场价值不同，因为当利率发生变化时，各种贷款需要偿还的金额就会发生变化。

通过学习个人资产负债表的编制，我们可以清楚地了解到财务资产和其他资产以及负债的区别，财务资产能够为个人及家庭带来投资收入，而投资收入的增加，又使个人及家庭的财务资产增加，如此良性循环，就会实现个人理财的最终目标——财务自由。因此，个人财务管理中应注重增加个人/家庭的财务资产。

（二）个人现金流量表

1. 个人现金流量表的定义

个人现金流量表是指概括个人一定时间内现金收入和支出的财务报表，又称个人现金收支表。编制现金流量表，可以监视资产的变化，显示家庭目前的财务状况，还可以揭示个人/家庭生成现金的能力和时间分布。例如，家庭的收入来源有哪些、支出项目构成及比例是否合理、每月能结余多少用于投资等，以利于正确进行消费和投资决策。通常情况下，个人现金流量表分为三栏：现金流入（收入）、现金流出（支出）和净现金流量（结余或超支）。

知识拓展

家庭消费模式和财务自由

1. 收入大于支出

当收入大于支出的时候，有结余的资金可以用来投资，只要投资得当，随着投资的不断增加，当投资收入超过消费支出时，就会获得财务自由。

2. 收支相抵

假设家庭初期就有一定的投资，则投资收入曲线上升完全依赖于投资效益，只要投资是盈利的，投资曲线就会不断上扬，但要达到财务自由还需要很长时间。如果没有初始投资，就永远不可能实现财务自由。

3. 支出大于收入

“月光族”就属于这种消费模式。由于消费支出一直大于工薪类收入，消费者不得不用家庭原有的财富积累填补缺口。如果这种情况持续下去，随着时间的推移，家庭的原有财富必将耗尽，家庭必将陷入财务危机。

随堂思考：你的消费模式是收入大于支出吗？你离财务自由有多远？

2. 个人/家庭的收入和支出

个人/家庭的收入来源，主要包括以下内容：

（1）工资收入，包括工资薪金、奖金、福利、佣金、劳务报酬、稿酬、养老金、失业保险所得等。

（2）投资收益，包括现金分红、净资本收益、租金收入、利息收入、其他投资收益。

（3）其他收入，包括离婚赡养费和生活费、子女抚养费等。

一个人要理财，就必须了解哪些是经常性的收入，哪些是偶然的收入，哪些是一次性的收入。同时也要清楚自己的专长，然后集中个人的主要精力，投入更多的资本，获取更多的利润。

个人/家庭的支出项目，主要包括以下几个部分：

个人/家庭的日常开支一般分为经常性支出和非经常性支出两类。其中，经常性支出主要是指定期需要支付的费用，如住房按揭贷款、物业管理费、通信费、交通费、商业保险支出、纳税支出、子女教育费用等；非经常性支出主要是指日常生活中不定期的费用支出，如旅游支出以及各类意外支出等。

3. 个人现金流量表的编制

个人现金流量表一般以 12 个月为一个编制周期，也可以编制月度现金流量表。与编制资产负债表相同的是，不同的家庭可以根据具体情况选择适合的现金流量表格式。现金流量表格式可参照表 2－4。

表 2－4　现金流量表格式（月度）

年　　月　　　　单位：元

现金流入项目	金额	百分比	现金流出项目	金额	百分比
工资收入			日常生活支出		
投资收入			住房按揭贷款		
其他收入			子女教育费用		
			商业保险支出		
			休闲和娱乐支出		
			其他支出		
现金流入总计（1）			现金流出总计（2）		
净现金流量（1）－（2）					

三、个人财务比率分析

（一）结余比率

结余比率是个人一定时期内（通常为 1 年）结余和税后收入的比值，它主要反映个人提高其净资产水平的能力。就个人而言，只有税后收入才是真正可支配的收入，所以采用税后收入作为计算标准。个人结余部分通常被用于投资或是储蓄，均可增加个人的净资产规模。公式如下：

结余比率＝结余/税后收入

该指标数值越大，说明个人财务状况越好，可用于投资、获得现金流的机遇越大。

与此相关的一个比率是月结余比率，即每月收支结余与月税后收入的比率。这一比率通过衡量每月现金流状况而细致地反映个人的财务状况。公式如下：

月结余比率＝(月税后收入－月支出)/月税后收入

（二）投资与净资产比率

投资与净资产比率是投资资产与净资产的比值，它反映个人通过投资提高净资产规模的能力。公式如下：

投资与净资产比率＝投资资产/净资产

除收支结余外，投资收益是提高净资产水平的另一条重要途径，甚至是主要途径。一般认为，投资与净资产比率保持在0.5或稍高是较为适宜的水平，在此水平下，既可以保持适当的增值率，又不至于面临过多的风险。就年轻家庭而言，其投资规模受制于自身较低的投资能力，因此其投资与净资产比率保持在0.2左右就属正常。

（三）清偿比率

清偿比率是个人净资产与总资产的比值，这一比率反映个人综合偿债能力的高低。公式如下：

清偿比率＝净资产/总资产

清偿比率的数值变化范围在0～1。一般来说，个人的清偿比率应高于0.5，保持在0.6～0.7较为适宜。如果清偿比率太低，就说明对外债务是其拥有资产的主要来源，一旦出现债务到期或收入水平下降的情况，就很容易面临资产损失甚至资不抵债的困境。清偿比率也不宜过高，过高的清偿比率意味着个人负债很少甚至没有负债，这说明没有合理利用其应债能力提高个人资产规模，其财务结构需要进一步优化。

（四）负债比率

负债比率是个人负债总额与总资产的比值，该指标与清偿比率相似，也用来衡量个人的综合偿债能力。公式如下：

负债比率＝负债总额/总资产

由于负债总额与净资产之和同总资产相等，所以负债比率与清偿比率为互补关系，其和为1。负债比率的数值变化范围同样在0～1。由清偿比率相关分析推知，负债比率应控制在0.5以下，但不应过低。

（五）即付比率

即付比率是流动资产与负债总额的比值，它反映个人利用可随时变现资产偿还债务的能力。公式如下：

即付比率＝流动资产/负债总额

一般来说，这一指标应保持在0.7左右。即付比率偏低，意味着当经济形势出现较大不利变化时，个人无法迅速减轻负债以规避风险；即付比率过高，意味着个人过于注重流动资产，其财务结构不尽合理。

（六）负债收入比率

负债收入比率又称债务偿还收入比率，是个人到期需要支付的债务本息与同期收入的比值。它是反映个人在一定时期财务状况良好程度的指标。公式如下：

负债收入比率＝债务支出/当月收入

对于负债收入比率来说，选定测算周期是一个重要步骤，这需要根据具体情况判定。例如，对于收入和债务支出都相对稳定的个人来说，选用一年作为测算周期更有助于反映其财务状况；对于收入和债务数额变动较大的个人来说，选用较短的测算周期（如月、季）则更能准确反映其财务状况。

家庭用于偿还各种债务支出的资金占家庭当月总收入的百分比应在40％以内。如果该比率过高，则每月需要付出的利息就会上升；该比率也并非越小越好。

（七）流动性比率

流动性比率是流动性资产与每月支出的比值，它反映了个人支出能力的强弱。资产流动性是指资产在保持价值不受损失的前提下变现的能力。流动性强的资产能够迅速变现而价值不受减损，现金与现金等价物是流动性最强的资产。流动性弱的资产不易变现或在变现过程中不可避免地要损失一部分价值，日常用品类资产的流动性显然较弱。公式如下：

流动性比率＝流动性资产/每月支出

资产的流动性与收益性通常成反比，即流动性较强的资产收益性较低，收益性较高的资产其流动性则往往欠佳。因此，个人的资产配置应根据具体情况考虑，兼顾资产流动性与收益性两个方面。例如，对于工作稳定、收入有保障的个人来说，资产的流动性并非其首先要考虑的因素，因此可以保持较低的资产流动性比率，一般应保持在3左右，而将更多的流动性资产用于扩大投资，从而取得更高的收益。对于那些工作缺乏稳定性、收入无保障的个人来说，资产收益性的重要性次之，流动性比率应保持较高的水平，一般应保持在6左右。

四、建立个人预算管理系统

（一）个人预算的编制

个人预算是控制个人现金流入和流出的计划，包括对个人的收入、支出、储蓄等进行统筹安排。编制预算的目的在于管理收入和支出，检查资金短期流动性，最大限度地利用家庭的财务资源。

个人预算的编制程序如图2－1所示。

（1）计算年储蓄额。根据已设定的各种理财目标，结合货币时间价值因素，计算达到理财目标所需的年储蓄额。将预期的月储蓄与目标储蓄相比较，如果不太可能实现目

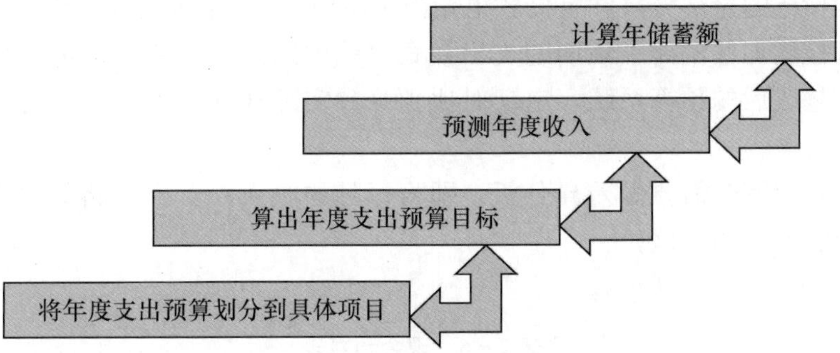

图 2-1　个人预算的编制程序

标，就应该考虑开源节流，或者降低理财目标。

（2）预测年度收入。参考最近年度的现金流量表中的年收入数据，做最好与最坏情况的敏感度分析，由此预测本年度收入。

（3）算出年度支出预算目标。公式如下：

年度支出预算=年度收入-年储蓄目标

（4）将年度支出预算划分到具体项目，如表 2-5 所示。

表 2-5　个人预算分类表

预算分类	年度预算	月经常性预算
收入预算	年终奖、债券利息、股息、红利等	工资薪金、佣金、房租、利息等
可控制支出预算	旅游支出、子女教育费用、购置衣物、汽车保养维护等	食品支出、通信及交通费用、生活固定支出、按揭贷款支出、娱乐费用支出等
不可控制支出预算	税金、保障型保费、意外支出等	房贷利息、房租等
资本支出预算	购车、购买耐用消费品、购房等	分期付款等
储蓄预算	储蓄型保费、提前偿还房贷、投资等	定期定额储蓄或投资、还房贷本金等

注：费用支出或资本支出的区分有两项原则：一是效用原则，即支出后所获得的效用在短期内体现，列为费用支出；在未来 3 年还会持续提供使用的效益，列为资本支出。二是金额大小原则，有些小家电使用时间可能超过 3 年，但金额达不到一定标准，如 5 000 元或收入的 5%，仍然视为费用支出，以方便记账。

预算并不是在所有领域中控制消费，而是能提前决定在什么地方花多少钱。需要注意的是，编制预算的过程基本上是一个动态的过程，必须不断地监控针对支出和储蓄习惯上所做出的改变而带来的影响。例如，在做预算时，没有哪种预算是一成不变的，可能会有一些意外的支出，也可能实际花销少于计划支出，或者理财目标已经发生改变。

（二）预算的实施与控制

1. 按期对比预算和实际开支

预算的实施与控制是预算能否发挥效用的关键。我们可以考虑先按预算执行一个月，在月末，将每一类型的实际支出与预算支出的数额相比较。如果实际开支大于预算金额，就应该尽力减少其他领域的开支。此时，如果使用信用卡，也就意味着在未来支出中将包括用来清偿债务的这部分，并且借款也相当于使用了未来的收入，会限制储蓄能力。

通过每月检测那些偏离了预期的支出模式，就可以找到那些需要进行自我调控的地方。此后，按修改后的预算系统，定期对比预算和实际开支，重点在于对可控制支出的管理。

同时，每月记账时需要做差异分析，即将每月的收入、支出、储蓄预算与记账的实际收入、支出、储蓄相对比。

现金预算表如表 2-6 所示。

表 2-6　现金预算表

单位：元

项目	预算金额	实际金额	差额	备注
收入：				
工资收入				
投资收益				
其他收入				
收入合计				
支出：				
食品支出				
生活固定支出				
交通及娱乐支出				
子女教育支出				
住房贷款支出				
……				
支出合计				

2. 预算限额系统控制法

如果坚持执行预算依然有问题，那么比较可行的控制办法就是采用预算限额系统控制法，即将各项开支按照预算分为不同的部分，一旦某一部分的开支超额，必须停止支出。

预算控制的信封系统就是限额系统控制法中的一种方式。在每个月的开始，我们将要花在每个主要支出项目的钱放在一个信封里，要花哪方面的钱就用哪个信封的钱。当那个信封空了，就停止支出。如果只是在某一领域难以控制开支，那么就在那一个领域使用信封。例如，预算本月娱乐开支为 500 元，那么就把 500 元放在一个信封里，花完后就不要再支出了。

任务实施

在朋友的建议下，小韦准备了一个日常开支记账簿，以便了解自己每个月的工资去向。

真是不记不知道，记账后吓了一跳。小韦的这些钱，除了必要的房租、餐饮、交通、电话等基本费用外，剩余的钱全部送进了高档时装店、高级娱乐场所，因为她总是抑制不住自己的消费欲望。看着账本，小韦开始意识到自己以后不能再这样下去了。

小韦针对上月的开支记录做了详细的分析，坚决削减一些不必要的消费支出，如自己的衣服已经够多，暂时可以不购买，每个月的电话费和交通费还能省出一些；少去或不去娱乐场所。对于下一个月，她做出了详细的开支计划，只列出了必须支出的钱。

就这样，小韦坚持记账，并杜绝不必要的开销。几个月后，小韦终于有了自己的第一笔存款。

实训练习

一、知识训练

1. 课堂讨论题

(1) 个人/家庭需要保留哪些文件资料？

(2) 个人/家庭需要编制哪些财务报表？

(3) 个人财务分析主要从哪几个方面进行？具体分析时需要计算哪些财务比率？

(4) 个人/家庭的资产负债是如何计价的？

(5) 如何建立个人预算管理系统？

2. 判断题

(1) 个人财务记录的内容只包括个人/家庭财务信息。(　　)

(2) 反映某一时点个人/家庭的财务状况的报表被称为个人资产负债表。(　　)

(3) 贷款投资可以发挥财务杠杆的效用。(　　)

(4) 个人/家庭处于收支相抵的消费模式下时，永远不能实现财务自由。(　　)

(5) 个人预算就是控制消费。(　　)

3. 单项选择题

(1) 下列哪项不属于个人财务信息？(　　)

A. 资产负债状况　　B. 社会保障信息

C. 风险管理信息　　D. 投资偏好

(2) 一般将家庭资产分为(　　)。

A. 财务资产、使用资产、奢侈资产　　B. 财务资产、固定资产、使用资产

C. 使用资产、固定资产、奢侈资产　　D. 财务资产、固定资产、奢侈资产

(3) 结余比率主要反映个人提高其(　　)的能力。

A. 净资产水平　　B. 净资产规模

C. 偿债　　D. 支出

(4) 家庭用于偿还各种债务支出占家庭当月总收入的百分比应为(　　)以内。

A. 10%　　B. 20%　　C. 30%　　D. 40%

(5) 反映支出能力的个人财务分析比率为(　　)。

A. 结余比率　　B. 偿债比率　　C. 即付比率　　D. 流动性比率

二、技能实训

王先生今年38岁，事业小有成就，是公司中层技术干部，月收入5 000元，年底奖金2万元。他爱人在某公司当会计，月收入1 500元；女儿今年15岁，是一名初三学生，学习成绩中等。王先生的父母在农村，无收入，他爱人的父母是城市退休工人。王先生家现有住房80平方米，价值40万元，无贷款，有活期存款10万元、股票基金15万元，全年利息及基金红利收入2 000元。全年生活费支出3万元，子女教育费用6 000元。王先生家庭的理财目标是5年后换一所三室两厅的房子，价值80万元。

（1）请编制王先生家庭的资产负债表及年度现金流量表。

（2）请根据上述资料，为王先生家庭进行财务比率分析。

（3）请根据上述资料，为王先生家庭制定下年度的现金预算。

课后自检

1. 任务一的知识点：

____

____

2. 任务一的技能点：

____

____

3. 我掌握了哪些知识和技能？

____

____

任务二　编制现金规划

学习目标

◇ 能够根据实际情况确定现金储备金额
◇ 掌握现金规划的一般工具和特殊工具
◇ 能够根据具体需要正确选择现金规划工具
◇ 熟悉现金规划的流程
◇ 能够独立完成现金规划的编制

素养目标

◇ 通过对现金规划工具的学习，树立正确的融资观，警示融资风险，遵守国家法纪，遵守职业道德，诚实守信、明辨是非，对自己的行为负责，能够自觉地维护国家和民族的利益

任务描述

军女士，29 岁，办公室文员，有社保及公司购买的商业医疗保险，年收入 3.6 万元；先生 33 岁，事业单位职员，有社保，年收入 9.6 万元；女儿 7 个月，目前无保险保障；其余家庭成员包括公公婆婆，现均已退休，须尽主要赡养责任。

家庭现有资产情况：房产一套（现市值 200 万元），贷款 80 万元，期限 30 年，另外有其他负债 10 万元，拥有私家车一辆，目前存款 5 万元，其他家庭收入 1 万元。家庭每年支出为：房屋贷款还款 7.2 万元，日常生活费支出 2.4 万元，交通费 1.2 万元，医疗费用 2 000 元，交际费用 1 万元，其他费用 5 000 元。

军女士家庭欲进行现金规划，家庭理财目标如下：

（1）日常现金规划，以应付各种临时需要的支出。

（2）子女教育金的准备，大概使用时间为 2 年后，费用 10 万元。

（3）家庭债务期望偿还时间，其中 10 万元在两年内，80 万元贷款在允许期限内都行（贷款 30 年）。

任务分析

军女士家庭财务状况分析如表 2－7 至表 2－9 所示。

一、军女士家庭财务报表

表 2－7　家庭资产负债表

客户：军女士家庭		日期：20×2 年 6 月 1 日	
资产		负债	
现金及存款	5 万元	信用卡贷款余额	无
投资类金额资产总额	无	消费贷款余额	无
非房、车类非金融资产总额	无	其他负债金额	10 万元
房产	200 万元	房贷	80 万元
机动车	1 辆	车贷	无
资产总计	205 万元	负债总计	90 万元
净资产	115 万元		

表 2－8　家庭年度税后收支表　　单位：元

客户：军女士家庭		统计日期：略	
收入		支出	
本人收入	36 000	房屋支出	72 000
成员 1 收入	96 000	日常生活支出	24 000
成员 2 收入		交通费用	12 000
成员 3 收入		医疗费用	2 000
		娱乐费用	
其他家庭收入	10 000	交际费用	10 000
		其他	5 000
合计	142 000	合计	125 000
结余	17 000		

表 2－9　家庭财务比率分析表

指标	军女士家庭	参考值	说明
结余比率	12%	25%～30%	偏低
负债比率	43.9%	＜50%	合理
负债收入比率	50.7%	＜40%	偏高
流动性比率	4.8	3～6	合理
清偿比率	56%	＞50%	合理
投资与净资产比率	0	50%	偏低
家庭即付比率	5.6%	70%	严重偏低

二、军女士家庭财务状况分析

（1）目前结余比率为12％，严重低于25％～30％的正常比率，说明军女士家庭每年用于未来规划的资金很少。综合衡量家庭支出状况，发现其贷款支出占家庭支出的主要部分，可以通过调整债务结构，帮助军女士家庭增加年结余，从而增加积累速度。

（2）负债比率反映了家庭的偿债能力，43.9％在合理范围之内。

（3）负债收入比率为50.7％，高于40％的标准值，说明军女士家庭的短期还债能力较弱，家庭收入的一半用于还债，一旦家庭出现意外风险，将可能导致军女士家庭短期还债能力不足。

（4）4.8的流动性比率说明军女士家庭的流动性资产可以支持家庭4个月的支出，较为合理。

（5）清偿比率为56％，略高于50％的通用标准，说明军女士家庭偿付能力基本可以保证，其财务风险主要集中在一定时期内的债务危机。

（6）投资与净资产比率反映了客户资产在投资资产上分配的比例，参考值为50％，而军女士家庭该比率为0，说明军女士的投资意识很差。

（7）家庭即付比率为5.6％，明显低于参考值70％，说明流动性资产规模过小，存在很高的财务风险。

三、财务状况预测

军女士家庭中，丈夫为主要经济收入支柱，也说明丈夫在未来将承担的家庭风险较高；从负债来看，军女士家庭短期内债务风险很高，随着孩子的成长及父母年龄的增加，军女士家庭的支出将大幅增加。

四、财务状况总体评价

军女士家庭的结余比率、投资与净资产比率、家庭即付比率偏低，其他指标尚在合理范围之内，资产结构不太合理，资产投资可进一步提高，消费结构需要做更合理的改善，防止以后出现债务危机。

任务精讲

一、确定现金储备金额

现金规划是为满足个人/家庭短期需求而进行的管理日常的现金及现金等价物和短期融资的活动。现金规划中所指的现金等价物是指流动性比较强的活期储蓄、各类银行存款和货币市场基金等金融资产。现金规划的核心是建立个人/家庭的现金储备。

每个家庭储备资金的数额都不同，主要是因为各个家庭的现金收入来源及稳定性、现金支出数额及稳定性、非现金资产的流动性、该家庭的持有现金及现金等价物的机会成本以及风险偏好程度等都有很大差异。

个人/家庭建立现金储备主要考虑以下因素：

（1）交易动机的需要。一般来说，个人/家庭的收入水平越高，交易数量越大，其为保证日常开支所需的货币量就越大。

（2）预防动机的需要。预防动机又称谨慎动机，是指为了预防意外支出而持有一部分现金及现金等价物的动机。一般来说，个人/家庭为此储备多少现金，主要取决于个人/家庭对意外事件的看法，也取决于个人/家庭的收入情况。

（3）持有现金及现金等价物的机会成本。

除了出于交易动机、预防动机而储备现金，个人/家庭决定现金储备规模，还要考虑持有现金及现金等价物会产生一定的机会成本（即进行一项投资时放弃另一项投资所承担的成本）。通常来说，金融资产的流动性与收益率呈反方向变化，高流动性意味着收益率较低。持有收益率较低的现金及现金等价物也就意味着丧失了持有收益率较高的金融资产的机会。

一般家庭会储备其月支出的3～6倍现金，目的是使拥有的资产保持一定的流动性，满足个人和家庭支付日常家庭费用的需要，又能使流动性较强的资产保持一定的收益性。例如：王先生的家庭税后月支出额为5 000元，则现金规划中现金储备部分在15 000～30 000元。

决定家庭现金储备金额时也可通过家庭失业保障月数、家庭意外或灾害承受能力两个指标的计算结果衡量确定。这两个指标是以现有资产状况来衡量对紧急状况的应变能力。公式如下：

失业保障月数＝可变现资产/月固定支出

意外或灾害承受能力＝(可变现资产＋保险理赔金－现有负债)/基本费用

式中，可变现资产包括现金、活期存款、定期存款、股票、基金等，不包括汽车、房地产、古董、字画等变现性较差的资产；固定支出除生活费用开销以外，还包括房贷本息支出、分期付款支出等已知负债的固定现金支出。失业保障月数的指标高，表示即使失业也暂时不会影响生活，可进一步寻找下一个适合的工作。最低标准的失业保障月数是3个月，最好能维持到6个月。意外或灾害承受能力指标越高，说明家庭应付紧急状况的能力越强，家庭现金储备可相对少些。

二、现金规划的一般工具

确定现金规划的工具时，应以流动性为主要考虑的因素，在此基础上再考虑收益性。现金规划的一般工具包括现金、储蓄、货币市场基金。

（一）现金

现金是现金规划的重要工具。与其他现金规划工具相比，现金有两个突出的特点：一是现金在所有金融工具中流动性最强。二是持有现金的收益率低，在通货膨胀条件下，现金不仅没有收益，反而会贬值。

（二）储蓄

储蓄是指个人将属于其所有的人民币或者外币存入金融机构的存款。提供储蓄服务的金融机构主要是各商业银行、信用合作社、邮政储蓄机构等。任何储蓄均会有利息，应视为投资回报的一种。利息收入的金额由存入本金金额、储蓄种类、存期长短、相应利率等决定。

储蓄具有安全、易变现、操作简单等特点，但同时由于其风险较低，因此收益也相应很低，在一般情况下低于 CPI（居民消费物价指数）指数。一般家庭或多或少都会保留一部分现金或活期存款，可以灵活利用储蓄理财方式，在本金稳妥、保证流动性的基础上，最大化利息收入。

例如，开设约定转存业务，即储户与银行签订协议，只要活期账户的余额超过一定数额，银行就会在每月约定的时间将储户活期账户内的指定金额自动转为定期、通知存款等业务。目前多家银行开通了类似的服务，而且大多免手续费。

如果家庭有一笔资金，如 10 万元，为了准备教育基金或养老金而选择储蓄，可以考虑阶梯储蓄法，即将 10 万元分成 5 个 2 万元，存 1～5 年期的定期存款各一份。1 年后可以用到期的 2 万元本息加起来再存一个 5 年期的存单，这样 5 年后持有的存单全部是 5 年期的，只是到期年限分别相差 1 年。这种储蓄方法可以使每年储蓄到期额度保持等量平衡，既能获得 5 年期存款的较高利息，又能适应储蓄利率的调整。

（三）货币市场基金

1. 货币市场基金的定义

货币市场基金又称货币基金或货币型基金，是指投资于货币市场上短期（一年以内，平均期限 120 天）有价证券的一种投资基金。货币市场基金范例如表 2-10 所示。

表 2-10　工银货币（482002）

2022-12-31　　每万份收益：0.586 7　　7 日年化收益率：1.960 0%

基金全称	工银瑞信货币市场基金	基金简称	工银货币
基金代码	482002（前端）	交易所代码	—
基金类型	货币型	投资风格	货币型基金
发行日期	2006 年 02 月 23 日	成立日期	2006 年 03 月 20 日
成立规模	88.399 亿份	资产规模	464.13 亿份（截至 2022 年 9 月 30 日）
基金管理人	工银瑞信基金	基金托管人	建设银行
基金经理人	王某　谷某	成立以来分红	每份累计 0.00 元（0 次）
管理费率	0.33%（每年）	托管费率	0.10%（每年）
销售服务费率	0.25%（每年）	最高认购费率	0.00%（前端）
最高申购费率	0.00%（前端）	最高赎回费率	0.00%（前端）

注：基金管理费和托管费直接从基金产品中扣除，具体计算方法及费率结构请参见基金《招募说明书》。

2. 货币市场基金的投资范围

目前，货币市场基金的投资范围主要包括：

（1）现金。

（2）通知存款。

（3）1年以内（含1年）的银行定期存款、大额存单。

（4）剩余期限在397天以内（含397天）的债券。

（5）期限在1年以内（含1年）的债券回购。

（6）期限在1年以内（含1年）的中央银行票据。

（7）中国证监会、中国人民银行认可并允许货币市场基金投资的其他具有良好流动性的货币市场工具。

由于货币市场基金投资的范围都是一些高安全系数和稳定收益的品种，因此对于很多希望回避证券市场风险的个人/家庭来说，货币市场基金是一个天然的避风港，在通常情况下既能获得高于银行存款利息的收益，又能保障本金的安全。

3. 货币市场基金的特点

货币市场基金除具有收益稳定、流动性强、购买限额低、资本安全性高等特点外，还有其他一些优点，比如可以用基金账户签发支票、支付消费账单；通常被作为进行新的投资之前暂时存放现金的场所，这些现金可以获得高于活期存款的收益，并可随时撤回用于投资。

与其他基金相比，货币市场基金具有如下特点：

（1）货币市场基金与其他基金最主要的不同在于基金单位的资产净值是固定不变的，通常是每个基金单位1元。投资该基金后，投资者可利用收益再投资，投资收益就不断累积，增加投资者所拥有的基金份额。比如某投资者以100元投资于某货币市场基金，就拥有100个基金单位，1年后，若投资报酬是8%，那么该投资者就多拥有8个基金单位，总共108个基金单位，价值108元。

（2）衡量货币市场基金表现好坏的标准是收益率，这与其他基金以净资产价值增值获利不同。

（3）流动性好、资本安全性高。这些特点主要源于货币市场是一个流动性高的市场。同时，投资者可以不受到期日限制，随时可根据需要转让基金单位。

（4）风险低。货币市场工具的到期日通常很短，货币市场基金投资组合的平均期限一般为4～6个月，因此风险较低，其价格通常只受市场利率的影响。

（5）投资成本低。货币市场基金通常不收取赎回费用，并且其管理费用也较低。货币市场基金的年管理费用为基金资产净值的0.25%～1%，比传统的基金年管理费率1%～2.5%低。

（6）货币市场基金均为开放式基金。货币市场基金通常被视为无风险或低风险投资工具，适合资本短期投资生息以备不时之需，特别是在利率高、通货膨胀率高、证券流动性下降、可信度降低时，可使本金免遭损失。

4. 货币市场基金的选择

投资者投资货币市场基金时，要重点考察以下几项指标，综合加以分析，选择最适合的货币市场基金。

（1）收益指标。货币市场基金的收益指标包括万份收益和七日年化收益率指标。万份收益指标为投资者当日（双休日和法定节假日可能是多日）的实际收益（已经扣除了相关费用），也是投资者基金份额当日实际享有的收益，因此，投资者重点关注货币市场基金万份收益的历史表现和未来预期；七日年化收益率是最近七天年化收益率，具有一定的参考价值，但其是一项短期指标，波动频繁，应尽可能地从一个大的时间范围去考察并选择收益稳定的货币产品。需要注意的是，已公布的数据属于历史业绩，不能完全代表未来的收益情况。另外，投资者也应关注宏观经济、国家政策对货币市场基金业绩的影响。

（2）规模大小。投资规模太小的货币市场基金，一方面难以保障其流动性，另一方面单笔大额投资的进出对管理人的投资影响巨大，收益率下降速度可能更快。但货币市场基金并非是规模越大越好，一定时期内市场的容量是有限的，规模过大的基金对管理人的管理能力也是考验，如果遇到突发事件，规模相对较小的基金更容易调整投资方向。因此，投资者应更多关注规模适中、操作能力强的货币市场基金。

（3）申购赎回速度。这是基金公司后台运行效率的指标，投资者需要进行深入了解，避免因申购赎回速度慢而影响资金的流动性或摊薄收益。

（4）其他因素。季报、中报和年报公布的基金组合平均剩余期限和期限结构、持券结构、回购杠杆比例、基金规模的变化等，也是投资货币市场基金要考虑的重要参考指标。

案例阅读：“利添利”账户理财业务

运用现金规划一般工具时，可结合银行理财业务，灵活运用。

三、现金规划的特殊工具

在某些时候，个人/家庭会有突然的未预料到的支出，与此同时，个人/家庭的现金及现金等价物的额度又不足以应付这些支出，临时变现其他流动性不强的金融资产会有一部分损失。这时，利用一些现金规划的特殊工具融资就不失为一个解决紧急问题的好方法。现金规划的特殊工具主要包括以下几种：信用卡贷款、个人无抵押小额信贷、存单/国债质押贷款、保单质押贷款、典当融资等。

（一）信用卡贷款

1. 认识信用卡

信用卡是商业银行向个人和单位发行的，凭以向特约单位购物、消费和向银行存取现金，具有消费信用的特制载体卡片。现在所说的信用卡，一般单指贷记卡。信用卡实质上是银行提供给用户的一种先消费后还款的小额信贷支付工具。当购物需求超出了其支付能力或者持卡人不希望使用现金时，持卡人可以向银行借钱，所借的钱不需要支付任何利息和手续费。

信用卡正面一般包括以下内容：

（1）该种信用卡的注册商标图案和卡组织标识。

（2）信用卡专用标志或防伪标志。

（3）发卡银行代号、信用卡号码、持卡人姓名拼音、有效期限等内容。

信用卡的背面则有以下内容：

（1）一个磁性带，上面记录有持卡人的账号、可用金额、个人密码等信息资料。

（2）信用卡持卡人签字，签名栏上，紧跟在卡号末的 3 位数字用作安全认证。

（3）发卡银行的简单声明。

（4）24 小时客户服务热线电话。

知识拓展：主要的国际信用卡组织

信用额度是指银行在批准信用卡的时候给予信用卡的一个最高透支的限额，持卡人只能在这个额度内刷卡消费。信用额度是依据持卡人申请信用卡时所填写的资料和提供的相关证明文件综合评定核定的，主卡、附属卡共享同一额度。一般情况下，双币信用卡的额度中，人民币额度和美元额度是可以互相换算的，例如：持卡人的额度是 30 000 元人民币，当持卡人在境外用卡时，信用额度就大约等值于 4 000 美元。

2. 信用卡的主要功能

信用卡的主要功能包括：

（1）可提供一定额度内 20～50 天的免息透支（也可能超过 60 天，由发卡机构自主确定）。

（2）免息分期付款。

（3）高透支额度、临时调高信用额度。

（4）预借现金（持卡人通过 ATM 等自助机办理现金提取业务，每卡每日累计不得超过人民币 1 万元。持卡人通过柜面办理现金提取业务、通过各类渠道办理现金转账业务的每卡每日限额，由发卡机构与持卡人通过协议约定）。

（5）循环信用（相当于小额无担保贷款）。

（6）支出记录与分析。

（7）支出管理。

（8）建立信用记录。

知识拓展

如何查询和清除不良信用记录

1. 如何查询信用记录

通常所说的个人信用不良记录除了最常见的信用卡透支、个人按揭贷款逾期还款外，一些生活缴费未按时和担保等行为都将可能被收录进个人信用报告。报告显示，如本人有过欠税、民事判决、强制执行、行政处罚或电信欠费等情况，报告中或将有所陈列。这意味着，以后水电或固话费欠费，以及为第三方提供担保而第三方没有按时偿还贷款，都会纳入不良信用记录。

银行的不良记录可致电各银行客服查询。要查询征信系统信用报告，可以携带本人有效身份证件到中国人民银行当地分支机构个人信用查询点查询，或者通过中国人民银行征信中心官网进行查询。

2. 如何消除不良信用记录

如果因为一时不慎而形成了负面记录（非恶意、小额、短期逾期），千万不要立即销卡，因为销卡以后，征信信息就不再有新的信用记录产生，那么之前的不良记录也因为没有被新记录替换而将一直存在。正确的做法是：在还清欠款后，继续使用该卡 24 个月，待良好的记录将以前的负面记录覆盖后再做其他处理。如果是恶意透支，金额较大，性质较为恶劣、严重，在还清所有欠款之后，5 年后才能消除不良信用记录。

如果是信用卡还贷等问题产生的银行不良记录，可立即向银行客服电话进行咨询。一般情况下，信用卡逾期进入不良记录为 90 天，超过 90 天就有可能被报送中国人民银行个人信用信息基础数据库。情节轻微者，只需要向银行说明并非恶意，一般可以帮助消除记录。

因不良记录未予审查通过的发贷事项，申请人可以要求银行告知原因。如果银行没有告知，应咨询中国人民银行的征信主管机构，要求对个人征信报告予以调查，更正错误数据，避免在以后涉及银行借贷业务时带来不便。

如果是银行失误造成的不良记录，可以和银行进行协商，银行可以向中国人民银行的征信系统发出修改指令。如果银行能证明是自身操作错误而对客户形成不良记录，也可以由本人持相关证明到当地人民银行申请消除不良记录。

3. 使用信用卡的主要费用

（1）利息：当期非现金交易自记账日至到期还款日（含）为免息还款期。在免息还款期内还清当期全部透支金额的，无须支付利息。否则，自记账日起按全部透支金额计算利息。透支利率上限为日利率万分之五，下限为上限的 0.7 倍。

（2）年费：它是指使用信用卡时，持卡人按年缴纳的费用。普通信用卡不开通使用是不会收取年费的。

（3）违约金：它是指当持卡人在到期还款日前（含）还款金额少于最低还款额时，银行与持卡人通过协议约定是否收取违约金。

（4）分期付款手续费：它是指持卡人要求银行提供分期付款服务时，须向银行支付一定比例的服务费用。

（5）挂失手续费：它是指信用卡正式挂失后，持卡人应向发卡银行支付的费用。

各银行信用卡收费水平有差别，持卡人可通过银行网站、服务电话、申请书、信用卡章程等渠道仔细了解具体的收费水平。

4. 信用卡使用注意事项

（1）不要透支。超额透支不能享受免息待遇。信用额度由银行定期进行调整，但持卡人如果需要，既可以主动提供相关的财力证明要求银行调整信用额度，也可以在如出国旅游、乔迁新居、子女留学等情况下，要求调高临时信用额度。

（2）读懂对账单。要特别关注以下内容：

对账单上“本期还款金额”是在最近一个到期还款日要缴纳的金额。

还会有一栏“本期最低还款额”，通常是应还款金额的 10%，发卡机构可自主确定。“本期最低还款额”是为那些无力全额还款的人准备的，一旦按照最低还款额还款，就动用了信用卡的“循环信用”，银行将针对所有欠款从记账日起征收利息，当期就不能享受免息还款的优惠，日息是万分之五，折合成年息高达18%，所以一定要慎用“最低还款额”。

对账单上还有一个“预借现金额度”项目，就是银行授权可从ATM中取现的额度，一般是信用额度的50%。信用卡取现是要收取手续费的，虽然一些银行已经开始免收这项费用，但从取款当天开始，需要支付每天万分之五的利息。

(3) 学会计算免息还款期。免息还款期，即对非现金交易，从银行记账日起至到期还款日之间的日期为免息还款期。计算免息还款期，首先需要区分以下日期：

交易日，即持卡人实际用卡交易的日期。

账单日，是指发卡银行每月定期对持卡人的信用卡账户当期发生的各项交易、费用等进行汇总，并结计利息、计算持卡人当期应还款项的日期。

到期还款日，即发卡银行规定的持卡人应该偿还其全部应还款或最低还款额的最后日期。

各个银行的规定并不相同，免息还款期最短20天，最长56天。在免息还款期，持卡人只要全额还清当期对账单上的本期应还金额便不用支付利息。

(4) 妥善保管信用卡交易凭条。信用卡交易凭条是信用卡交易过程的记录，持卡人应妥善保管好。一方面，持卡人可将交易凭条与对账单进行明细比对，如果发生因跨行或者跨地区银行卡交易重复扣款等现象，应该凭借交易凭条及时与发卡行联系；另一方面，POS机和ATM打印出的交易流水单上清晰地记录着信用卡卡号、有效期和取款金额等信息。随意丢弃凭条可能会带来麻烦，如信息被窃取等。另外，一旦信用卡账单上出现有争议的消费项目，核对交易凭条可以减少不必要的麻烦。

(5) 信用卡还款方式可选择。信用卡还款方式包括以下几种：

第一种：直接到银行营业网点柜台还款。

第二种：通过他行代理还款，广东发展银行、中信实业银行、深圳发展银行、中国民生银行之间实现了可以在任意银行之间还款。

第三种：网上银行转账还款，即通过本行或者其他银行的网上银行进行转账还款。

第四种：与借记卡关联扣款。只要持卡人在发卡行开一个活期存款账号，并在发卡银行开立一个授权，银行在每个月到期还款日自动从存款里扣缴，这样就可以方便用足免息期，免去按时到银行缴款的麻烦，而且完全不用担心忘记缴费。不过账户里要保留足够的金额，否则会产生滞纳金及违约金。

第五种：支付工具转账，将钱通过网上银行或者交易转到某些支付工具中（如财付通、支付宝等），再通过将现金提现到信用卡账号下，以此来完成还款，还可以免去手续费（支付工具提现收取手续费的除外）。

第六种：电话银行还款。

第七种：ATM还款。

(6) 信用卡存钱不付利息。这是因为信用卡的发放是为了鼓励消费，而非储蓄，所以既不要把信用卡当借记卡用，也不要为了担心遗忘还款而先将还款资金存在信用卡里。

案例阅读

多家银行发布公告 信用卡长期不用将停止服务

A银行发布公告表示，该行自2022年11月15日起陆续对发卡满12个月以上仍未激活或已激活却连续满12个月以上未发生主动交易等情形的睡眠信用卡停止用卡服务并办理销户手续。

此前，已有B银行、C银行、D银行等多家银行发布了关于停用长期睡眠信用卡的公告。上海农商行在公告中表示，自2022年10月1日起，该行将陆续对长期未激活、长期未发生主动交易等情形的睡眠信用卡停止用卡服务。若需要保留用卡服务，持卡人须于10月1日前主动用卡。

此举目的在于保护客户账户安全与用卡权益，防止客户信用卡被盗刷，或被用于电信诈骗、洗钱等。

此外，E银行、F银行、G银行等机构先后对信用卡客户持卡数量上限进行设置与调整。例如，E银行在公告中表示，对单一客户设置机构发卡数量上限。同一客户在该行持有的信用卡有效卡片数量上限为8张（含8张），已注销的卡片不统计在内。同一张主卡名下最多可申请的附属卡数量为8张，含已注销卡片。

此前，部分信用卡营销人员为完成业绩，会出现向客户重复发卡、随意开卡等行为。某银行信用卡中心一位工作人员透露："信用卡开卡量与业绩直接挂钩，过度办卡时有发生，部分银行发卡量较虚，从而导致睡眠卡较多。自'断卡'行动以来，我们提高了对此类行为的重视程度。"

2022年7月7日，中国银保监会（现为国家金融监督管理总局）、中国人民银行发布的《关于进一步促进信用卡业务规范健康发展的通知》指出，银行业金融机构不得直接或者间接以发卡数量、客户数量、市场占有率或者市场排名等作为单一或者主要考核指标。通知规定，银行业金融机构应当持续采取有效措施防范伪冒欺诈办卡、过度办卡等风险；对单一客户设置本机构发卡数量上限；强化睡眠信用卡动态监测管理，严格控制占比；连续18个月以上无客户主动交易且当前透支余额、溢缴款为零的长期睡眠信用卡数量占本机构总发卡数量的比例在任何时点均不得超过20%，政策法规要求银行业金融机构发行的附加政策功能的信用卡除外；超过该比例的银行业金融机构不得新增发卡。

（二）个人无抵押小额信贷

个人无抵押小额信贷业务能够实现无任何房产抵押、无任何他人担保，仅凭个人信用度就能贷款。无抵押贷款的申请门槛较低，许多银行都设定只要月收入在3 000元以上，拥有申请当地的居住证明即可。个人无抵押小额信贷业务具有"零担保、低月供、锁定利率、申办简单"的特点，深受年轻人的欢迎。

案例阅读：A银行"白领通"个人信用授信业务

（三）存单/国债质押贷款

个人存单/国债质押贷款是指借款人向银行申请以该行未到期定期存单（折）或由该行代销的1999年以后发行的未到期凭证式国债作质押，到期一次性归还本息的一种短期个人贷款。

个人存单/国债质押贷款既可满足短期资金周转需求，又可避免提前结清存单或国债带来的利息或债息损失，但须支付少额贷款利息。借款人须提供本人有效身份证件以及银行未到期定期存单（折）/银行代销的1999年以后发行的未到期凭证式国债。

个人存单/国债质押贷款的起点一般为5 000元，每笔贷款金额不超过存单或国债面额的90%。使用外币存单质押，借款金额不超过存单面额的80%。贷款利率按照中国人民银行规定的同期贷款利率计算。贷款期限最长不超过1年，并且不超过存单或国债到期日（约定转存的除外）。该贷款的最大优势是，借款人如果手续齐备，当天就可以签订合同拿到贷款。

个人存单/国债质押贷款流程如图2-2所示。

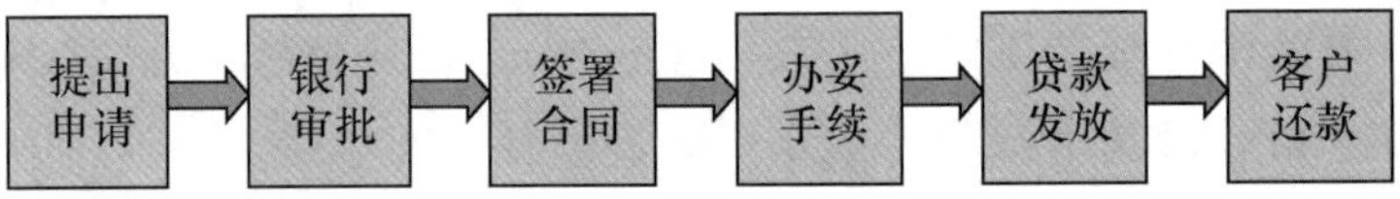

图2-2　个人存单/国债质押贷款流程

（四）保单质押贷款

保单质押贷款是指投保人在一定条件下以保单为质押物，向保险公司或者其他金融机构贷款的一种金融业务。

案例阅读

保单能借钱？真的可以！

保单质押贷款是指保险公司按照保险合同的约定，以投保人持有的保单现金价值为质，向投保人提供的一种短期资金支持。通过保单质押贷款，借款人可以以未到期的保单作质押，按照保单现金价值的一定比例从保险公司获得贷款额度，并且在质押贷款过程中客户的保险保障不受影响，保单依然有效。

开展保单质押贷款业务，对投保人和保险公司是双向有益的。中国人民大学中国保险研究所某研究员分析表示，保单质押贷款是保险公司基于保险主业的一项附属业务，是为便利投保人而对其开展的保单增值服务。其根本作用在于能够满足保险单的流动性和变现要求，对投保人和保险公司都有益处。对投保人来说，在不解除合同的情况下就可以从保险公司贷款，可以满足短期内的资金周转需求。对保险公司来说，由于保单贷款可以收取利息，是一种重要的资金运用形式，可以通过保单贷款获取收益。

哪些保险保单能用来抵押贷款呢？可以看出，可以贷款的保单必须具有现金价值，也就是一些具有储蓄性质的人寿保险、年金保险、分红型保险、养老保险等。而短期健康险、短期意外险等消费型保险并不能抵押贷款，财险保单也不能抵押贷款。

保单贷款究竟能贷多少钱呢？贷款额度通常取决于保单的现金价值，目前对于保单贷款的额度比较常见的是现金价值的70%或80%。《人身保险公司保单质押贷款管理办法（征求意见稿）》（以下简称《征求意见稿》）提出，保单质押贷款金额不得高于申请贷款时保单现金价值的80%。

贷款期限是多久呢？利息又是多少呢？保单贷款的时间较短，一般为6到12个月，而且，贷款利率也是高于保险产品的预定利率的，一般为5.5%。如2020年末，某人身险公司曾公告表示，该公司保单借款基准年利率为5.5%。

质押保单贷款来的资金，用途会有限制吗？某寿险公司分支机构负责人介绍称，保险公司只负责审批放贷，无权干涉贷款资金用于何处。不过，根据《征求意见稿》，拟订保单质押贷款的用途未来会有一定限制，不能用于房地产和股票投资，不得用于购买非法金融产品或参与非法集资，不得用于未上市股权投资等。

近年来，手续简单、贷款速度快的保单贷款频频引起纠纷，也被不法分子盯上，成为其非法牟利的工具。

买保险竟然背上数百万债务？近日，有媒体报道，已经退休的章先生在9年多时间里，买下29份太平洋人寿保险，总计支付保费800多万元，不仅掏空400多万元积蓄，还质押保单贷款投保。2022年3月21日，太保寿险上海分公司和当事人章先生已经达成一致意见，对章先生部分保单予以退保，其余保单继续持有。

“驻马店残疾男子以捡废品为生，却贷款买七份保险”等类似报道也曾见诸报端。李先生家人提供的清单显示，李先生从2006年开始，在某寿险公司一共购买了7份保险，而且最后还贷款两万多元，贷款是通过保单贷的。

家住韶关的一位退休老人黄先生也遇到类似的情况。他最近4年一共买了3份理财保险，前前后后交了13万元。而买了保险之后，他的名下却多出了2.3万元的贷款，原来是保险业务员用黄先生的个人资料在保险公司办理了贷款。最终，欠款业务员写了一份还款保证书，明确表示会归还本息。

关于警惕“保险分红补偿”骗局的风险提示指出，有不法人员拨打保险消费者电话或发送短信，谎称自己为保险公司售后服务人员，处理客户对保险分红收益不满的投诉，需要保险消费者携带身份证、保单和本人银行卡到该网点办理分红核算及补偿等事宜。待客户上门后，该网点不法人员诱导保险消费者直接在保险公司App或官方公众号在线办理保单贷款，签订“分红服务协议”，并将贷款所得款项转入不法人员指定账户。

对于不法人员以“分红补偿”名义诱导保险投保人办理保单贷款，工作人员提醒，对此类行为应保持高度警惕，保险消费者要树立正确的保险消费意识，增强风险防范意识和识别能力，保障个人信息和财产安全，谨防不法分子冒充监管部门实施诈骗。如接到相关电话，消费者应当第一时间通过官方途径向保险公司或银行保险监管部门核实并反映情况；遭遇诈骗造成损失的，应保留相关证据、线索，及时向公安机关报案。

目前，我国保单质押贷款主要有两种模式：一种是投保人把保单抵押给保险公司，直接从保险公司取得贷款，如果借款人到期不能偿还债务，当贷款本息达到退保金额时，保险公司将终止其保险合同效力；另一种是投保人将保单抵押给银行，由银行支付贷款给借款人，当借款人到期不能偿还债务时，银行可依据合同凭保单由保险公司偿还贷款本息。

相比银行放贷，保险公司最大的优势在于时效性，客户持保单到银行申请抵押贷款必须经过资质验证、担保等繁杂的手续，审批时间长；而在保险公司，质押保单的信息已经存在于公司系统中，很快就能够评估出保单的现金价值从而确定放贷额度，实现现场放贷。

对有短期融资需求的客户来说，到保险公司申请保单质押贷款的确是一个不错的选择。

通常情况下，能够进行质押贷款的保险合同都会载明相关的保单质押条款，条款内容包括贷款期限、额度、利率以及其他的贷款条件。贷款利率以当年保险公司公布的利率为准。

案例阅读：“易贷险”——保险公司给贷款人的新工具

（五）典当融资

典当是指当户将其动产、财产权利作为当物质押或者将其房地产作为当物抵押给典当行，交付一定比例的费用，取得当金并在约定期限内支付当金利息、偿还当金、赎回典当物的行为。

典当是以实物为抵押，以实物所有权转移的形式取得临时性贷款的一种融资方式。典当的期限最长可以为半年，在典当期限内当户可以提前赎当，经双方同意可以续当。典当的息率和费率在法定最高范围内灵活制定，往往要根据淡旺季节、期限长短、资金供求状况、通货膨胀率的高低、当物风险大小及债权人与债务人的交流次数和关系来制定。

与银行贷款相比，典当具有一定的优势：

（1）信用要求几乎为零。与银行对借款人的资信条件近乎苛刻的要求相比，典当行对客户的信用要求几乎为零，典当行只注重典当物品是否货真价实，而且一般商业银行只做不动产抵押，而典当行则可以动产与不动产质押二者兼为。

（2）典当物品起点低。典当行典当物品的起点低，千元、百元的物品都可以当。典当行一般接受的抵押、质押的范围包括金银饰品、古玩珠宝、家用电器、机动车辆、生活资料、生产资料、商品房产、有价证券等。与银行相反，典当行更注重对个人客户和中小企业服务。

（3）典当贷款手续简便。与银行贷款手续繁杂、审批周期长相比，典当贷款手续十分简便，大多立等可取，即使是不动产抵押，也比银行要便捷许多。

（4）资金使用自由。客户向银行借款时，贷款的用途不能超越银行指定的范围。典当行则不问贷款的用途，资金使用十分自由。

典当也有一定的缺点，除贷款月利率外，典当贷款还需要缴纳较高的综合费用，包括保管费、保险费、典当交易的成本支出等，因此融资成本较高。此外，典当融资的规模相对较小。

个人/家庭通过现金规划特殊工具融资时，一定要注意以下问题：

（1）核定存款总额，进行比例消费。一般来说，核算存款总额应包括银行存款、各类有价证券（包括债券、基金、股票等），每月合理的还款额度不应该超过个人或家庭平均月收入的40%。

（2）做好现金流量预估，控制短期信贷金额。对于短期一次性的消费贷款，可利用短期个人贷款来平衡收支的时间差异。最好先做现金流量预估，如下月的预估收入高过预估支出，才考虑使用银行储蓄卡或信用卡循环信用额度等短期透支工具。过度消费是不理智的行为，短期信贷金额一般不应超过3个月的收入。

四、现金规划的编制程序

现金规划的编制一般遵循如下程序：

（1）首先应该向客户说明什么是现金规划、现金规划的需要因素及现金规划的内容。

（2）在此基础上，应当收集客户与现金规划有关的信息，如个人职业、家庭情况、收入状况和支出状况等相关信息。

（3）根据收集到的信息，引导客户编制月/年度收入支出表，用表格的形式反映出客户的基本情况。

（4）在编制月度收入支出表的基础上，根据客户每月支出情况，确定保留现金及现金等价物的额度（每月支出的3～6倍）。

（5）将客户每月支出3～6倍的额度在现金规划一般工具中配置。

任务实施

军女士家庭理财规划建议：

一、现金及消费支出规划

目前军女士家庭支出额度较大，应设法开源节流，适当降低交际费用及其他费用，建议此两项费用控制在每年1万元以内，可以每年多节余5 000元。

在现金管理方面，建议留出月支出的3倍现金或储蓄作为日常应急储备金，即保留活期存款3万元，将其中2万元拿出购买货币市场基金。

二、子女教育规划及债务偿还规划

关于子女教育问题，重点规划孩子成长过程中所需要的费用支出。考虑到教育金积累的时间刚性与费用刚性，教育金的投资应充分考虑其稳健性，可以考虑构建一个债券型基金与低风险银行理财产品的投资组合。针对军女士家庭现有10万元债务问题，需两年偿还，通过现有存款及未来收入储备，基本可以实现。

根据军女士家庭财务实际情况，两年以后积累10万元子女教育金的理财目标，以目前的家庭财务及两年内收支情况难以与家庭债务同时解决，建议先行解决家庭债务、延后子女教育金的积累。

三、保险规划

略。

实训练习

一、知识训练

1. 课堂讨论题

（1）个人/家庭如何确定现金储备金额？

（2）个人/家庭现金规划的一般工具有哪些？运用时应注意哪些问题？

（3）个人/家庭现金规划的特殊工具有哪些？运用时应注意哪些问题？

（4）个人/家庭需要融资时，可以考虑哪些工具？这些工具分别适用于何种情况？

（5）编制现金规划的流程是什么？

2. 判断题

（1）个人/家庭决定现金储备规模不必考虑持有现金及现金等价物的机会成本。（　　）

（2）货币市场基金的收益指标包括万份收益和五日年化收益率指标。（　　）

（3）信用卡的免息还款期是从银行记账日起至到期还款日之间的日期。（　　）

（4）个人存单/国债质押贷款的起点一般为 8 000 元。（　　）

（5）所有的保单都可以用来质押贷款。（　　）

3. 单项选择题

（1）一般家庭现金储备额为其月支出的（　　）倍。

A. 1～3　　B. 3～6　　C. 1～6　　D. 6～12

（2）货币市场基金的特点不包括（　　）。

A. 收益稳定　　B. 流动性强　　C. 购买限额低　　D. 资本安全性低

（3）下列保单不具有现金价值的是（　　）。

A. 人寿保险　　B. 年金保险　　C. 财产保险　　D. 分红保险

（4）与银行贷款相比，典当融资不具备的优势为（　　）。

A. 信用要求低　　B. 典当物品起点低

C. 手续简便　　D. 资金使用定向

二、技能实训

1. 小王 2022 年买房时因为首付压力过重，贷款时已用足了上限，因此装修款已无处可贷。请为他选择合适的信贷工具，使其顺利支付装修款项。

2. 小李 2022 年大学毕业，公司职员，目前每月工资 3 000 元。小李对目前的工作不满意，有跳槽的打算。请问他应该准备多少现金储备？

3. 郭先生夫妇皆为工薪阶层。目前，家庭中只有 5 万元的汽车固定资产、4 万元的金融资产，但高风险的股票除掉亏损的 1 万元，还有 3 万元，另外有活期存款 2 万元。2022 年郭先生的月收入为 6 000 元，郭太太的月收入为 3 000 元。家庭每月日常生活开支为 2 600 元，养车开支为 1 000 元，购置衣物开支为 800 元，交通、娱乐及其他费用为 2 400 元。郭先生夫妇都没有购买人寿保险。请帮助郭先生家庭编制现金规划。

课后自检

1. 任务二的知识点：

____

____

2. 任务二的技能点：

____

____

3. 我掌握了哪些知识和技能？

____

____

学习情景三　个人风险管理和保险规划

情景导入▶

2022 年 1 月 31 日下午，王小姐驾驶自己的轿车与价值 1 200 万元的劳斯莱斯轿车发生了碰撞，对方声称需要 200 万元的修理费。经交警部门认定，王小姐应负该起事故的全部责任。按照劳斯莱斯 4S 店的预估，这辆劳斯莱斯的修理费将在 39 万元左右，但这个数字可能还会有变化。

劳斯莱斯 4S 店结算出了一份维修金额的初步估价——39 万元，包括车门、车门密封条、钢圈、轮胎的更换，以及油漆、钣金等工时费用。但是，当时专业技师休息，他们只能对肉眼可见的车损进行预估，具体的金额需要专业技师拆解受损部件后才能最终确定。随后，4S 店专业技师对该车进行了检测，然后王小姐所投保的保险公司又与 4S 店进行交涉，争取折扣优惠，最终确定了维修费用。

由于当初上保险的时候，王小姐没有买“不计免赔”，所以 20 万元的第三者责任险要打 8 折，保险公司只能赔付 16 万元，算上交强险赔付的 2 000 元，共 16.2 万元，剩下的 18.8 万元需要王小姐自掏腰包，这基本上等于把自己的车都赔掉了。

随堂思考：你的保险足够抵御可能发生的风险吗？

由王小姐的经历可见，个人风险管理和保险规划非常必要，如果有足够的保障，我们就不必担心可能会发生的风险了。

个人风险管理是一个认识风险、确定风险、评估风险的决策过程，是指个人/家庭通过对风险的识别和衡量，采用必要且可行的经济手段和技术措施对风险加以处理，期望以最小的成本获取最大的安全保障的一种管理活动。

保险规划是指经济单位通过对风险的识别、衡量和评价，并在此基础上选择与优化组合各种风险管理技术，对风险实施有效控制和妥善处理风险所致损失的后果，以尽量小的成本争取最大的安全保障和经济利益的行为。

做好个人风险管理和保险规划的基本任务是识别可能发生的各种风险，正确评估风险，选择适用的风险管理技术，实施、监控与调整风险管理计划，认识保险，选择保险工具，编制保险规划。

一、识别可能发生的各种风险

识别风险是整个风险管理过程的第一步，也是最重要的一步。个人和家庭面临的纯粹风险可以分为财产风险、责任风险、人身风险三大类。

二、正确评估风险

识别风险后，需要进一步分析引起损失的风险事故和概率以及可能的损失后果，并区分潜在损失的轻重缓急，主要是分析和衡量损失概率、损失程度、损失的变异性三个指标。

三、选择适用的风险管理技术

许多个人和家庭面临的决策难题是为哪些风险投保、购买多少保险、自留多少风险。这些可以通过选择适用的风险管理技术来解决。

四、实施、监控与调整风险管理计划

当确定了最合适的风险管理计划或技术后，个人/家庭就将涉及如何实施的问题。风险管理过程在实践中是一个周而复始、循环往复的过程。随着家庭经济条件、家庭阶段、外部环境的变化，个人/家庭需要不时地对原有安排的充分性与有效性进行回顾和修改。

五、认识保险

保险是最古老的风险管理方法之一。保险是集合具有同类风险的众多单位和个人，以合理计算风险分担金的形式，向少数因该风险事故发生而受到经济损失的成员提供保险经济保障的一种行为。通常情况下，我们所说的保险是狭义的保险，即商业保险。

六、选择保险工具

正确选择家庭保险工具也很重要，选择前要确定保险需求和保险标的，选择中要全面考虑、综合安排，不能仅对不同的工具进行简单的优劣比较。家庭保险工具主要包括家庭人身保险工具和家庭财产保险工具。

七、编制保险规划

编制保险规划的目的就在于通过对个人/家庭经济状况和保险需求的深入分析，帮助个人/家庭选择合适的保险产品并确定合理的期限和金额。编制保险规划时应遵循一定的原则，按照编制程序进行。

任务一　认识个人风险管理和保险

学习目标

◇ 认识个人/家庭所面临的风险
◇ 学会风险管理
◇ 熟悉保险的基本知识
◇ 掌握保险原则
◇ 学会阅读和分析保险合同
◇ 能够正确选择保险公司

素养目标

◇ 通过对个人风险管理的学习，树立风险意识、危机意识以及面对风险和危机时积极乐观的人生态度
◇ 通过对保险的学习，树立正确的价值观、道德观，树立诚信为本的理念，传承中华民族优良传统

任务描述

康先生年收入 11 万元，太太年收入 5 万元，有一套房、一辆轿车、部分银行存款，年平均支出在 8.5 万元左右。康先生有五险一金，商业保险及重大疾病险 20 万元，意外伤害保险 50 万元；太太享有社保；儿子享有北京市“一老一小”保险。

任务分析

康先生家庭在保障方面存在风险。太太的大病保障水平较低，只有社保是不能解决患病时所需费用的。儿子在成长期间的教育金、疾病及意外伤害等问题没有解决。

同时，康先生家庭在生活品质提升方面也存在风险。康先生和太太虽然参加了社保，但退休后的养老金大约只有工作时的 1/3，生活品质会有所下降，康先生和太太需要补充养老规划。

任务精讲

一、认识风险

（一）什么是风险

风险是指某种事件发生的不确定性。不确定性包括：风险是否发生、发生时间、产生结果的不确定性。从广义上讲，只要某一事件的发生存在两种或两种以上的可能，那么我们就认为该事件存在着风险。从狭义的角度来讲，风险仅指损失发生的不确定性。

案例阅读

全球癌症负担日益加重

世界卫生组织（简称世卫组织）的癌症机构（国际癌症研究机构）发布了对全球癌症负担的最新估计。世卫组织还公布了来自115个国家的调查结果，结果显示大多数国家没有作为全民健康覆盖的一部分为重点癌症和姑息治疗服务提供充足资金。

根据2022年各国现有最佳数据来源得出的国际癌症研究机构估计数突出表明，癌症负担日益加重。

癌症确诊后5年内存活的估计人数为5 350万。大约五分之一的人在一生中罹患癌症，大约九分之一的男性和十二分之一的女性死于癌症。

世卫组织关于全民健康覆盖和癌症的全球调查显示，只有39%的参与国将基本的癌症管理作为其资助的面向所有公民的核心卫生服务“健康福利包”的一部分。只有28%的参与国还纳入了对需要姑息治疗的人的护理，包括一般的疼痛缓解，而不仅仅是与癌症有关的疼痛缓解。

国际癌症研究机构的全球癌症观测站的最新估计显示，2022年10种癌症总共占全球新增病例和死亡人数的三分之二左右。数据涵盖185个国家和36种癌症。

肺癌是全球最常见的癌症，2022年新增病例250万例，占新增病例总数的12.4%。乳腺癌位列第二（230万例，11.6%），其次是结直肠癌（190万例，9.6%）、前列腺癌（150万例，7.3%）和胃癌（97万例，4.9%）。

预计2050年将有超过3 500万新增癌症病例，比2022年的估计2 000万例增加77%。快速增长的全球癌症负担反映了人口的老龄化和增长，以及人们面临的风险因素的变化，其中一些风险因素与社会经济发展有关。烟草、酒精和肥胖是癌症发病率上升背后的关键因素，空气污染仍然是环境风险因素的一个主要驱动因素。

就绝对负担而言，预计高人类发展指数国家的发病率的绝对增幅最大，与2022年的估计数相比，预计2050年新增病例将增加480万例。然而，在低人类发展指数国家（增加142%）和中等人类发展指数国家（增加99%）中，发病率的增长比例最为惊人。同样，这些国家的癌症死亡率预计将在2050年增长近一倍。

（二）风险的构成要素

一般来说，风险具有三个构成要素：风险因素、风险事故和损失，三者缺一不可。

（1）风险因素。风险因素是指促使某一特定风险发生，或者增加风险发生的可能性，或者扩大损失程度的原因及条件。风险因素是风险事故发生的潜在原因，是造成损失的间接原因。

（2）风险事故。风险事故是指造成财产损失或人身伤害的偶发事件，是造成损失的直接或外在原因。如因下冰雹直接砸伤行人，则行人被砸伤是风险事故。

（3）损失。在风险管理中，损失是指非故意、非预期、非计划的经济价值的减少，即经济损失，一般以丧失所有权、预期利益、支出费用和承担责任等形式出现，而像精神打击、政治迫害、折旧以及馈赠等行为的结果一般不能视为损失。

只有具备了风险因素，才有发生风险事故的可能性；只有发生了风险事故，才有可能造成损失。三者中，缺少其中的任意一项都不能称其为风险。三者的关系如图 3－1 所示。

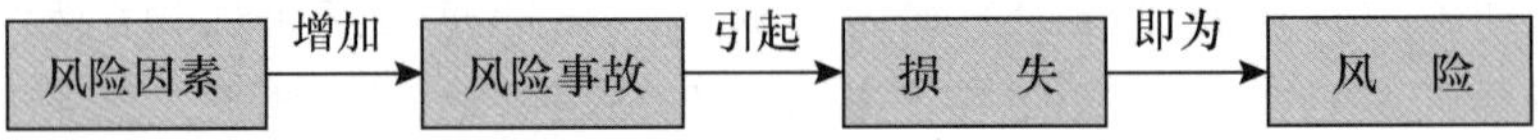

图 3－1　风险要素三者之间的关系

（三）风险的种类

划分风险的种类，有助于我们更好地识别风险和管理风险。风险的主要分类通常包括以下几种：

1. 按照风险产生的原因分类

按照风险产生的原因分类，风险可以分为自然风险、社会风险、政治风险、经济风险和技术风险。

自然风险是指自然力的不规则变化使社会性生产和生活等受到威胁的风险。如地震、水灾、风灾、雹灾等自然现象是经常的、大量发生的。在各类风险中，自然风险是保险承保最多的风险。

社会风险是指由于个人或团体的行为或不行为使社会生产及人们的生活受到损失的风险。如人的过失行为、不当行为及故意行为等都可能对他人的财产或身体造成损失或伤害。

政治风险又称国家风险，是指在对外投资和贸易过程中，因政治原因或订约双方所不能控制的原因，债权人可能遭受损失的风险。如因进口国发生战争、内乱等中止货物进口而造成的损失；因进口国实施进口或外汇管制，对输入货物加以限制或禁止输入而造成的损失等，都属于政治风险。

经济风险是指在生产和销售等经营活动中，由于受各种市场供求关系、经济贸易条件等因素变化的影响或经营者决策失误，对前景预期出现偏差等导致经营失败的风险。比如企业生产规模的增减、价格的涨落和经营的盈亏等。

技术风险是指伴随着科学技术的发展、生产方式的改变而产生的威胁人们生产与生活的风险，如核辐射、空气污染和噪声等。

2. 按照风险的性质分类

按照风险的性质分类，风险可以分为纯粹风险和投机风险。

纯粹风险是指只有损失机会而无获利可能的风险。其所致的结果有两个：损失和无损失。自然灾害和意外事故的发生、人的生病与死亡等现象的发生，都属于纯粹风险。

投机风险是指既可能产生收益也可能造成损失的不确定的状态，其可能产生的结果有三种：损失、无损失和盈利。赌博、股票的买卖等都属于典型的投机风险。

3. 按照风险损害的对象分类

按照风险损害的对象分类，风险可以分为财产风险、人身风险、责任风险和信用风险。

财产风险是个人和家庭或企业对其所有的、使用的和保管的财产发生财产贬值、损毁或者灭失的风险。

人身风险是指可能导致人的伤残、死亡的风险。这些风险会造成人们经济收入的减少或支出的增加，影响本人或其所赡养的亲属生活的安定。

责任风险是指个人或团体因行为的过失，造成他人的财产损失或人身伤害，依据法律、合同或道义应负经济赔偿责任的风险。

信用风险是指人们在经济交往中，权利人和义务人之间由于一方违约或犯罪而导致对方经济损失的风险。

二、认识个人风险管理

（一）个人风险管理的概念

个人风险管理是一个风险认识、风险确定、风险评估的决策过程，是指个人/家庭通过对风险的识别和衡量，采用必要且可行的经济手段和技术措施对风险加以处理，期望以最小的成本获取最大的安全保障的一种管理活动。

个人/家庭进行风险管理主要是基于安全和经济方面的需要。个人/家庭现在与未来的收支平衡、资产增值很大程度上取决于财务安全和风险管理。调查显示，无风险管理或理财规划的家庭遭受意外及其他事件造成的财产损失可达家庭财产总额的20%以上，最高可达100%，即所有财产损失殆尽。

（二）个人风险管理的目标

个人风险管理的基本目标是以最小成本获得最大的安全保障。风险管理的目标具体可以分为损失前的目标和损失后的目标。前者是指通过风险管理消除和降低风险发生的可能性，为人们提供较安全的生产、生活环境；后者是指通过风险管理在损失出现后及时采取措施，使受损个人/家庭的生活秩序得以迅速恢复，或使受损家园得以迅速重建。

（三）个人风险管理的方法

（1）风险回避。风险回避可能受到以下几方面的影响：一是有时候消极的回避风险意味着放弃利益；二是回避一种风险的同时有可能产生其他新的风险；三是有些风险是无法回避的。

（2）风险控制。它是一种以预防为主的风险管理手段，预防是需要付出成本的。进行风险控制付出的成本与风险损失相比较，孰大孰小成为是否采取这一方法的决定性因素。

（3）风险自留。在风险所导致的损失较大或者无法预测的时候，要考虑个人/家庭需要，每个家庭需要建立家庭应急基金，做到有备无患。

（4）风险分散。分散投资意味着持有多种风险资产，采用分散投资的资产组合投资策略，降低人们拥有任何单一资产所面临的风险。个人理财为个人/家庭整个生命周期规划了许多阶段性目标，要实现这些目标往往需要通过分散投资的手段。

（5）风险转移。风险转移可分为非保险类转移和保险类转移。非保险类转移是指通过订立经济合同，将风险及可能损失转移给别人，常见的主要有租赁、互换、套期保值等。保险类转移是指通过订立保险合同将风险转移给保险公司。并不是所有风险都可以通过风险转移手段来处理，只有符合一定条件的可保风险才可以转移，一般来说，投机风险是不可以投保的，比如购买股票的收益风险。

（四）个人风险管理的程序

在明确风险管理目标后，风险管理的实施构成一个风险管理过程，并且周而复始、动态循环，如图 3-2 所示。

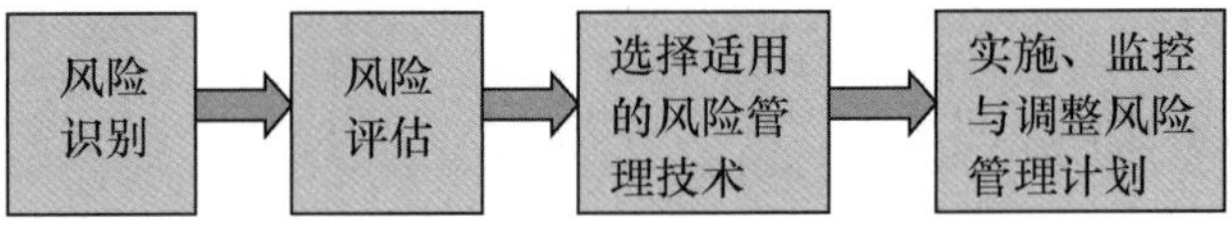

图 3-2　个人风险管理过程

1. 风险识别

风险识别是整个风险管理过程的第一步，也是最重要的一步。个人/家庭面临的纯粹风险可以分为财产风险、责任风险、人身风险三大类，如图 3-3 所示。其中财产风险的衡量包括财产直接损失及因财产损毁而引起的间接经济损失，对这一风险衡量的指标包括实际现金价值、重置成本、相关费用等。对责任风险的衡量取决于意外事故的严重程度及法院判决的损失赔偿金，最大可能的责任损失可以个人全部财富为限。对人身风险的衡量通常包括生理死亡（工作期间生命的提前死亡）、生存死亡（工作期间永久全残）及退休死亡（达到退休年龄出现的死亡）。

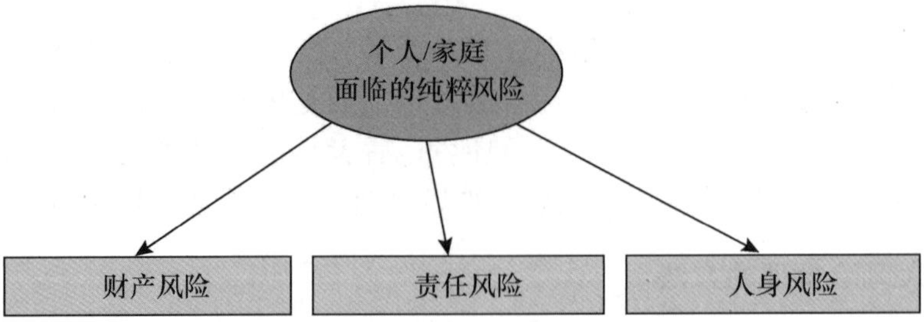

图 3-3　个人/家庭面临的纯粹风险

2. 风险评估

识别面临哪些可能的损失或风险事故后，我们需要进一步分析引起损失的风险事故和概率以及可能的损失后果，并区分潜在损失的轻重缓急。

风险评估主要是对损失概率、损失程度和损失的变异性这三个指标进行分析和衡量。

损失概率是指风险损失在一定时间范围内实际发生损失或预期发生损失的数量与所有可能发生损失的数量比值。40 周岁的男性每千人的死亡概率为 2 人，即这一风险发生的概率为 2‰。

损失程度是指标的物发生一次风险事故时的平均损失额度。一般情况下，它是指一次风险事故所造成的损失的绝对额。

损失的变异性即损失的波动程度，这种变异程度通过损失变量的方差或标准差来度量。方差通常是指损失变量相对于损失幅度的偏离程度。方差越小，则损失变量与损失幅度的偏离就越小，风险就越小；反之，方差越大，损失变量与损失幅度之间的偏离就越大，风险就越大。在期望损失相同的情况下，两组观测值中标准差较大的风险较大。

在各种风险事故中，有的可能造成轻微的损失后果，有的可能造成严重的损失后果，具体评估时应该根据轻重缓急给予适当的关注和处理。

3. 选择适用的风险管理技术

许多个人/家庭面临的决策难题是为哪些风险投保、购买多少保险、自留多少风险。在现实中，某些个人/家庭购买了过多的保险，从保费支出角度看是不经济的，某些个人/家庭的保险显得严重不足，自留风险太多，一旦事故发生，就会出现家庭经济困难，使个人/家庭的经济生活受到重大的打击，发生严重的财务危机，危及个人/家庭目标的实现，因而需要选择适用的风险管理技术。

风险管理技术主要有控制型风险管理技术和财务型风险管理技术。

控制型风险管理技术的实质是：在风险分析的基础上，针对个人/家庭所存在的风险因素采取控制技术，以降低风险事故发生的频率和减轻损失的程度，重点在于改变引起自然灾害、意外事故和扩大损失的各种条件，主要表现为：在事故发生前，降低事故发生的频率；在事故发生时，采取措施将损失减少到最低限度。控制型风险管理技术主要包括风险回避、风险控制和风险分散。

财务型风险管理技术是以提供基金的方式，降低发生损失的成本，即通过事故发生前的财务安排来解除事故发生后给人们造成的经济困难和精神忧虑，为恢复生产、维持家庭正常生活等提供财务支持。财务型风险管理技术主要包括风险自留和风险转移。

估计各种风险预期发生损失的频率和损失幅度，对风险管理技术的选择具有重要的参考价值，在高损失频率/高损失幅度情形下，风险回避是首选的风险管理技术；一般来说，除非采取风险回避，任何可能损失都需要认真对待，采取必要的风险控制方法和风险融资技术。适当的风险管理通常至少需要一种风险控制技术和一种风险融资技术。由于非保险转移在个人风险管理中的应用具有较大的局限性，因此个人风险管理的重点是风险控制、保险和风险自留。

随堂思考：遇到风险时，你会怎样选择风险管理技术？

总之，如何选择风险处理技术是风险管理程序的重要环节。它可能影响个人/家庭实际风险的承担情况、财务状况及稳定性，对实现个人/家庭财务目标起着关键的作用。

4．实施、监控与调整风险管理计划

当个人/家庭确定了最合适的风险管理计划或技术后，接下来就将涉及如何实施的问题。假设某个人认为自己的住宅需要购买保险，就可以直接到保险公司购买住宅保险，或者通过代理人、经纪人等中介机构购买相应的保险，并根据自己的风险状况和风险承受能力确定合适的险种、免赔额、保单限额。如果认为某些风险可以自留，但需要一定的储蓄作为损失融资来源，他就必须按需要准备足够的储蓄存款。

风险管理过程在实践中不是一劳永逸的，而是一个周而复始、循环往复的过程。随着家庭经济条件、家庭阶段、外部环境的变化，个人/家庭需要不时地对原有安排的充分性与有效性进行回顾和修改。

三、什么是保险

（一）保险的定义

保险是最古老的风险管理方法之一。保险不能改变个人/家庭的生活，但是保险可以使个人/家庭的生活不被改变。保险是集合具有同类风险的众多单位和个人，以合理计算风险分担金的形式，向少数因该风险事故发生而受到经济损失的成员提供保险经济保障的一种行为。我们通常所说的保险是狭义的保险，即商业保险。

从经济角度来看，保险是一种损失分摊方法，以多数单位和个人缴纳保费建立保险基金，使少数成员的损失由全体被保险人分担。从法律意义上说，保险是一种合同行为，即通过签订保险合同，明确双方当事人的权利与义务，被保险人以缴纳保费获取保险合同规定范围内的赔偿，保险人则有收取保费的权利和提供赔偿的义务。

（二）保险标的

保险标的即保险对象，人身保险的标的是被保险人的身体和生命，广义的财产保险是以财产及其有关经济利益和损害赔偿责任为保险标的，其中，财产损失保险的标的是被保险的财产，责任保险的标的是被保险人所要承担的经济赔偿责任，信用保险的标的是被保险人的信用导致的经济损失。

（三）保险要素

保险要素是指构成保险关系的主要因素。一般来说，现代商业保险的要素包括：可保风险的存在；大量同质风险的集合与分散；保险费率的厘定；保险基金的建立；保险合同的订立。

（四）保险的功能

保险的功能主要表现在提供风险管理和弥补经济损失这两方面，提供风险管理的目的是帮助个人或机构防患于未然；弥补经济损失的目的是帮助个人或机构减少经济损失，渡过难关。

1. 经济补偿功能

经济补偿功能是保险的立业之基，最能体现保险业的特色和核心竞争力。它具体体现为两个方面：

（1）财产保险的补偿。保险是在特定灾害事故发生时，在保险的有效期和保险合同约定的责任范围以及保险金额内，按其实际损失金额给予补偿。

（2）人身保险的给付。人身保险的保险数额是由投保人根据被保险人对人身保险的需要程度和投保人的缴费能力，在法律允许的情况下，与被保险人双方协商后确定的。

案例阅读

女子确诊乳腺癌　获保险公司快速理赔

周女士身体硬朗，然而命运却给了她一个巨大的打击。周女士于2022年1月底被所在居住地的人民医院确诊为右侧乳腺浸润性非特殊型乳腺癌，这个消息犹如一个晴天霹雳，顿时让周女士一家陷入了恐慌。

所幸，周女士于2021年6月在某保险公司购买了一份《生命康健无忧A款重大疾病保险》附加住院保险，保额10万元。公司接到客户报案后，理赔人员快速展开理赔调查，同时协助客户收集理赔资料。仅用3个小时，公司就做出理赔决定，赔付周女士住院保险金2 000元，赔付重大疾病保险金10万元。

2. 资金融通功能

资金融通功能是指将形成的保险资金中的闲置的部分重新投入社会再生产过程中。保险资金融通要坚持合法性、流动性、安全性、效益性的原则。

3. 社会管理功能

社会管理是指对整个社会及其各个环节进行调节和控制的过程，目的在于正常发挥各系统、各部门、各环节的功能，从而实现社会关系和谐、整个社会良性运行和有效管理。社会管理具体分为社会保障管理、社会风险管理、社会关系管理和社会信用管理。

（五）保险的分类

1. 社会保险和商业保险

按照经营性质划分，保险可分为社会保险和商业保险。

社会保险是指国家通过立法强制实行的，由个人、单位、国家三方共同筹资，建立保险基金，对个人因年老、工伤、疾病、生育、残废、失业、死亡等原因丧失劳动能力或暂时失去工作时，给予本人或其供养直系亲属物质帮助的一种社会保障制度。社会保险具有法制性、强制性、固定性等特点，每个在职职工都有，所以，社会保险又称（社会）基本保险，或者简称为社保。

商业保险是指按商业原则所进行的保险。具体来说，它是指投保人根据合同约定，向保险人支付保险费，保险人对于合同约定的可能发生的事故因发生所造成的财产损失承担赔偿保险金责任，或者当被保险人死亡、伤残、疾病或者达到合同约定的年龄、期限时承担给付保险金责任的保险行为。商业保险具有营利性、个体平等性、自愿性等特点。

2. 人身保险、财产保险与责任保险

按照保险标的划分，保险可以分为人身保险、财产保险与责任保险。

人身保险是以人的身体或生命为保险标的的一种保险。人身保险的投保人按照保单约定向保险人缴纳保险费，当被保险人在合同期限内发生死亡、伤残、疾病等保险事故或达到人身保险合同约定的年龄、期限时，由保险人依照合同承担给付保险金的责任。

财产保险是指以各种物质财产及有关利益为保险标的，以补偿投保人或被保险人的经济损失为基本目的的一种经济补偿制度。广义的财产保险是指包括各种财产损失保险、责任保险、信用保证保险等业务在内的一切非人身保险业务；狭义的财产保险则指各种财产损失保险，它强调保险标的是各种具体的财产物资。

责任保险是指以被保险人依法应负有的民事损害赔偿责任或经过特别约定的合同责任为保险标的的一种保险。责任保险主要包括公众责任保险、产品责任保险、职业责任保险、雇主责任保险等。

四、保险的原则

（一）保险利益原则

保险利益（“可保权益”“可保利益”）是指投保人对保险标的具有的法律上承认的利益。投保人会因为保险标的损害或者丧失而遭受经济上的损失，因为保险标的的保全而获得收益。

只有当保险利益是法律上认可的、经济上的、确定的而不是预期的利益时，保险利益才能成立。一般来说，财产保险的保险利益在保险事故发生时存在，这时才能补偿损失；人身保险的保险利益必须在订立保险合同时存在，用来防止道德风险。

以寿险为例，投保人对以下人员具有保险利益：本人、配偶、子女、父母；有抚养、赡养或者扶养关系的家庭其他成员、近亲属；同意投保人为其订立保险合同的被保险人。另外，债权人对未还清贷款的债务人也具有可保权益。

案例阅读

未婚男女不经同意无权为对方投保

小丽为了给男朋友一个惊喜，在男朋友不知情的情况下为他投保了一份生死两全保险，结果在男朋友出险后遭到了保险公司的拒赔。

保险公司拒赔的理由是小丽与男朋友不具有保险利益关系。《中华人民共和国保险法》第三十一条规定，人身险的投保人对被保险人应当具有保险利益关系，而具有保险利益的人群包括：本人、配偶、子女、父母；与投保人有抚养、赡养或者扶养关系的家庭其他成员、近亲属；与投保人有劳动关系的劳动者。如果被保险人同意投保人为自己买保险，也可视为双方具有保险利益。

小丽既不是法定的配偶，投保时也没有经男朋友同意，因此，小丽与其男朋友不具有保险利益关系。

（二）最大诚信原则

最大诚信原则保证保险合同当事双方能够诚实守信，对自己的义务善意履行。最大诚信原则的内容包括告知、保证、弃权与禁止反言。

案例阅读

买保险不如实告知遭拒赔

2022年6月22日，投保人张某为其爱人孙某投保了保险公司终身重疾和附加住院津贴保险。9月30日，被保险人孙某因直肠恶性肿瘤住院治疗。随后，孙某向保险公司提出理赔申请，要求赔付重大疾病10万元和住院日额津贴。

保险公司工作人员核实后了解到，孙某在投保前5日（2022年6月17日）曾在某肿瘤医院门诊就诊，经CT检查诊断为直肠癌。在询问业务人员和被保险人后，确定被保险人孙某在投保过程中已经了解保险条款的保险责任、责任免除事项，而孙某在投保单健康告知书中的询问回答均为否，并且也在投保单上亲笔签名了。

最终保险公司因被保险人在投保时没有如实告知既往诊断“直肠癌”的事实，根据《中华人民共和国保险法》做出解除保险合同且不退还保险费的决定。

告知是指投保人在订立保险合同时，应当将与保险标的有关的重要事实如实向保险人陈述，以便让保险人判断是否接受承保或以什么条件承保。重要事实包括有关投保人和被保险人的详细情况、有关保险标的的详细情况、危险因素及危险增加的情况、以往损失情况及遭到其他保险人拒保等事实。

保证是投保人所作的、保证完全符合事实的一项声明。

弃权是当事人放弃在合同中的某种权利。例如，投保人明确告知保险人保险标的的危险程度足以影响承保，保险人却保持沉默并收取了保险费，这时构成保险人放弃了拒保权。再如保险事故发生，受益人在合同规定的期限内没有索赔，构成受益人放弃主张保险金的权利。

禁止反言是指既然已经放弃某种权利，就不得再主张该权利。例如保险人不能在承保后，再向投保人主张拒保。

（三）近因原则

近因原则是指判断风险事故与保险标的的损失之间的关系，从而确定保险补偿或给付责任的基本原则。近因是保险标的损害发生的最直接、最有效、最起决定性的原因，而并不是指最近的原因。如果近因属于被保风险，则保险人应赔偿，如果近因属于除外责任或者未保风险，则保险人不负责赔偿，如闪电引起大楼火灾、火灾引起电线短路、短路引起机器损坏。在这个关系链中，闪电才是机器损坏的近因。想要得到保险公司理赔，投保财险的责任范围中必须有闪电致损一项。

案例阅读

意外砸伤手术猝死　何以遭意外险拒赔

2020 年 3 月，某工程技术公司为其 34 名员工向某寿险公司投保团体意外险，张先生为被保险人之一。2020 年 5 月 8 日，张先生在工作中被重物砸伤导致左趾骨骨折；5 月 13 日下午，张先生在医院接受手术治疗，当天晚上死亡。

张先生的亲属随即向寿险公司申请理赔，要求给付意外身故保险金。寿险公司以被保险人身故属疾病因素、非合同约定之意外伤害为由拒绝理赔。张先生的亲属于是把寿险公司告上法院。

2021 年 4 月，二审法院做出终审裁决认为：虽然临床诊断张先生系猝死，但根据上海交通大学医学院病理学教研室尸检报告结论，张先生死亡的主要原因为“脑出血和心肺功能衰竭引起”。导致脑出血的病因均是疾病，不存在意外伤害的可能。张先生的家属并无证据证明张先生因脑出血和心肺功能衰竭而死亡与其在工作中遭受意外导致的左趾骨骨折之间存在直接因果关系，因此对原告要求寿险公司支付意外身故保险金的请求不予支持。

业内人士表示，在上述案例中，法院最后判决的主要依据就是保险四大原则中的近因原则。在实际判定人身意外伤害险和健康险的理赔依据时，有这样一条标准：如果由一系列原因引起事故，而原因之间又有因果关系，那么前事件称作诱因。如果诱因在健康者身上可引起同样后果，那么诱因即是近因；反之，如果诱因发生在健康者身上不会引起同样后果，则诱因不能成为近因。

在上述案件中，张先生被重物砸伤导致左趾骨骨折是诱因，同样的事情若发生在正常人身上，是不会导致死亡的，所以张先生身故的近因不是意外遭重物砸伤，而是自身健康的原因。因此，张先生自身的疾病才是近因，这类风险属于重大疾病保单承保范围或由寿险保障，而非意外险保单赔付范围。

（四）损失补偿原则

损失补偿原则是指保险人必须在保险事故发生导致保险标的遭受损失时根据保险责任的范围对受益人进行补偿。其含义为保险人对约定的保险事故导致的损失进行补偿，受益人不能因保险金的给付获得额外利益。

随堂思考：买的保险多就一定赔得多吗？

解析：财产险保额并非越大越好，因为真正理赔时，保险公司是按财产的实际价值和损失程度确定赔偿金额的。所以在投保时，如果超过财产实际价值确定保险金额，只会浪费保费。

（五）代位追偿原则

代位追偿原则是损失补偿原则派生出来的，是指在财产保险中，保险标的发生保险事故造成推定全损，或者保险标的由于第三者责任导致保险损失，保险人按照合同的约定履行赔偿责任后，依法取得对保险标的所有权或对保险标的损失负有责任的第三者的追偿权。

五、保险合同

（一）保险合同的主客体

保险合同的主体是指保险合同的参加者，即保险合同权利的享有者和义务的承担者。保险合同的主体可分为当事人和关系人两类。前者通常指投保人和保险人，后者包括被保险人和受益人。此外，保险代理人、保险经纪人和保险公估人虽然不是合同的主体，但在合同的订立过程中发挥着重要的辅助作用，称为保险合同的辅助人。

保险合同的客体是保险合同的保险利益。

（二）保险合同的内容

保险合同的内容包括合同当事人的权利和义务，主要是通过保险条款加以明确。保险条款主要分为基本条款和特约条款两种。基本条款是法律规定应具备的保险条款。保险合同如果缺少基本条款，将可能影响保险合同的效力或者会使保险合同的履行发生困难。基本条款的内容主要有保险责任、除外责任、保险期限、保险金额、保险费及其支付方式、赔偿处理、违约责任和争议处理方式等。特约条款是指保险合同双方当事人在保险合同基本条款以外协商确定的其他保险条款，如保险合同构成、投保范围和投保人解除合同的处理等。

随堂思考：你有没有仔细看过保险合同的条款呢？

解析：阅读保险合同重点应看保险责任、除外责任、保费缴纳、保险金领取等条款。保险责任条款明确哪种情况获赔、怎样赔付；除外责任条款明确保险公司不承保的责任范围；保费缴纳条款明确投保人应以什么方式缴费、缴费最后时限等；保险金领取条款明确一旦发生保险事故后，投保人应如何及时与保险公司取得联系并索赔，特别注意提出申请时限、申请时应提供哪些文件等，以免错失良机。

（三）保险合同的成立

保险合同是一项民事行为，也是一项合同行为，因此保险合同的成立一定要符合民事法律行为的要件和合同的成立要件。

保险合同的成立要件有三个：第一，投保人提出保险要求；第二，保险人同意承保；第三，保险人与投保人就合同的条款达成协议。这三个要件，实质上仍是合同法所规定的要约和承诺过程。因此，保险合同原则上应当在当事人通过要约和承诺的方式达成意思一致时即告成立。

（四）保险合同的生效

保险合同的生效，是指合同条款对当事人双方已发生法律上的效力，要求当事人双方恪守合同，全面履行合同规定的义务。保险合同的成立与生效的关系有两种：一是合同一经成立即生效，双方便开始享受权利、承担义务；二是合同成立后不是立即生效，而是等到保险合同生效的附条件成立或附期限到达后才生效。保险合同若要有效订立，当事人必须具备相应的缔约能力，并在保险合同内容不违背法律和社会公共利益的基础上意思表示真实。

(五) 保险合同的变更、解除和终止

保险合同的变更是指保险合同成立以后，但未履行完毕之前发生的投保人、被保险人的变更以及保险合同内容的修改和补充。

保险合同的解除是指依法提起终止合同关系。保险合同的解除包括协议解除和法定解除。协议解除是指保险双方当事人协商一致解除保险合同关系。法定解除是指由于出现法律规定的原因，保险当事人依法行使解除权，消灭已生效的保险合同关系。法定解除的原因有：投保人违反如实告知义务；被保险人或者受益人的违法行为；投保人、被保险人未按照约定履行其对保险标的应尽的责任；保险标的危险程度增加；人身保险合同效力终止满 2 年。

分期缴付保险费的，投保人缴付首期保险费后，如果超过合同规定的宽限期，或者在合同没有规定宽限期的情况下，投保人超过规定的 60 日未支付当期保险费的，合同效力终止。合同效力终止后，经保险人与投保人协商并达成协议，在投保人补缴保险费后，合同效力恢复。但是，自合同效力中止之日起 2 年内双方未达成协议的，保险人有权解除合同。

保险合同的终止是指保险合同关系的不复存在。保险合同终止的原因主要有：保险期届满；保险赔偿金或保险金的给付；合同解除；行使终止权；被保险人、受益人死亡。

案例阅读

您的保单失效了吗

1. 保单为何会失效

保单失效是指保单生效后，投保人未按规定及时交纳分期保费，且超过了宽限期，导致保单效力暂时停止。在失效期间发生保险事故，保险公司不负赔偿责任。

2022 年 3 月，中美联泰大都会的一名销售人员向廖先生推销该公司的一款新保险产品时，顺便查看了廖先生在中美联泰大都会的购买记录。这不看不打紧，一看才知道，廖先生于 2016 年购买的一份“真心关爱定期两全保险”和附加的“提前给付长期重大疾病保险”，效力中止 2 年多了。廖先生被告知，该保单已经彻底失效。

保单失效的原因一般有四种：一是保单持有人因职业、工作单位、家庭住址等因素变化，未及时与保险公司方面取得联系，造成保单失效；二是认为所购买的保险不好，不准备续保，或打算改投其他公司的产品；三是保险公司没有及时通知；四是投保人没有充分利用交费宽限期，计划在宽限期的最后几天交纳保费，而到了宽限期结束时，因临时原因又忘了交费，最终造成保单失效。

2. 保单可复效

保险公司代理人庄先生表示，保单失效分为临时失效和永久失效。自交费日算起，

有60天的宽限期，过了60天的宽限期，仍没有交纳保费，保单就会临时失效。临时失效是客户未及时在宽限期内交纳保单的分期保费，导致合同失去效力。如果保单临时失效状态达到2年，保单将永久失效。

办理保单复效要带上投保人及被保险人的身份证复印件、保险合同、复效申请书、健康告知书等材料，到保险公司的服务柜台办理，也可由代理人代为办理。

另外，投保人还可以在投保时，通过选择“保费垫缴”功能来减少交费不及时造成的对自身利益的损害。所谓“保费垫缴”，是指一旦投保人因各种原因，超过60天的交费宽限期仍未能及时交费时，由保单的现金价值来垫缴当期保费，保单继续有效，直至现金价值不足以支付后面的保费，保险合同就会中止。在此期间出险，仍可得到赔付。

但是，如果投保人既没有选择“保费垫缴”功能，也没有在2年内续交保费，那么，与此相对应的保单将彻底作废。

3. 保单失效，利益受损

虽然保单有2年内可以申请复效的规定，但失效的保单还是会给客户造成很大损失的。通常情况下，在保单失效而未完成复效手续期间，保险公司是不承担保险责任的。即便是保单复效后，在180天内，因为疾病出现的索赔不赔；保单复效后，两年内自杀的不予理赔。部分客户申请复效时，要重新体检，健康状况必须符合相关条件；体检不合格的人，不可以申请复效，就只能中止合同。

此外，保险公司还规定，保单申请复效时，客户必须一次性补交保险失效期间所欠的保费和利息等，还要重新计算观察期。对购买保险的人，特别是那些保额大、年龄大、身体不是很好的投保人来说，应及时关注自己和家人的保单是否有效，确保保单个人信息无误。客户在“检视保单”时，须留意自己的个人信息，若联系地址、电话或受益人等发生变化，应尽早通知保险公司更新保单信息。

（六）保险合同争议的解决方式

保险合同争议是指保险合同的当事人在订立、履行保险合同的过程中发生的争议。解决保险合同争议的方式一般有如下四种形式：和解、调解、仲裁和诉讼。

和解是指合同当事人在自愿诚信的基础上，根据法律规定及合同约定，充分交换意见，相互沟通理解，求大同存小异，对所争议的问题达成一致意见，自行解决争议的方式。

调解是指在合同纠纷发生时，在第三者的支持下，分清是非，并在相互谅解的基础上达成协议。根据主持调解的第三者身份不同，调解分为诉讼调解、仲裁调解和民间调解。

仲裁是争议双方依仲裁协议，自愿将彼此之间的争议交由双方共同信任、法律认可的仲裁员居中调解，并由其做出裁决的争议解决方式。仲裁具有处理迅速、程序简便和费用低廉的特点。仲裁裁决具有法律效力，当事人必须予以执行。

诉讼是指争议双方当事人通过国家审判机关——人民法院解决争端，进行裁决的办法。

六、保险的步骤

（一）分析需求，明确目的

投保时，首先要做的就是了解家庭所处生命周期阶段、家庭基本情况、家庭经济状况，分析家庭风险种类及家庭保险需求，并明确保险目的。不同生命周期阶段的保险需求如表 3－1 所示。

表 3－1　不同生命周期阶段的保险需求

生命周期	时间	特点	保险需求
单身期	参加工作到结婚	经济收入低，开销大，没什么个人财产，要为未来家庭积累资金	意外伤害险、责任保险
家庭形成期	结婚到新生儿诞生	家庭消费高，收入增加，生活稳定，家庭建设支出高	意外伤害险、财产保险、责任保险
家庭成长期	子女出生到子女完成大学教育	子女的教育费用和生活费用猛增，家庭财务上的负担通常比较重，家庭投资能力增强	教育保险、意外伤害险、人身保险、健康保险、财产保险
家庭成熟期	子女参加工作到个人退休之前	经济状况达到高峰状态，债务逐渐减轻，理财的重点是扩大投资	投资型保险、健康保险、财产保险、责任保险
退休期	退休后	安度晚年，投资和花费比较保守，但医疗开支会很大	养老保险、医疗保险

（二）了解机构，落实品种

现在保险公司很多，投保者在购买保险时，需要综合分析判断各项因素，选择一家值得信赖的、能提供切实可行的保障的保险公司。

选择保险公司时应重点关注其偿付能力、保险品种、理赔质量、管理效率、售后服务等因素。

1. 偿付能力

保险公司的偿付能力对保险消费者来说至关重要。保险公司具备足够的偿付能力，就可以保证在发生保险事故的情况下，有足够的资金向被保险人支付保险金。一般情况下，公司的资产越雄厚、资本金和准备金越多，偿付能力越强；股东实力越强，越能保证公司的偿付；还要查看该公司偿付的历史记录，看该公司是否有难以偿付保险金的情况出现。

2. 保险品种

尽管各家保险公司的条款和费率都是经过批准或备案的，但不同的保险公司，同样的产品也有所不同。同样价格的保费，保障的范围、保障时间也会有所不同，如领取生存养老金，有的是每月领取，有的是定额领取；大病医疗保险，有的包括几十种大病，有的只有几种。投保者投保时要看清楚这些细节，特别要注意不赔的范围，应当选择不赔范围小的保险公司的保险产品。

3. 理赔质量

理赔质量的好坏可直接反映一家保险公司的信誉。好的保险公司理赔时方便、快捷，客户只需要收集相关材料，具体的事情代理人会帮助客户完成；差的保险公司理赔时拖拖拉拉，手续烦琐。投保者可以通过监管部门、媒体、保险代理人、保户了解保险公司理赔的相关信息。

4. 管理效率

保险公司管理效率可从公司产品创新能力、市场竞争能力、市场号召能力、公司盈利能力、公司决策能力、公司应变能力、公司凝聚能力等方面进行衡量。

5. 售后服务

保险公司的服务质量是投保者选择保险公司时要考虑的关键因素。保险合同生效的几十年间，保户经常就多方面的事情需要保险公司提供服务，如缴费、生存金领取、地址变更、理赔等。投保者应具体关注保险公司与客户沟通的渠道是否畅通、简便，保险公司对客户的服务承诺是否做到，能否提供增值服务，等等。

知识拓展

投保十项须知

1. 当业务员拜访您时，您有权要求业务员出示其所在保险公司的有效工作证件。

2. 您有权要求业务员依据保险条款如实讲解险种的有关内容。当您决定投保时，为确保自身权益，请认真阅读保险条款。

3. 在填写保单时，您必须如实填写有关内容并亲笔签名；被保险人签名一栏应由被保险人亲笔签署（少儿险除外）。

4. 当您付款时，业务员必须当场开具保险费暂收收据，并在此收据上签署姓名和业务员代码；您也可要求业务员带您到保险公司付款。

5. 投保一个月后，您如果未收到正式保险单，请向保险公司查询。收到保险单后，您应当场审核，如发现错漏之处，有权要求保险公司及时更正。

6. 投保后一定期限内，您享有合同撤回请求权，具体情况各公司规定有所不同。

7. 如果您的通信地址发生变更，请及时通知保险公司，以确保您能享有持续的服务。

8. 对于退保、减保可能给您带来的经济损失，请在投保时予以关注。

9. 保险事故发生后，请您参照保险条款的有关规定，及时与保险公司或业务员取得联系。

10. 您在投保过程中有任何疑问或意见，可向保险公司的有关部门咨询、反映或向保险行业协会投诉。

（三）完善手续，及时付费

审视保险合同，详细了解了相关的条款内容后，投保者签订保险合同，选择缴费方式，并开始缴费。此时，投保者要利用好犹豫期的规定，即收到保单并书面签收的 10 日内，如果觉得险种不适合，可以全额退保，只收 10 元的保单工本费，过了犹豫期再退保就会蒙受损失。缴费方式选择上须结合家庭当前和未来的现金流，如果家庭现金充足或收入高，可采用一次缴清的方式，否则选择分期缴纳比较好，这样可减少家庭的负担；要及时支付保险费用，以免发生不必要的麻烦。

任务实施

康先生夫妇可在两个年度分别为孩子和康太太投保“恒爱一生”两全保险（分红型），从第三年起，可以保证每年都能领到生存金。

康先生一家所获得的保障及利益如下所示（红利分配按照中等回报利益演示，分红是非保证的，实际红利水平可能高于或低于所列数字）：

（1）保障：康先生儿子在 2～21 岁期间拥有少儿重大疾病保险 20 万元，少儿意外伤害保险 20 万元；当康先生因意外导致身故或全残时，其子将每年获得养育年金 1 万元直至 21 周岁，并享有豁免主合同保费（3 300 元）的权利。康太太 32～65 岁期间如患重大疾病，有 20 万元的赔偿金，因意外造成身故或全残，则获得 20 万元赔偿金。

（2）抵交保费：儿子在 2～15 岁期间一共可领到生存金 62 506 元，可抵交“天天向上大学教育金累积式分红保险 C 款”及附加险的保费。

（3）大学教育金：儿子在 18～21 岁期间共可领到教育金加生存金合计 9 万元。

（4）康先生及太太的养老金：当儿子在 22～49 岁期间，有独立的生活能力，而康先生和太太在 58～85 岁期间，合计领取 33.7 万元，平均每年可补充养老金 1.25 万元。

（5）旅游年金、健身基金：当康先生的儿子在 50～75 岁期间，可以领取 101.4 万元，平均每年可领取 4 万元，作为旅游、健身基金。

（6）颐养天年：当康先生儿子在 76～90 岁期间，可以领到 231.7 万元，平均每年领取 15.4 万元，可将晚年生活安排得丰富多彩。

（7）长命百岁：儿子在 91～99 岁期间可领取 500 万元，除了安享晚年，还可以给子孙留下一大笔遗产。

实训练习

一、知识训练

1. 课堂讨论题

（1）个人/家庭风险管理的方法有哪些？

（2）个人/家庭怎样进行风险管理？

（3）如何阅读保险合同的条款？

（4）如何选择保险公司？

（5）投保时需要注意什么？

2. 判断题

（1）风险因素、风险事故、损失三者缺少任意一项都不能称为风险。（　　）

(2) 个人风险管理的基本目的是获得最大的安全保障。(　　)

(3) 判断风险事故与保险标的的损失之间的关系，从而确定保险补偿或给付责任的基本原则是保险利益原则。(　　)

(4) 人身保险是以人的生命为保险标的的一种保险。(　　)

(5) 所有的保险合同一经成立就立刻生效。(　　)

3. 单项选择题

(1) 以下哪项不是风险评估分析和衡量的指标？(　　)

A. 损失概率　　B. 损失程度　　C. 损失的变异性　　D. 损失的差异性

(2) 雨天，闪电引起大楼火灾，火灾引起电线短路，导致某公司机器损坏。导致机器损坏的近因是（　　）。

A. 下雨　　B. 闪电　　C. 火灾　　D. 电线短路

(3) 保单的犹豫期是（　　）。

A. 1 天　　B. 3 天　　C. 10 天　　D. 30 天

(4) 保单的宽限期是（　　）。

A. 10 天　　B. 30 天　　C. 60 天　　D. 90 天

(5) 保单失效后可申请复效的时限是（　　）。

A. 60 天　　B. 半年　　C. 1 年　　D. 2 年

二、技能实训

1. 下雨时，汽车的刹车系统失灵，导致车祸的发生。请问：这起事故的风险因素是什么？
2. 检视你自己可能面临的风险，针对各种风险提出风险管理方案。
3. 整理你或你家庭的保单，看看有哪些人身保险、财产保险和责任保险。
4. 检视你的保单是否有效，个人信息是否需要变更。如果出现问题，你应该怎么做？
5. 假如你正在考虑投保人身保险，你会怎样选择保险公司？
6. 请登录一家保险公司的网站，寻找一款正在热销的寿险产品，仔细阅读产品特色、投保提示、保险责任、免除责任等条款。

课后自检

1. 任务一的知识点：

____

____

2. 任务一的技能点：

____

____

3. 我掌握了哪些知识和技能？

____

____

任务二 编制保险规划

学习目标

◇ 掌握保险规划的编制原则
◇ 正确选择家庭保险规划工具
◇ 能够编制适用的保险规划

素养目标

◇ 通过对保险规划的学习，培养紧跟时代前沿、求真务实、开拓进取、勇于探索的创新精神，具有关心国家、热爱国家、奉献国家的使命担当

任务描述

王女士 33 岁，采购人员，年薪 10 万元；先生 36 岁，IT 工程师，年薪 30 万元以上。夫妻俩去年刚刚添丁——儿子现在还不到 1 岁。夫妻俩均有社保，无单位团体保险，也未曾购买商业保险，有房有车无负债。两人工作一直很忙，随着孩子的诞生，二人均觉得应该好好规划一下这个家庭的未来，希望做一个较全面的家庭保险规划。

任务分析

王女士家庭保险需求：现在家庭收入中等偏上，希望这种生活持续下去。保证大人的健康工作最重要。目前确定要大额消费型、保障型产品，在保障全面之后一两年才会再考虑养老、教育的事情。

根据王女士的家庭财务状况，如果欠缺合理的保险体系，家庭成员就得不到任何的风险保障。从现阶段来看，未来王女士家庭所面临的主要风险有以下五个方面：

（1）收入中断造成的家庭生活危机。

（2）家人的健康医疗费用准备不充分。

（3）未来养老资金未曾考虑。

（4）子女的教育基金没有妥善安排和储备。

(5) 家庭资产缺少保值增值计划。

第 (1)、(2) 项的解决方案，唯有保险这一有效工具才能实现，显得迫在眉睫；第 (3) ～ (5) 项既可用投保方式，也可用其他理财工具来实现，每年结余的 20 万元左右的资金可早做养老金和教育金的安排。

保险建议如下：

解决“不可预知”和“不可控制”的风险。意外、疾病和养老，最难预知和控制的就是意外和疾病，而保险的保障意义，在很大程度上就体现在这两类保险上。

王女士夫妇要保持现有的生活品质，应对当下和未来的种种风险，建立起完备的保障体系不可或缺。

一、家庭收入保障账户

家庭收入保障账户可保障家庭经济支柱遭遇人生不测时，家庭财务仍然安全。王女士夫妇年龄都已超过 30 岁，儿子也未满 1 周岁，至少需要 20 年相当于年收入 5 倍的保额，才可以维持家庭财务平衡，保障孩子的顺利成长。

建议投保以生命为标的的意外险和寿险，并按各自收入在家庭总收入的占比确定保额：

王女士：意外险（含意外伤残）保额 50 万元（公共交通意外险 100 万元），寿险保额 50 万元。

先生：意外险（含意外伤残）保额 100 万元（公共交通意外险 200 万元），寿险保额 100 万元。

二、健康保障账户

健康保障账户可保障遭遇健康危机时，有足够的应对资金，以减轻家庭负担，确保生活品质的维持。王女士夫妇目前仅有基本的社会医疗保险，应对重疾风险显得单薄与不足，建议从以下几个方面构筑“健康防火墙”：

(1) 重疾保障。男女主人分别投保 50 万元和 25 万元保额的重大疾病保险。

保险责任有：重疾保障、失能保障。不幸罹患重疾，可一次性领取理赔金；因意外或者疾病引起的失能，每月可领取保额的 2%作为生活补贴，累计领取 50 个月。

(2) 医疗保障。为男女主人推荐的“卓越医疗保险”完全突破社会医疗保险限制，保额高达 50 万元/年，并有 800 元/天的住院津贴，且住院前后各 7 天的门急诊费用也在报销范围之内。

(3) 老年医疗补助。男女主人年满 65 周岁时，分别获得 15 万元的老年医疗补助金，给予充分的人文关怀。

(4) 孩子除了参加当地少儿医疗保险，投保 5 万元保额的少儿重大疾病保险（被保险人三保障：身故、重疾、满期金；投保人三豁免：身故、全残、重大疾病；保额买一赔二），25 岁时一次性领取 5 万元＋分红的满期金。年缴保费 2 610 元，缴费期 18 年，保障至 25 周岁。

王女士一家三口的保费支出 41 114 元/年，占家庭年收入的 10.28%，控制在合理的保费支出范围内；累计最高保额达660万元，满足了全家目前及未来的保障需求。

任务精讲

一、什么是保险规划

（一）保险规划的定义

保险规划是指经济单位通过对风险的识别、衡量和评价，并在此基础上选择与优化组合各种风险管理技术，对风险实施有效控制和妥善处理风险所致损失的后果，以尽量小的成本争取最大的安全保障和经济利益的行为。

通俗来讲，保险规划是针对人生中的风险，定量分析保险需求额度，并做出最适当的财务安排，即帮助个人/家庭选择合适的保险产品并确定合理的期限和金额，避免风险发生时给生活带来的冲击，达到财务自由的境界，从而拥有高品质的生活。保险规划能帮助个人/家庭解决表3-2所列的问题。

表3-2　保险规划能解决的问题

如果发生死亡，会有什么问题？	父母仍需要赡养吗？
	弟妹的生活费、学费需要负担吗？
	家中的生活费需要负担吗？
	子女的教育费需要多少？
	丧葬费需要多少？
如果发生残疾，将面对什么问题？	长期靠我工作赚钱的人，他们需要多少生活费？
	我能负担长期残疾的医疗费用吗？
	我有聘请长期看护人员的财务能力吗？
如果生病了，必须面对什么问题？	我对于医疗品质的要求是什么？我要什么样的医院、病房、医生？
	我的工作收入会不会因为短期（1～2周）生病而减少？若是长期生病呢？社会基本保险可帮多少？
	若是长期生病，又没有收入，靠我工作赚钱的人怎么办？
在未来的人生中，有哪些财务目标是要完成的？	准备购房？
	准备子女的教育费用？
	准备创业？
	准备退休金？

（二）保险规划的功能

1. 避税功能

虽然我国还没有开始征收遗产税，但这是一个发展趋势。如果开始征收遗产税，通过保险规划避开遗产税也是一个好办法，只要将遗产继承人确定为保险受益人即可。《中华人民共和国保险法》规定：指定受益人的保险金不作为被保险人的遗产。此外，《中华人民共和国个人所得税法》规定，保险赔款所得免征个人所得税。

2. 免于债务追偿功能

保险避债是指投保人投保人身保险，当约定的保险事故发生时，被保险人或者受益人可以获得保险金，依据《中华人民共和国保险法》规定，该保险金可以不受债权人的追偿。例如，父母为自己投保定期死亡寿险，并指定子女为受益人。如果在保险期间内父母死亡，即使父母有未偿外债，保险公司支付给子女（受益人）的保险金可不受债权人的追偿。而如果父母的财产作为遗产给其子女，则不能免于偿还其债务。

案例阅读：保险还值得买吗

3. 抵抗通货膨胀功能

大部分具有投资理财功能的保险提供双收益，所提供的保底收益类似于银行的固定利息率，在此基础之上，还会有一个浮动的收益，这个收益随着经济情况的变动而水涨船高，因此很好地避免了通货膨胀的风险。

（三）保险规划的风险

1. 未充分保险的风险

这种情况既可能出现在对财产的保险上，也可能出现在对人身的保险上。例如，如果对财产进行的保险不是足额保险，会使损失发生时所获得的保险金赔偿不足，未能完全规避风险；或者是在对人身进行保险时保险金额太小或保险期间太短，使得保险事故发生后不能获得较为充分的补偿。

2. 过分保险的风险

这种风险同样可能发生在财产保险和人身保险上。例如，对财产的超额保险或重复保险。保险公司的赔偿是补偿性的，即根据实际损失程度进行赔偿，即使投保金额大于标的价值即超值投保，超出的金额也不会得到赔偿，反而浪费保费。这种风险还有可能发生在制订保险产品组合计划时。因为各个保险公司所提供的不同保险产品虽然主要保险合同不同，但是可能存在某些保险内容的重叠，造成保险过度或重叠，而有些保险内容却又可能发生遗漏，形成保险空白。

3. 不必要保险的风险

有些风险可以通过自保或风险保留来解决，例如，对平时由于感冒等类似的小病所需的费用支出，自己承担风险反而更为方便、简单、节省费用。所以，对于应该自留的风险进行保险是不必要的，会造成资金的浪费。

二、保险规划方案设计的原则

（一）注重全面保障

保险最基本、最重要的功能是保险保障功能，所以进行保险规划时应把保障放在首位，其次才是投资。“重投资轻保障”的行为不是理财，而是冒险。一个好的保险规划能规避各种不可预知的风险。例如，投保人身保险时，可购买一个至两个主险附加意外伤害、重大疾病保险，使人得到全面保障。

家庭保险规划制定指南

在全面考虑所有需要投保的项目时，应当尽量以综合的方式投保，避免重复投保，使用于投保的资金得到最有效的运用。例如，业务员小刘的工作需要经常外出旅行，那么就应该买一份专门的人身意外保险，而不要每次购买乘客人身意外保险，这样一来可以节省保费，二来在任何其他时候和其他情况下所出现的人身意外，也会得到赔偿。

一般来说，高返还型的产品保障程度相对较低，而低返还型产品的保障程度相对较高。

随堂思考：你买寿险时会重点关注寿险产品的哪项功能？

解析：根据权威机构的民意调查，国内老百姓对寿险产品功能的需求是储蓄＞医疗＞投资，并且在现实中，大部分人对自己所购买的寿险产品的各项功能缺乏完整的了解，有些人甚至在买保险只看其收益率。其实，寿险产品的诸项功能中，核心是保障，兼有投资和储蓄功能。

（二）合理的保险金额

确定保险金额时应以既不给个人/家庭带来沉重的经济负担，又能尽量地满足家庭成员的保障需求为原则。

购买保险的最主要的目的是得到经济上的补偿，即被保险人负有多少的经济责任，就相应购买多少保额的保险。投保人可以结合家庭所处生命周期阶段，以及所承担的家庭责任的大小来确定合理的保险金额。

另外，在购买保险前，投保人应该充分考虑所面临的损失程度。高额损失就需要投保高保险金额。高保险金额可以使投保人得到最充分的保障，当然，其保险费自然会较高，但可以用提高免赔额的办法降低保险费率，从而抵消高保额所高出的保费。

（三）保费适当

现实中不乏这样的案例：一些老年人为自己投保了份数比较多的保险，其年缴保费常常在几千元甚至万元以上。老年人一般经济收入趋于平衡，能够维持在一定的水平，但由于身体或其他方面的原因，可能导致平时开支出现剧增，就很难继续缴纳高额的保险费，到时如果退保就会造成高额损失，不退保又实在难以维持，处于两难的尴尬境地。

因此，理智的消费者应该根据自身的年龄、职业、收入等实际情况，力所能及地适当购买保险。一般来说，个人/家庭的保费支出不能超过收入的10%。如果含投连保险产品，比例可上升到15%；如果是纯粹的消费型产品，比例为6%比较适宜。

如果个人/家庭的投资渠道多，收益也不错，可用较低比例的钱来买保险，以保障型险种为首选；如果个人/家庭的资金以储蓄为主，可适当提高保费支出比例，考虑保障型的产品及理财型的产品。为了缓解长期缴费压力，个人/家庭可考虑固定缴费（传统险、分红险）与灵活缴费搭配，万一有困难，灵活交费的可缓交，压力就会小些；缴费期也可以短、中、长期结合。

案例阅读

提前退保　万元变千元

市民孙先生在做保险的朋友的推荐下，买了款两全保险，每年缴纳 5 967 元保费，“但是现在自己急需用钱加上经济吃紧，觉得每年缴纳的保费过高，就不想继续买了。”结果他咨询了保险公司才发现，交了 2 年共计 1 万多元的保费，若要提前退保仅能拿到保单现金价值上显示的 1 457 元。

像孙先生这样的投保人不在少数。面对市场上很多一买就得定期缴费几十年的寿险保单，不少市民往往认为“大不了可以中途退掉，反正就损失点手续费”。事实上，真正去退保的时候，市民或将面临像孙先生一样的遭遇。保险专家表示，投保人在签订保险合同时应当明确合同内容，向销售人员咨询清楚保单“现金价值”的具体含义。对于传统的人寿保险来说，保险公司一般会在保险合同上附加上一份现金价值表，投保人应仔细查看。

所谓保单现金价值，即保单在指定时刻所具有的价值，换句话说，就是客户如果在这一时刻选择退保，他所能取回的钱。孙先生的保险合同中的保险价值表一页显示，该险种第一年度末现金价值为 850 元，第二年度末为 2 000 元。

专业人士解释，退保后仅能获得少量现金价值的原因在于退保总是发生在保单生效后的短时间内，比如一年、两年，而在这段时间内，投保人缴纳部分保费，保险公司为其承担保险责任会支出一定的管理费用，所以通常会在前几年出现没有现金价值或者现金价值相当低的情况。反之，如果是在保单生效较长时间后退保，年缴的保费已经累积了不少，保单的现金价值会逐渐升高，甚至会出现超出已缴保费总额的情况。

保险专家表示，除了退保时间的因素，保险本身的性质对于现金价值的高低也会有很重要的影响。相对于储蓄性质较强的分红型保险来说，保障意味更浓的保障型保险的现金价值更低。因为就保障型保险而言，保险公司在每一年为承担保障责任所花费的成本更多，投保人所缴纳的保费实际上在当年就用去很大一部分。而像纯保障型的定期寿险之类的险种，基本上就没有现金价值。

（四）险种搭配

险种搭配也很重要。个人/家庭都不可能投保保险公司开办的所有险种，只能根据家庭的经济实力和适用性选择一些险种。个人/家庭应明确自己的需要，根据自身的实际情况来决定保险的侧重点，优先选择纯保障型的险种进行搭配，以求全面保障。例如，家庭在选择健康保险的时候，要考虑有没有社会医疗保障。比较理想的险种搭配顺序是：有社会医疗保障就选择重大疾病保险加住院补贴保险；没有社会医疗保障就选择重大疾病保险加住院费用保险。

安排不同险种的优先次序也不同。例如，担心患病时医疗费负担太重而难以承受的人，需要优先考虑购买医疗保险；经常出差的人员需要首先选择购买意外伤害险，而不是买一份教育保险。

（五）先成人后儿童

家庭购买保险的原则是：先成人后儿童，经济支柱优先。家庭需要购买的保险可能不止一个产品，而在同一时期一个家庭中的不同成员可能都有购买保险的计划。在有支付能力的前提下，投保时家中每个人各取所需就更完美了。

但是，在经济能力有限的情况下，必须先让最需要保险的家庭支柱成员投保最需要的那份保险。因为家庭收入来源于成人，如果有不幸发生在成人身上，家庭的生活、孩子的教育、老人的赡养都会出现财务问题。另外，中年人的身体机能不如孩子，患大病的风险比孩子大，更需要考虑医疗金。

（六）研究条款

研究条款是关键。一般保险公司提供的险种条款基本没有太大差异，投保人需要详细了解的是条款中涉及自身利益的内容，如承保风险种类、保险责任、保险收益、保险期限、赔付方式，等等；同时要多比较不同公司同类保险产品中的条款，重点看保险责任、除外责任等关键性条款，以明确这些保单能够提供什么样的保障。

根据不同的目的，投保人还可以重点关注一些条款。例如，有保单借款需求的投保人，可重点关注人身保险合同常见的不丧失价值条款和保险单转让条款，它们是产生保单质押的重要依据。

（七）付费方式

投保养老保险、少儿教育保险、重疾保险等某些保险产品时，付费方式尽量选年缴。一是因为缴费期限长，虽然所付金额可能略多些，但每次缴费较少，不会给家庭带来太大的负担，加之利息等因素，实际成本不一定高于一次缴清的付费方式。二是因为不少保险公司规定有保费豁免功能，即在保险合同规定的某些特定情况下，导致完全丧失工作能力时，经保险公司批准，同意投保人可以不再缴纳后续保费，保险合同继续有效。

保费豁免条款通常分为投保人保费豁免和被保险人保费豁免两种。前者指当投保人由于意外或疾病而完全丧失劳动能力，保险公司豁免投保人应缴的保费，使被保险人的保障权益仍然有效。这类条款适合子女为父母购买保险或家长为子女投保等情况。而后者是指被保险人由于意外或疾病而完全丧失劳动能力，保险公司豁免其应缴保费，通常这一条款更适合投保人给自己购买保险。需要注意的是，选购保险产品时也不要为此舍本逐末。在一些保险宣传中，豁免的功能往往被过分夸大，导致投保人被附带的豁免功能吸引，对真正的主险保障部分却没有搞清楚，选择保险的关键还是要符合自己的保障需求。

案例阅读

保障需求大同小异　年预算可差数千元

刘先生今年 30 岁，月收入 8 000 元，刘太太与刘先生同岁，月收入 5 000 元，有一个 1 岁的女儿。根据家庭的收入水平，刘太太设计了一套家庭保障方案，成套方案下来，每年要交保费 11 635 元，平均每月用于保费的预算约 970 元。

刘太太盘算，投保后自己和丈夫分别能得到的保障是10万元的重大疾病保险金，15万元的身故或高度残疾保障，女儿在18岁后能拿到7.5万元的生存金，18岁后至25岁前还有5万元的身故保障。

李先生今年同样30岁，月收入3 000元，李太太30岁，月收入1 000元，儿子1岁。李太太家庭月收入远不及刘太太，只有其1/3，根据自己的家庭收入水平，李太太打算为家人购买保险。按她的打算，每年要交保费7 645元，平均每月用于保费的预算约637元。投保后，自己和丈夫也分别能得到10万元的重大疾病保障，以及15万元的意外身故保障和一定的残疾保障、意外医疗保障。70岁时，保险公司会返还自己和丈夫所交的保费。儿子在18岁后能拿到5万元的生存金，18岁后身故，能拿回尚未领取的生存金。

对比刘太太和李太太的保险方案可以发现，李太太的保障略有不足。例如，刘太太和刘先生都能得到终身的重大疾病和身故保障，而李太太的重大疾病和身故保障只能到70岁，孩子的生存保险金和身故保障金也不及刘太太家的高，但是，李太太的保险方案同样已可以满足家庭关键时期的身故、疾病、子女教育等方面的保障需求。而且，李太太的保费预算可比刘太太节省近4 000元，并不会给月收入只有4 000元的家庭带来较大的经济负担。

其实，中低收入家庭要想让有限的保费预算用在“刀刃”上，首先，要正确地确定投保的顺序。保险专家建议，家庭投保应该先保障后投资，具体来说，中低收入家庭应该先考虑寿险、健康险方面的保障，然后考虑养老险、教育险方面的保障，最后才应考虑注重投资功能的保险。在寿险保障方面，一些一年一保的意外险险种、定期寿险险种的费率会比终身寿险产品低得多；在健康保障方面，一年一保的消费型重大疾病保险、定期重大疾病保险的费率与终身型险种相比也要低得多。

李太太的方案之所以物美价廉，也是由于为李太太投保的产品主要定位于定期的重大疾病保险和意外伤害保险。

三、家庭保险规划工具的选择

（一）家庭人身保险产品

1. 人寿保险

人寿保险简称寿险，是一种以人的生死为保险对象的保险，是被保险人在保险责任期内生存或死亡，由保险人根据契约规定给付保险金的一种保险。人寿保险又分为风险保障型人寿保险与投资理财型人寿保险。

（1）风险保障型人寿保险。此类保险偏重于保障人的生存或者死亡的风险。风险保障型人寿保险可分为定期死亡寿险、终身死亡寿险、两全保险、年金保险。

定期死亡寿险又称定期寿险，是以被保险人在保险合同规定的一定期限内发生死亡事件而由保险人给付保险金的一种人寿保险。保险期间经常为1年、5年、10年、20年或者保障被保险人到指定年龄时止。该保险不积累现金价值，所以定期死亡寿险一般被认为是无任何投资功能的“纯净”的保险。购买定期死亡寿险要考虑三个关键的因素：保险金额、保险费和期间的长短。保险市场上出售的定期死亡寿险有许多种，均是这三个因素的不同组合。定期死亡寿险一般价格低廉，适合收入较低或者短期内承担一项危险工作的人士购买。

终身死亡寿险又称终身寿险，提供被保险人终身的死亡保障。保险期间一般到被保险人年满100周岁时止，无论被保险人在100周岁前何时死亡，受益人将获得一笔保险金给付。如果被保险人生存到100岁时，保险公司给付被保险人一笔保险金。由于被保险人无论何时死亡，保险人均要支付保险金，所以终身死亡寿险具有储蓄性质，其价格在保险中是较高的。该保险有现金价值，有些保险公司的有些险种提供保险单贷款服务。

两全保险又称生死合险或储蓄保险，无论被保险人在保险期间死亡，还是被保险人到保险期满时生存，保险公司均给付保险金。该保险是人寿保险中价格最贵的。两全保险可以提供老年退休基金，可以为遗属提供生活费用，特殊情况下，可以作为投资工具、半强迫性储蓄工具，或者可以作为个人借贷中的抵押品。

年金保险是指在约定的期间或被保险人的生存期间，保险人按照一定周期给付一定数额的保险金。年金保险的主要目的是保证年金领取者的收入。纯粹的年金保险一般不保障被保险人的死亡风险，仅为被保险人因长寿所致收入损失提供保障。

（2）投资理财型人寿保险。投资理财型人寿保险最大的特点是既具有保障功能又有理财功能，能够抵御通货膨胀。它主要包括分红保险、投资连结保险和万能人寿保险。从严格意义上讲，分红保险和万能人寿保险属于理财类产品，投资连结保险属于投资类产品。

案例阅读：国寿福满一生两全保险（分红型）

分红保险是指保险公司在每个会计年度结束后，将上一会计年度该类分红保险的实际经营成果优于定价假设的盈余，按一定的比例、以现金红利或增值红利的方式，分配给保单持有人的一种人寿保险。分红保险保单持有人在获得保险保障之外，还可以获得保险公司的分红，即与保险公司共享经营成果。在发达国家和地区，分红保险已运用200多年，是抵御通货膨胀和利率风险的主力险种。在北美地区，80%以上的寿险产品具有分红功能；在德国，分红型保险占该国人寿保险市场的85%；在我国香港地区，人寿保险市场份额的90%都是分红型保险。

投资连结保险，就是保险公司将收进来的资本（保费）除了提供给客户保险额度以外，还会去做投资标的连结，让客户可以享受到投资收益。投资连结保险保单持有人在获取保险保障之外，至少在一个投资账户拥有一定资产价值。投资连结保险的保险费在保险公司扣除死亡风险保险费后，剩余部分直接划转至客户的投资账户，保险公司根据客户事先选择的投资方式和投资渠道进行投资。其中，投资部分的回报率是不固定的，保单价值将根据保险公司实际投资收益情况确定。

万能人寿保险又称为万用人寿保险，是指具有保险保障功能并设立有单独保单账户，且保单账户价值提供最低收益保证的人寿保险。保险公司按照当期给付的数额、当期的费用、当时保险单现金价值等变量确定投资收益的分配，并且向所有保单持有人书面报告。万能人寿保险具有弹性、成本透明、可投资的特征。万能人寿保险之“万能”，在于投保人在投保后可根据人生不同阶段的保障需求和财力状况调整保额、保费和缴费期，确定保障与投资的最佳比例，让有限的资金发挥最大的作用。例如，保险期间投保人甚至可以暂时缓交、停交保险费，从而改变保险金额。

2. 健康保险

健康保险是以被保险人在保险期间内因疾病不能从事正常工作，或因疾病造成残疾或死亡时由保险人给付保险金的保险。

健康保险的保险费率与被保险人的年龄、健康状况密切相关，保险公司往往要求被保险人体检，规定观察期或约定自负额，承保比较严格。因此，趁年轻、健康时购买最有利。健康保险包括医疗保险、失能保险和护理保险。其中，最常见的医疗保险包括疾病医疗保险和意外医疗保险。

健康保险按给付方式划分，一般可分为以下三种：

（1）给付型。保险公司在被保险人患保险合同约定的疾病或发生保险合同约定的情况时，按照合同规定向被保险人给付保险金。保险金的数目是确定的，一旦确诊，保险公司按合同所载的保险金额一次性给付保险金。各保险公司的重大疾病保险等就属于给付型。

（2）报销型。保险公司依照被保险人实际支出的各项医疗费用按保险合同约定的比例报销，如住院医疗保险、意外伤害医疗保险等就属于报销型。

（3）津贴型。保险公司依照被保险人实际住院天数及手术项目赔付保险金。保险金一般按天计算，保险金的总数依住院天数及手术项目的不同而不同，如住院医疗补贴保险、住院安心保险等就属于津贴型。

案例阅读：国寿康宁终身重大疾病保险

3. 人身意外伤害保险

人身意外伤害保险是指在约定的保险期内，因发生意外事故而导致被保险人死亡或残疾、支出医疗费用或暂时丧失劳动能力，保险公司按照双方的约定，向被保险人或受益人支付一定量的保险金的一种保险。

意外伤害是指在被保险人没有预见到或违背被保险人意愿的情况下，突然发生的外来致害物对被保险人的身体明显、剧烈地侵害的客观事件。这里所指的突然发生的外来致害物应具备外来的、突发的、非本意的和非疾病的四大要素。

人身意外伤害保险具有短期性、灵活性、保费低廉、保障程度高等特点。其保障项目有以下四项：

（1）死亡给付。被保险人遭受意外伤害造成死亡时，保险人给付死亡保险金。

（2）残疾给付。被保险人因遭受意外伤害造成残疾时，保险人给付残疾保险金。

（3）医疗给付。被保险人因遭受意外伤害支出医疗费时，保险人给付医疗保险金。意外伤害医疗保险一般不单独承保，而是作为意外伤害死亡残疾的附加险承保。

（4）停工给付。被保险人因遭受意外伤害暂时丧失劳动能力，不能工作时，保险人给付停工保险金。

（二）家庭财产保险产品

家庭财产保险主要包括普通家庭财产保险、房屋保险和机动车辆保险。

1. 普通家庭财产保险

根据保险责任的不同，普通家庭财产保险又分为家庭财产灾害损失险和盗窃险两种。

（1）家庭财产灾害损失险。普通家庭财产保险的保险标的包括被保险人的自有财产、由被保险人代管的财产或被保险人与他人共有的财产。有些家庭财产的实际价值很难确定，如金银、珠宝、玉器、首饰、古玩、古书、字画等，这些财产必须由专业鉴定人员进行价值鉴定，经投保人与保险人特别约定后，才作为保险标的。

普通家庭财产险的保险责任包括：火灾、爆炸、雷击、冰雹、洪水、海啸、地震、泥石流、暴风雨、空中运行物体坠落等一系列自然灾害和意外事故。对于被保险人为预防灾害事故而事先支出的预防费用，保险人原则上不予赔偿；但对于在灾害事故发生后，为防止灾害损失扩大，积极抢救、施救、保护保险标的而支出的费用，保险人将按约定负责提供补偿。

普通家庭财产险的保险金额由投保人依据投保财产的实际价值自行估计而定。若估价过低，会使保障不足；若估价过高，一方面，保费将随之增加，另一方面，实际灾害发生时，保险人将根据补偿原则，以投保财产的实际价值作为赔偿上限，因而被保险人也不可能靠此获利。投保人明智的做法是，对投保财产做出客观合理的估价，使保险金额尽可能接近所投保财产的实际价值。

普通家庭财产险的保险期限为 1 年，即从保单签发日零时算起，到保险期满日 24 时为止。

（2）盗窃险。盗窃险的保险责任指在正常安全状态下，留有明显现场痕迹的盗窃行为，致使保险财产产生损失。除自行车、助动车以外，盗窃险规定的保险标的的范围与家庭财产灾害损失险完全一样。对于由被保险人及其家庭成员、家庭服务人员、寄居人员的盗窃或纵容行为造成的损失以及如房门未锁、门窗未关等非正常安全状态下的失窃损失，保险人均不承担赔偿责任。盗窃险保险金额的确定以及保险期限的规定，均与灾害损失险相同。

2. 房屋保险

房屋保险属家庭财产保险范畴，主要保障火灾、爆炸、雷击等自然灾害和意外事故造成的房屋损失。保险金额为房屋每平方米售价乘以购房总面积或按合理的评估价格或双方约定价格确定。一般由屋主或住户投保，保险费率为 0.1%～0.2%，发生损失时，保险公司按房屋的实际价值计算赔偿，但以不超过保险金额为限。

被保险人应采取必要、合理的措施保护保险标的的安全。在保险期限内，保险标的被转卖、转让或赠与他人，或保险标的的危险程度增加时，应在规定时间内通知保险公司，并办理批改手续。保险标的遭受保险责任范围内的损失时，被保险人应当尽力抢救，立即向公安或消防部门报案，并在规定时间内通知保险公司。

3. 机动车辆保险

机动车辆保险是以机动车辆本身及其第三者责任等为保险标的的一种运输工具保险。机动车辆是指汽车、电车、电瓶车、摩托车、拖拉机、各种专用机械车、特种车。机动车辆保险一般包括基本险和附加险两部分。基本险分为车辆损失保险和第三者责任保险。

（1）车辆损失保险。在机动车辆保险中，车辆损失保险与第三者责任保险构成了其主干险种，并在若干附加险的配合下，共同为保险客户提供多方面的风险保障服务。

车辆损失保险的保险标的是各种机动车辆的车身及其零部件、设备等。

车辆损失保险的保险责任包括碰撞责任与非碰撞责任，其中碰撞是指被保险车辆与外界物体的意外接触，如车辆与车辆、车辆与建筑物、车辆与电线杆或树木、车辆与行人、车辆与动物等碰撞，均属于碰撞责任范围之列。非碰撞责任则可以分为以下几类：保险单上列明的各种自然灾害，如洪水、暴风、雷击、泥石流等；保险单上列明的各种意外事故，如火灾、爆炸、空中运行物体的坠落等；其他意外事故，如倾覆、载运被保险车辆的渡船发生意外等。

（2）第三者责任保险。机动车辆第三者责任险是承保被保险人或其允许的合格驾驶人员在使用被保险车辆时，因发生意外事故而导致的第三者的损害索赔风险的一种保险。由于第三者责任保险的主要目的在于维护公众的安全与利益，因此，在实践中通常作为法定保险并强制实施。

机动车辆第三者责任保险的保险责任，即被保险人或其允许的合格驾驶员在使用被保险车辆过程中发生意外事故，致使第三者人身或财产受到直接损毁时，被保险人依法应当支付的赔偿金额。此保险在责任核定时应当注意两点：一是直接损毁，实际上是指现场财产损失和人身伤害，各种间接损失不在保险人负责的范围内。二是被保险人依法应当支付的赔偿金额，保险人依照保险合同的规定进行补偿。

机动车辆的附加险是机动车辆保险的重要组成部分。从中国现行的机动车辆保险条款来看，主要有附加盗窃险、附加自燃损失险、附加新增加设备损失险、附加不计免赔特约险、附加驾驶员意外伤害险、附加乘客意外责任保险等，保险客户可根据自己的需要选择加保。

（三）保险规划编制程序

保险规划的编制遵循以下程序：

（1）综合分析家庭情况，然后将各成员所负担的家庭责任量化。

（2）根据家庭的实际理财情况，如消费习惯、理财偏好等，结合家庭现有理财目标和规划，确定保险需求。

（3）根据保险需求及家庭财务状况，确定家庭各成员的保险产品类型（消费型、返还型、分红型、万能型、投连型等）。

（4）根据对保险公司的偏好等，确定公司和具体产品。

任务实施

王女士家庭保险方案如下。

一、王女士的保险方案

王女士的保险方案如表 3－3 所示。

表 3-3　王女士的保险方案

险种名称	保险利益	缴费年限	保险期间	保额	保费
太平卓越人生定期寿险	身故保险金	20 年	保至 65 岁	50 万元	13 955 元
太平卓越人生意外保险	意外身故残疾保险	20 年	保至 65 岁	50 万元	
太平卓越人生两全保险	满期金	20 年	保至 65 岁	15 万元	
太平卓越人生医疗保险	住院医疗保险金 住院津贴保险金 住院前后门急诊保险金	20 年	20 年	50 万元	
太平卓越人生重疾保险	重疾保险金 失能保险金	20 年	保至 65 岁	25 万元	

二、王女士丈夫的保险方案

王女士丈夫的保险方案如表 3-4 所示。

表 3-4　王女士丈夫的保险方案

险种名称	保险利益	缴费年限	保险期间	保额	保费
太平卓越人生定期寿险	身故保险金	20 年	保至 65 岁	100 万元	24 549 元
太平卓越人生意外保险	意外身故残疾保险	20 年	保至 65 岁	100 万元	
太平卓越人生两全保险	满期金	20 年	保至 65 岁	15 万元	
太平卓越人生医疗保险	住院医疗保险金 住院津贴保险金 住院前后门急诊保险金	20 年	20 年	50 万元	
太平卓越人生重疾保险	重疾保险金 失能保险金	20 年	保至 65 岁	50 万元	

实训练习

一、知识训练

1. 课堂讨论题

(1) 保险规划能帮助个人/家庭解决哪些问题？

(2) 保险规划有哪些功能？

(3) 编制保险规划应遵循什么原则？

(4) 个人/家庭保险规划的工具有哪些？

(5) 保险规划的编制程序是什么？

2. 判断题

(1) 编制保险规划的目的就在于通过对客户经济状况和保险需求的深入分析，帮助

客户选择合适的保险产品并确定期限和金额。（　　）

（2）在编制保险规划时，为应对通货膨胀，应把投资功能放在首位。（　　）

（3）家庭购买保险的原则是先儿童后成人。（　　）

（4）万能人寿保险是风险保障型人寿保险。（　　）

（5）在编制保险规划时应先确定保险公司和保险产品。（　　）

3. 单项选择题

（1）一般来说，个人/家庭的保费支出不能超过收入的（　　）。

A. 5%　　B. 6%　　C. 10%　　D. 15%

（2）投资理财型人寿保险不包括（　　）。

A. 两全保险　　B. 分红保险　　C. 万能人寿保险　　D. 投资连结保险

（3）保险公司依照被保险人实际住院天数及手术项目赔付保险金属于（　　）健康保险。

A. 给付型　　B. 报销型　　C. 津贴型　　D. 赔付型

二、技能实训

1. 白女士今年 30 岁，她很早就具有保险意识，10 年前已投保了一份投资保险。最近她发现自己有太多的保险，单投资保险就有 4 份，这几份保险的保费都已经超过 10 万元了，还不算其他健康保险和意外保险，全部保费已经占了她年收入的 50%。请根据保险规划方案设计的原则帮助白女士调整制定保险方案。

2. 王先生，30 岁，湖南人，在深圳打拼了十几年，是家庭的唯一经济来源；王太太 29 岁，女儿 2 岁，夫妻二人打算明年再生一个小孩。王先生开了一家公司，年收入 25 万元左右。王太太没有工作，在家帮忙打点公司小事及带小孩。夫妻二人有两套新房，一套市值 60 万元左右，现无房贷，另一套刚供，120 万元，贷款 94 万元，分 30 年还清，月供 4 800 元左右。夫妻二人另有一辆小轿车，价值 12 万元左右；目前暂没有其他理财项目。家庭生活开支 6 万元/年，车辆开支 3 万元/年，赡养父母共 2 万元/年。请帮助王先生家庭编制保险规划。

课后自检

1. 任务二的知识点：

____

____

2. 任务二的技能点：

____

____

3. 我掌握了哪些知识和技能？

____

____

学习情景四　个人税收筹划

情景导入

对于普通的工薪阶层来说，对税收最直观的感受就是每个月工资条上打着的“个人所得税”。除此之外，生活中我们还和不少税收有着密不可分的关系，消费税就是其中之一。税收本是个人所得的缩减，如果能规划自己的税收支出，就能给自己省下不少财富。

一、个税也可规划吗?

缴纳个人所得税是每个公民应尽的义务，但是个税怎么缴，似乎还有一点可规划的余地。

工薪阶层对自己应缴的个税实际上并无可操作的空间，但是企业的给薪政策却可以为员工省下一笔支出。企业的给薪政策实际上直接影响着员工的个税缴纳情况，如果企业可以为职工提供住宿，给薪时扣除相应的成本，就可以减少职工账面上的工资金额，这就是可能的节税之道。

每月税前扣除的住房公积金也是节税的重要环节。单位和个人住房公积金免税比例为上一年度月平均工资的12%，企业若能将住房公积金金额往上限额度靠，也能为职工省下一笔支出。

国家规定，个人因任职或受雇取得的工资、薪金、奖金、年终加薪、劳动分红、津贴、补贴以及与任职或受雇有关的其他所得，都是工资、薪金所得项目的课税对象。

根据现行的相关规定，税收规划比较可行的办法就是企业为职工认购保险，这是不用缴纳个税的少数福利之一。

值得注意的是，国债和国家发行的金融债券利息免征所得税，有资金投资又不想承担太大风险的员工可以将定期银行存款转换为国债或银行理财产品来节税。

二、消费税也能省吗?

消费税是政府向消费品征收的税项。一般来说，由于消费税实行价内税，只在应税消费品的生产、委托加工和进口环节缴纳，在以后的批发、零售等环节，因为价款中已包含消费税，因此不用再缴纳消费税，税款最终由消费者承担。

消费税的节税，主要是针对进口商品，这也是近年来海外代购风行的原因之一。但是，我国的进出境个人邮递物品管理政策，只要物品的进口税额超过50元，海关将予以征税。所以在选择代购之前，还是得先算一笔账。

上海一位从事海外代购的张先生透露："一个女士小拎包，国内商场价格在5 000元左右，我从美国买了带回国，能便宜2 000元左右，主要就是避开了国内的消费税环节。"

无独有偶，在国内婴幼儿奶粉事件之后，从海外购买奶粉也形成了一股风潮。且不说国外的奶粉是否质量就信得过，但是相比从国内超市购买进口奶粉，选择从海外代购确实能省下一笔开支。

"在国内卖300元的奶粉，我让出国留学的朋友帮忙带回来，200元不到！"北京市一位刚生产不久的王小姐透露，如果量多的时候需要缴税，按照进口奶粉的完税价200元/千克，进口税率按10%算，1罐奶粉按1千克算，3罐奶粉的进口税额在新规定下也只要缴税60元，相比国内外的差价简直不足挂齿。

三、抠点车辆购置税

车辆购置税的税率为10%，如果想节省税款，就要从车价本身下手。一些买车之后能追加的配置，比如电子导航系统，可以在提车之后再做，这就降低了裸车的价格，也就降低了应缴税额。

随堂思考：我们应如何避税？

税在人们的生活中无处不在，随着收入的增加，通过个人税收筹划合法避税也是有效的理财手段之一。

税收筹划又称节税，是纳税人在法律允许的范围内，通过对经营、投资、理财等经济活动的事先筹划和安排，充分利用税法提供的优惠和差别待遇来减轻税负，达到整体税后收益最大化。少缴税和延迟缴税是税收筹划的目标所在。个人理财中的税收筹划主要是针对与个人关系最为密切的个人所得税进行的。

做好个人税收筹划的基本任务就是掌握个人所得税的纳税人、应税所得及适用税率，根据个人实际收入计算应纳个人所得税，掌握税收筹划的基本方法，联系个人/家庭的实际情况进行税收筹划。

一、掌握个人所得税的纳税义务人、应税所得及适用税率

个人所得税的纳税义务人是在中国境内居住有所得的人，以及不在中国境内居住而从中国境内取得所得的个人，包括中国境内公民，在华取得所得的外籍人员和港、澳、台同胞。

个人所得税是对个人（自然人）取得的各项应税所得征收的一种税。我国法律规定了工资、薪金等9项个人收入为应税所得。根据不同的征税项目，分别适用超额累进税率和比例税率。

二、根据个人/家庭实际收入计算应纳个人所得税

正确计算应纳个人所得税是个人税收筹划的基础。因为个人所得税应纳税额的计算

公式为“应纳税所得额×适用税率－速算扣除数”，所以需要先确定个人各项所得的应纳税所得额，再找出适用税率，减去速算扣除数即可。

三、掌握税收筹划的基本方法

做好税收筹划应熟悉税收政策规定，尽力避免应税收入（或所得）的实现，避免适用较高税率，充分利用税前扣除的规定，推迟纳税义务的发生时间，争取享受税收优惠的必要条件并用好用足这些政策资源，从而减轻税收负担。

四、联系个人的实际情况进行税收筹划

随着我国经济的快速增长，个人收入显著提高。在多样化的收入方式中，需要纳税的项目也随之增加，影响着人们的经济利益。个人在了解税收基本知识的基础上积极实行税收筹划可以有效地降低个人的实际税负，实现财产的保值增值。

任务一　正确计算个人所得税

学习目标

◇ 了解个人所得税的相关知识
◇ 掌握个人所得税的税率
◇ 掌握个人所得税的计算公式
◇ 能够根据实际收入计算应纳个人所得税

素养目标

◇ 通过对个人所得税的相关知识的学习，具备良好的职业道德和行为规范，忠于职守、热爱工作、遵纪守法，以国家和人民的利益为重

任务描述

2023 年 1 月，王先生取得工资收入 9 400 元，当月个人承担住房公积金、基本养老保险金、医疗保险金、失业保险金共计 2 162 元；王太太工资收入 5 500 元，当月个人承担住房公积金、基本养老保险金、医疗保险金、失业保险金共计 1 265 元。王先生家庭有一女儿，正在上小学，约定王先生一方进行专项附加扣除。王先生与王太太父母年龄均未超过 60 岁，并且家庭有自住房一套，无房贷。王先生和王太太想知道当月他们需要缴纳多少个人所得税。

任务分析

王先生与王太太 2023 年 1 月所得均为工资、薪金所得，需要计入各自的综合所得分别计算个人所得税。

王先生和王太太综合所得的计税公式如下：

应纳税额＝应纳税所得额×适用税率－速算扣除数

应纳税所得额＝纳税年度综合所得总额－专项扣除－专项附加扣除－依法确定的其他扣除－减除费用

因此，只要计算出王先生及王太太的综合所得、专项扣除金额、专项附加扣除金额、依法确定的其他扣除金额，再减去减除费用，就可以计算出王先生和王太太的应纳税所得额，再对应综合所得适用的税率表找出税率及速算扣除数，即可清楚了解 2023 年 1 月王先生及王太太的应纳个人所得税金额。

任务精讲

一、个人所得税的基本知识

个人所得税是调整征税机关与自然人（居民、非居民）之间在个人所得税的征纳与管理过程中所发生的社会关系的法律规范的总称。

（一）法定对象——纳税义务人

个人所得税的纳税义务人是在中国境内居住有所得的人，以及不在中国境内居住而从中国境内取得所得的个人，包括中国境内公民，在华取得所得的外籍人员和港、澳、台同胞。个人所得税的纳税义务人包括居民纳税义务人和非居民纳税义务人，如图 4－1 所示。

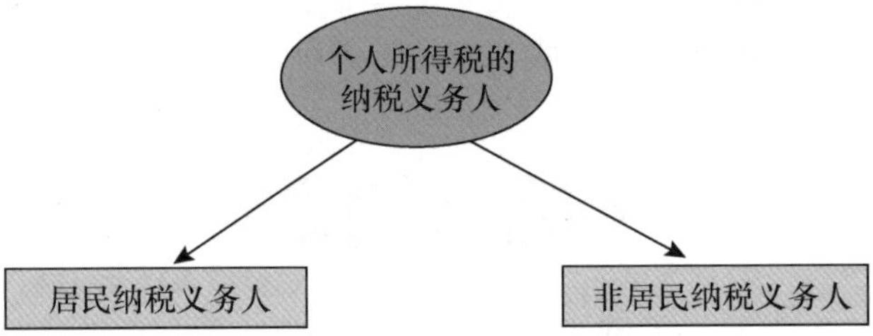

图 4－1　个人所得税的纳税义务人

1. 居民纳税义务人

在中国境内有住所，或者无住所而一个纳税年度在中国境内居住累计满 183 天的个人，是居民纳税义务人。居民纳税义务人应当承担无限纳税义务，即就其在中国境内和境外取得的所得，依法缴纳个人所得税。

2. 非居民纳税义务人

在中国境内无住所又不居住，或者无住所而一个纳税年度在中国境内居住累计不满 183 天的个人，是非居民纳税义务人。非居民纳税义务人承担有限纳税义务，仅就其从中国境内取得的所得，依法缴纳个人所得税。

纳税年度，自公历 1 月 1 日起至 12 月 31 日止。

在中国境内有住所，是指因户籍、家庭、经济利益关系而在中国境内习惯性居住。

在中国境内无住所的个人在一个纳税年度内在中国境内居住累计不超过 90 天的，其来源于中国境内的所得，由境外雇主支付并且不由该雇主在中国境内的机构、场所负担的部分，免予缴纳个人所得税。

（二）应税所得

个人所得税是对个人（自然人）取得的各项应税所得征收的一种税。我国法律规定了9项个人收入为应税所得。

1. 工资、薪金所得

工资、薪金所得，是指个人因任职或受雇而取得的工资、薪金、奖金、年终加薪、劳动分红、津贴、补贴以及与任职或受雇有关的其他所得。这就是说，个人取得的所得，只要是与任职、受雇有关，不管其单位的资金开支渠道是以现金形式支付的，还是以实物、有价证券等形式支付的，都是工资、薪金所得项目的课税对象。

2. 劳务报酬所得

劳务报酬所得，是指个人从事劳务取得的所得，包括从事设计、装潢、安装、制图、化验、测试、医疗、法律、会计、咨询、讲学、新闻、广播、翻译、审稿、书画、雕刻、影视、录音、录像、演出、表演、广告、展览、技术服务、介绍服务、经纪服务、代办服务以及其他劳务取得的所得。

3. 稿酬所得

稿酬所得，是指个人因其作品以图书、报纸形式出版、发表而取得的所得。这里所说的“作品”，是指包括中外文字、图片、乐谱等能以图书、报刊方式出版、发表的作品；“个人作品”，包括本人的著作、翻译的作品等。个人取得遗作稿酬，应按稿酬所得项目计税。

4. 特许权使用费所得

特许权使用费所得，是指个人提供专利权、商标权、著作权、非专利技术以及其他特许权的使用权取得的所得。提供著作权的使用权取得的所得不包括稿酬所得。

5. 经营所得

经营所得包括四个方面：

（1）个人通过在中国境内注册登记的个体工商户、个人独资企业、合伙企业从事生产、经营活动取得的所得。

（2）个人依法取得执照，从事办学、医疗、咨询以及其他有偿服务活动取得的所得。

（3）个人承包、承租、转包、转租取得的所得。

（4）个人从事其他生产、经营活动取得的所得。

6. 利息、股息、红利所得

利息、股息、红利所得，是指个人拥有债权、股权而取得的利息、股息、红利所得。利息是指个人的存款利息、贷款利息和购买各种债券的利息。股息，也称股利，是指股票持有人根据股份制公司章程规定，凭股票定期从股份公司取得的投资利益。红利，也称公司（企业）分红，是指股份公司或企业根据应分配的利润按股份分配超过股息部分的利润。股份制企业以股票形式向股东个人支付股息、红利即派发红股，应以派发的股票面额为收入额计税。

7. 财产租赁所得

财产租赁所得，是指个人出租不动产、土地使用权、机器设备、车船以及其他财产而取得的所得。

8. 财产转让所得

财产转让所得，是指个人转让有价证券、股权、合伙企业中的财产份额、不动产、土地使用权、机器设备、车船以及其他财产取得的所得。

对股票转让所得征收个人所得税的办法，由国务院财政、税务主管部门另行制定，报国务院批准后施行。

9. 偶然所得

偶然所得，是指个人得奖、中奖、中彩以及其他偶然性质的所得（含奖金、实物、有价证券和其他形式的经济利益）。个人购买社会福利有奖募捐奖券、中国体育彩票，一次中奖收入不超过 10 000 元的，免征个人所得税，超过 10 000 元的，应以全额按偶然所得项目计税。

个人取得的所得，难以界定应纳税所得项目的，由主管税务机关确定。

（三）应税界定

个人所得的形式，包括现金、实物、有价证券和其他形式的经济利益。

所得为实物的，应当按照取得的凭证上所注明的价格计算应纳税所得额，无凭证的实物或者凭证上所注明的价格明显偏低的，参照市场价格核定应纳税所得额。

所得为有价证券的，根据票面价格和市场价格核定应纳税所得额。

所得为其他形式的经济利益的，参照市场价格核定应纳税所得额。

随堂思考：如果难以界定个人所得是哪一项应税所得，怎么办呢？

解析：个人取得的所得，如果难以界定是哪一项应税所得项目，由主管税务机关审查确定。

（四）征收方式

我国个人所得税以所得人为纳税义务人，以支付所得的单位或者个人为扣缴义务人。居民个人取得综合所得按年计算个人所得税，有扣缴义务人的，由扣缴义务人按月或者按次预扣预缴税款，居民个人年度终了后需要补税或者退税的，按照规定办理汇算清缴。

扣缴义务人应当按照国家规定办理全员全额扣缴申报。纳税人有中国居民身份证号码的，以中国居民身份证号码为纳税人识别号；纳税人没有中国居民身份证号码的，由税务机关赋予其纳税人识别号。扣缴义务人扣缴税款时，纳税人应当向扣缴义务人提供纳税人识别号。年度预扣预缴税额与年度应纳税额不一致的，由居民个人于次年 3 月 1 日至 6 月 30 日向主管税务机关办理综合所得年度汇算清缴，税款多退少补。预扣预缴办法由国务院税务主管部门制定。征收方式实行源泉扣缴与自行申报并用的方法，注重源泉扣缴。

有下列情形之一的，纳税人应当依法办理纳税申报：

（1）取得综合所得需要办理汇算清缴。

（2）取得应税所得没有扣缴义务人。

（3）扣缴义务人未扣缴税款。

(4) 取得境外所得。

(5) 因移居境外注销中国国籍。

(6) 非居民个人在中国境内从两处以上取得工资、薪金所得。

(7) 国务院规定的其他情形。

个人所得税的征收方式可分为综合征税和分类征税方式。其中:

(1) 根据2018年8月31日公布的《中华人民共和国个人所得税法》的规定，居民个人取得的工资、薪金所得，劳务报酬所得，稿酬所得，特许权使用费所得作为综合所得，按纳税年度合并计算个人所得税。非居民个人按月或者按次分项计算个人所得税。

(2) 对经营所得，利息、股息、红利所得，财产租赁所得，财产转让所得，偶然所得，仍采用分类征税方式，按照规定分别计算个人所得税。

（五）税率

个人所得税根据不同的征税项目，分别适用超额累进税率和比例税率。

(1) 超额累进税率。综合所得，适用7级超额累进税率，税率为3%～45%；经营所得适用5级超额累进税率，税率为5%～35%。

(2) 比例税率。对个人的利息、股息、红利所得，财产租赁所得，财产转让所得，偶然所得，按次计算征收个人所得税，适用比例税率，税率为20%。

各项所得对应税率如表4-1所示。

表4-1　各项所得对应税率

序号	所得项目	税率	备注
1	综合所得（工资、薪金所得，劳务报酬所得，稿酬所得，特许权使用费所得）	3%～45%	按居民个人取得综合所得以每一纳税年度收入额减除费用6万元以及专项扣除、专项附加扣除和依法确定的其他扣除后的余额为应税所得额划分级距
2	经营所得	5%～35%	按每一纳税年度的收入总额减除成本、费用以及损失后的余额为全年应纳税所得额划分级距
3	利息、股息、红利所得	20%	个人的存款利息自2008年10月9日起暂免增收利息税。对个人从上市公司取得的股息、红利所得，持股期限在1个月以内（含1个月）的，实际税负为20%；持股期限在1个月以上至1年（含1年）的，实际税负为10%；持股期限超过1年的，实际税负为5%（自2013年1月1日执行）
4	财产租赁所得、财产转让所得、偶然所得	20%	

（六）减免税项目

1. 免税项目

下列个人所得，免征个人所得税：

(1) 省级人民政府、国务院部委和中国人民解放军军以上单位，以及外国组织、国际组织颁发的科学、教育、技术、文化、卫生、体育、环境保护等方面的奖金。

（2）国债和国家发行的金融债券利息。

（3）按照国家统一规定发给的补贴、津贴。

随堂思考：哪些补贴和津贴可以税前扣除呢？

解析：国家统一规定发给的以下补贴、津贴免征个人所得税：按照国务院规定发放的政府特殊津贴、院士津贴；独生子女补贴；执行公务员工资制度未纳入基本工资总额的补贴、津贴差额和家属成员的副食品补贴；托儿补助费；差旅费津贴、通信费用（指报经省级人民政府批准、国税总局备案的一定标准之内的公务交通、通信费用）；误餐补助（指按财政部门规定，个人因公在城区、郊区工作，不能在工作单位或返回就餐，确实需要在外就餐的，根据实际误餐顿数按规定标准领取的误餐费）；对适当延长离休、退休年龄的高级专家（指享受国家发放的政府特殊津贴的专家、学者），其在延长离休、退休期间的工资、薪金所得，视同离休退休工资免征个人所得税。

（4）福利费（注：根据《中华人民共和国个人所得税法》的规定原则，对于发给个人的福利，无论是现金还是实物，均应缴纳个人所得税，但对于集体享受的、不可分割的、非现金方式的福利支出，不超过工资薪金总额14%的部分，准予扣除）、抚恤金、救济金。

（5）保险赔款。

（6）军人的转业费、复员费、退役金。

（7）按照国家统一规定发给干部、职工的安家费、退职费、基本养老金或者退休费、离休费、离休生活补助费。

（8）依照我国有关法律规定应予免税的各国驻华使馆、领事馆的外交代表、领事官员和其他人员的所得。

（9）中国政府参加的国际公约、签订的协议中规定免税的所得。

（10）国务院规定的其他免税所得。例如，个人将其所得对教育事业和其他公益慈善事业捐赠的部分，按照国务院有关规定从应纳税所得中扣除。

2. 减征项目

有下列情形之一的，经批准可以减征个人所得税，具体幅度和期限，由省、自治区、直辖市人民政府规定，并报同级人民代表大会常务委员会备案：

（1）残疾、孤老人员和烈属的所得。

（2）因自然灾害造成重大损失的。

国务院可以规定其他减税情形，报全国人民代表大会常务委员会备案。

对储蓄存款利息所得开征、减征、停征个人所得税及其具体办法，由国务院规定，并报全国人民代表大会常务委员会备案。

二、个人所得税的计算

（一）居民个人综合所得的个人所得税计算

1. 综合所得个人所得税计算

自2019年1月1日起，居民个人取得的工资、薪金所得，劳务报酬所得，稿酬所得，特许权使用费所得作为综合所得，按每一纳税年度的收入额减除费用扣除以及专项扣除、专项附加扣除和依法确定的其他扣除后的余额，为应纳税所得额。

计税公式如下：

应纳税额＝应纳税所得额×适用税率－速算扣除数

应纳税所得额＝纳税年度综合所得总额－专项扣除－专项附加扣除－依法规定的其他扣除－减除费用

专项扣除、专项附加扣除和依法规定的其他扣除，以居民个人一个纳税年度的应纳税所得额为限额。一个纳税年度扣不完的，不结转以后年度扣除。

专项扣除包括居民个人按照国家规定的范围和标准缴纳的基本养老保险、基本医疗保险、失业保险等社会保险费和住房公积金等，专项附加扣除包括居民个人的子女教育、继续教育、大病医疗、住房贷款利息或住房租金、赡养老人、婴幼儿照护等支出。具体规定如表 4－2 所示。依法确定的其他扣除，包括个人缴付符合国家规定的企业年金、职业年金，个人购买符合国家规定的个人养老金、商业健康保险、税收递延型商业养老保险的支出，以及国务院规定可以扣除的其他项目。

自 2022 年 1 月 1 日起，个人养老金实施递延纳税优惠政策。在缴费环节，个人向个人养老金资金账户的缴费，按照 12 000 元/每年的限额标准，在综合所得或经营所得中据实扣除；在投资环节，计入个人养老金资金账户的投资收益暂不征收个人所得税；在领取环节，个人领取的个人养老金，不并入综合所得，单独按照 3%的税率计算缴纳个人所得税，其缴纳的税款计入“工资、薪金所得”项目。个人缴费享受税前扣除优惠时，以个人养老金信息管理服务平台出具的扣除凭证为扣税依据，其缴费可以选择在当年预扣预缴或次年汇算清缴时在限额标准内据实扣除。个人按规定领取个人养老金时，由开立个人养老金资金账户所在市的商业银行机构代扣代缴其应缴的个人所得税。

表 4－2　个人所得税专项附加扣除明细表

<table>
<tr><th rowspan="2">序号</th><th rowspan="2">专项扣除</th><th colspan="2">标准（元）</th><th rowspan="2" colspan="2">适用范围</th><th rowspan="2">扣除方式</th><th rowspan="2">扣除时间</th></tr>
<tr><th>每年</th><th>每月</th></tr>
<tr><td rowspan="2">1</td><td rowspan="2">子女教育</td><td rowspan="2">24 000</td><td rowspan="2">2 000</td><td>学前教育</td><td>年满 3 岁至小学入学前</td><td rowspan="2">父母每方 50%
约定一方 100%</td><td rowspan="2">每年或每月</td></tr>
<tr><td>学历教育</td><td>义务、高中、高等教育</td></tr>
<tr><td rowspan="2">2</td><td rowspan="2">继续教育</td><td>4 800</td><td>400</td><td>学历教育</td><td>学历继续教育
学历教育最长不超过 4 年</td><td>父母或本人择一
本科以上：本人</td><td>每年或每月</td></tr>
<tr><td>3 600</td><td>—</td><td>继续教育</td><td>技能人员/专业技术人员
职业资格继续教育</td><td>本人</td><td>每年
取得证书当年</td></tr>
<tr><td>3</td><td>大病医疗</td><td colspan="2">自 15 000 起到 80 000 止</td><td colspan="2">在医保系统自付的</td><td>本人</td><td>每年汇算清缴</td></tr>
<tr><td>4</td><td>住房贷款利息</td><td>12 000</td><td>1 000</td><td colspan="2">本人或配偶首套住房借款利息（商业借款或住房公积金）</td><td>夫妻择一</td><td>每年或每月，最长不超过 20 年</td></tr>
</table>

续表

序号	专项扣除	标准（元）		适用范围		扣除方式	扣除时间
		每年	每月				
5	住房租金	18 000	1 500	大	直辖市、省会城市、计划单列市及国务院确定的其他城市	同城：夫妻择一 异城：分别扣除	每年或每月
		13 200	1 100	中	市辖区户籍人口超过 100 万的		
		9 600	800	小	市辖区户籍人口不超过 100 万的（含）		
6	赡养老人	36 000	3 000	独生子女	60 岁（含）以上父母及子女均已去世的年满 60 岁的祖辈	本人	每年或每月
		36 000/ 18 000	3 000/ 1 500	非独生子女		平均、指定、约定	
7	婴幼儿照护	24 000	2 000	3 岁以下的婴幼儿		父母每方 50% 约定一方 100%	每年或每月

上述综合所得的基本减除每月收入减除额为 5 000 元/月（6 万元/年）。该标准对于在中国境内无住所而在中国境内取得工资、薪金所得的纳税人和在中国境内有住所而在中国境外取得工资、薪金所得的纳税人统一适用，不再保留专门的附加减除费用（1 300 元/月）。

2. 综合所得预扣预缴个人所得税计算

2019 年 1 月 1 日后，扣缴义务人对居民个人工资、薪金所得，劳务报酬所得，稿酬所得，特许权使用费所得预扣预缴个人所得税计算方法如下：

居民个人工资、薪金所得预扣预缴相关计算公式如下：

本期应预扣预缴税额＝(累计预扣预缴应纳税所得额×预扣率－速算扣除数)－累计减免税额－累计已预扣预缴税额

累计预扣预缴应纳税所得额＝累计收入－累计免税收入－累计减除费用－累计专项扣除－累计专项附加扣除－累计依法确定的其他扣除

其中：累计减除费用，按照 5 000 元/月乘以纳税人当年截至本月在本单位的任职受雇月份数计算。

工资、薪金所得预扣预缴计算适用 7 级超额累进税率，具体内容如表 4－3 所示。

扣缴义务人向居民支付劳务报酬所得、稿酬所得、特许权使用费所得，按次或者按月预扣预缴个人所得税。劳务报酬所得、稿酬所得、特许权使用费所得以收入减除费用后的余额为收入额。稿酬所得的收入额减按 70%计算。

减除费用：劳务报酬所得、稿酬所得、特许权使用费所得每次收入不超过 4 000 元的，减除费用按 800 元计算；每次收入 4 000 元以上的，减除费用按 20%计算。

表 4-3　个人所得税预扣率表一（居民个人工资、薪金所得预扣预缴适用）

级数	累计预扣预缴应纳税所得额	预扣率	速算扣除数
1	不超过 36 000 元	3%	0
2	超过 36 000 元至 144 000 元的部分	10%	2 520
3	超过 144 000 元至 300 000 元的部分	20%	16 920
4	超过 300 000 元至 420 000 元的部分	25%	31 920
5	超过 420 000 元至 660 000 元的部分	30%	52 920
6	超过 660 000 元至 960 000 元的部分	35%	85 920
7	超过 960 000 元的部分	45%	181 920

应纳税所得额计算：劳务报酬所得、稿酬所得、特许权使用费所得以每次收入额为预扣预缴应纳税所得额。劳务报酬所得预扣预缴适用 3 级超额累进税率，具体内容如表 4-4 所示。

表 4-4　个人所得税预扣率表二（居民劳务报酬所得预扣预缴适用）

级数	预扣预缴应纳税所得额	预扣率	速算扣除数
1	不超过 20 000 元	20%	0
2	超过 20 000 元至 50 000 元的部分	30%	2 000
3	超过 50 000 元的部分	40%	7 000

居民个人劳务报酬所得预扣预缴税额计算公式如下：

劳务报酬所得应预扣预缴税额＝预扣预缴应纳税所得额×预扣率－速算扣除数

居民个人稿酬所得、特许权使用费所得预扣预缴税额计算公式如下：

稿酬所得、特许权使用费所得应预扣预缴税额＝预扣预缴应纳税所得额×20%

3. 全年一次性奖金个人所得税计算

全年一次性奖金，是指行政机关、企事业单位等扣缴义务人根据其全年经济效益和对员工全年工作业绩的综合考核情况，向员工发放的一次性奖金。全年一次性奖金包括年终加薪、实行年薪制和绩效工资办法的单位根据考核情况兑现的年薪和绩效工资。

根据《关于个人所得税法修改后有关优惠政策衔接问题的通知》（财税〔2018〕164 号）第一条第一款的规定，在 2021 年 12 月 31 日前，不并入当年综合所得，以全年一次性奖金收入除以 12 个月得到的数额，按照按月换算后的综合所得税率表（和上述表 4-3 一致），确定适用税率和速算扣除数，单独计算纳税。《财政部 税务总局关于延续实施全年一次性奖金个人所得税政策的公告》中提出，以全年一次性奖金收入除以 12 个月得到的数额，按照本公告所附按月换算后的综合所得税率表，确定适用税率和速算扣除数，单独计算纳税。居民个人取得全年一次性奖金，也可以选择并入当年综合所得计算纳税。此公告执行至 2027 年 12 月 31 日。

计算公式为：

应纳税额＝全年一次性奖金收入×适用税率－速算扣除数

（二）非居民个人的工资、薪金所得

扣缴义务人向非居民个人支付工资、薪金所得，劳务报酬所得，稿酬所得，特许权使用费所得，应当按以下方法按月或者按次代扣代缴个人所得税：

非居民个人的工资、薪金所得，以每月收入额减除费用 5 000 元后的余额为应纳税所得额，劳务报酬所得、稿酬所得、特许权使用费所得，以每次收入额为应纳税所得额。

非居民个人取得的劳务报酬所得、稿酬所得、特许权使用费所得，属于一次性收入的，以取得该项收入为一次；属于同一项目连续性收入的，以一个月内取得的收入为一次。两个或者两个以上的个人共同取得同一项目收入的，应当对每个人取得的收入分别按照个人所得税法规定减除费用后计算纳税。

非居民个人取得的劳务报酬所得、稿酬所得、特许权使用费所得，以每次收入额为应纳税所得额，适用按月换算后的非居民个人月度税率表，如表 4－5 所示。

其中，劳务报酬所得、稿酬所得、特许权使用费所得以收入减除 20%的费用后的余额为收入额。稿酬所得的收入额减按 70%计算。

表 4－5　个人所得税预扣率表三

（非居民个人工资、薪金所得，劳务报酬所得，稿酬所得，特许权使用费所得适用）

级数	应纳税所得额	预扣率	速算扣除数
1	不超过 3 000 元	3%	0
2	超过 3 000 元至 12 000 元的部分	10%	210
3	超过 12 000 元至 25 000 元的部分	20%	1 410
4	超过 25 000 元至 35 000 元的部分	25%	2 660
5	超过 35 000 元至 55 000 元的部分	30%	4 410
6	超过 55 000 元至 80 000 元的部分	35%	7 160
7	超过 80 000 元的部分	45%	15 160

月度（包括按月预扣）计税公式如下：

应纳税额＝应纳税所得额×适用税率－速算扣除数

应纳税所得额＝月度收入额－专项扣除－专项附加扣除－
依法确定的其他扣除－减除费用

（三）经营所得的个人所得税计算

1．经营所得的个人所得税额的计算

经营所得，以每一纳税年度的收入总额减除成本、费用以及损失后的余额，为应纳税所得额。

个体工商户业主、个人独资企业投资者、合伙企业个人合伙人以及从事其他生产、经营活动的个人，以其每一纳税年度来源于个体工商户、个人独资企业、合伙企业以及其他生产、经营活动的所得，减除费用 60 000 元、专项扣除以及依法确定的其他扣除后

的余额，为应纳税所得额。

个人独资企业、合伙企业以及个人从事其他生产、经营活动在境外营业机构的亏损，不得抵减境内营业机构的盈利。

所称成本、费用，是指个体工商户、个人独资企业、合伙企业以及个人从事其他生产、经营活动发生的各项直接支出和分配计入成本的间接费用以及销售费用、管理费用、财务费用。

所称损失，是指个体工商户、个人独资企业、合伙企业以及个人从事其他生产、经营活动发生的固定资产和存货的盘亏、毁损、报废损失，转让财产损失、坏账损失，自然灾害等不可抗力因素造成的损失以及其他损失。

个体工商户、个人独资企业、合伙企业以及个人从事其他生产、经营活动，未提供完整、准确的纳税资料，不能正确计算应纳税所得额的，由主管税务机关核定其应纳税所得额。

2. 经营所得适用税率

经营所得适用 5 级超额累进税率，具体内容如表 4-6 所示。

表 4-6 个人所得税率表（经营所得适用）

级数	全年应纳税所得额	税率	速算扣除数
1	不超过 30 000 元	5%	0
2	超过 30 000 元至 90 000 元的部分	10%	1 500
3	超过 90 000 元至 300 000 元的部分	20%	10 500
4	超过 300 000 元至 500 000 元的部分	30%	40 500
5	超过 500 000 元的部分	35%	65 500

说明：本表所称全年应纳税所得额是指依照规定，以每一纳税年度的收入总额减除成本、费用以及损失后的余额。

经营所得计税公式如下：

应纳税额＝应纳税所得额×适用税率－速算扣除数

应纳税所得额＝年应税收入额－准予税前扣除金额

（四）财产租赁所得的个人所得税计算

财产租赁所得，每次收入不超过 4 000 元的，减除费用 800 元；4 000 元以上的，减除 20%的费用，其余额为应纳税所得额。适用税率为 20%。从 2008 年 3 月 1 日起，对个人出租住房取得的所得减按 10%征收（以 1 个月内取得的收入为 1 次）。计税公式如下：

财产租赁所得应纳税额＝应纳税所得额×适用税率

（五）财产转让所得的个税计算

财产转让所得，是以一次转让财产收入额（不管分多少次支付，均应合并为一次转让财产收入）减去财产原值和合理费用后的余额为应纳税所得额，适用 20%的税率计算缴纳个人所得税。计税公式如下：

应纳税所得额＝每次转让财产收入额－财产原值－合理费用

确定财产原值有以下几种情况：一是有价证券，为买入价以及买入时按照规定缴纳的有关费用。二是不动产，为建造费或者购进价格以及其他有关费用。三是土地使用权，为取得土地使用权所支付的金额、开发土地的费用以及其他有关费用。四是机器设备、车船，为购进价格、运输费、安装费以及其他有关费用。五是其他财产原值，参照以上四种办法确定。上述财产原值的确定，个人必须提供有关的合法凭证；对未能提供完整、准确的财产原值合法凭证而不能正确计算财产原值的，税务部门可根据当地实际情况核定其财产原值。

合理费用是指卖出财产时按规定支付的有关税费。计税公式如下：

应纳税额＝应纳税所得额×20％

个人发生非货币性资产交换，以及财产用于捐赠、偿债、赞助、投资等用途的，应当视同转让财产并缴纳个人所得税，但国务院财政、税务主管部门另有规定的除外。

（六）利息、股息、红利和偶然所得的个税计算

利息、股息、红利所得和偶然所得，以每次收入额为应纳税所得额，适用税率为20％。

个人存款利息暂免利息税。对个人从上市公司取得的股息、红利所得，持股期限在1个月以内（含1个月）的，实际税负为20％；持股期限在1个月以上至1年（含1年）的，实际税负为10％；持股期限超过1年的，实际税负为5％。

（七）公益性捐赠的个税计算

个人将其所得对教育、扶贫、济困等公益慈善事业进行捐赠，捐赠额未超过纳税人申报的应纳税所得额30％的部分，可以从其应纳税所得额中扣除。

国务院规定对公益慈善事业捐赠实行全额税前扣除的，从其规定。

（八）两人或多人取得一项所得的个税计算

两人或多人共同取得同一项所得，每个人应当就其取得的所得分别按照税法规定减去相应费用，计算缴纳个人所得税。

（九）境内境外取得所得的个税计算

居民个人从境内和境外取得的综合所得或者经营所得，应当分别合并计算应纳税额；从境内和境外取得的其他所得，应当分别单独计算应纳税额。

任务实施

2023年1月，王先生与王太太应纳的个人所得税额的计算如下：

1. 王先生个人所得税的计算

应纳税所得额＝（9 400－2 162－2 000）－5 000＝238（元）

对应税率为 3%，速算扣除数为 0，则

应纳税额＝238×3%＝7.14（元）

2. 王太太个人所得税的计算

应纳税所得额＝（5 500－1 265）－5 000＝－765（元）

王太太的应纳税所得额是负数，所以本月不用纳税。

3. 王先生与王太太 2023 年 1 月共缴纳个人所得税的计算

王先生与王太太合计应纳税额为 7.14 元。

实训练习

一、知识训练

1. 课堂讨论题

(1) 个人哪些收入需要缴纳个人所得税？

(2) 简述个人所得税的征收方式。

(3) 哪些个人所得可以免税？

(4) 哪些补贴、津贴属于国家统一规定的免税项目？

(5) 一人取得多项所得怎么计税？

2. 判断题

(1) 我国的非居民纳税人在中国境内所得和境外所得均需要依法缴纳个人所得税。(　　)

(2) 经营所得应纳的税款，按月计征。(　　)

(3) 工资、薪金所得，适用 7 级超额累进税率，税率为 3%～45%。(　　)

(4) 个人获得的半年奖可以按全年一次性奖金的计税方法计算纳税金额。(　　)

(5) 个人稿酬所得的实际税率为 20%。(　　)

3. 单项选择题

(1) 下列哪个是居民纳税人？(　　)

A. 在中国境内有住所，或者无住所而在境内居住满半年的个人

B. 在中国境内有住所，或者无住所而在境内居住满 183 天的个人

C. 在中国境内有住所但不居住的个人

D. 在中国境内无住所又不居住的个人

(2) 下列哪项个人所得不适用超额累进税率？(　　)

A. 劳务报酬所得　　B. 稿酬所得

C. 经营所得　　D. 财产转让所得

(3) 个人兼职取得的收入，应按（　　）项目缴纳个人所得税。

A. 工资、薪金所得　　B. 劳务报酬所得

C. 偶然所得　　　　D. 其他所得

二、技能实训

2020 年 10 月，海外某公司派工程师米歇尔赴中国从事技术支援工作，2022 年 1 月米歇尔回国，其间他在中国共获得 5 万美元的收入。米歇尔在中国获得的收入需要缴纳个人所得税吗？为什么？

课后自检

1. 任务一的知识点：

____

____

2. 任务一的技能点：

____

____

3. 我掌握了哪些知识和技能？

____

____

任务二　进行个人税收筹划

学习目标

◇ 了解税收筹划的概念、原理
◇ 掌握税收筹划的基本方法
◇ 重点掌握工资薪金的个税筹划
◇ 能够联系实际进行个税筹划

素养目标

◇ 通过对税收筹划的学习，培养以为人民服务为宗旨的精神，具备一定的专业创新思维，掌握专业领域内有效的学习方法、工作方法，适应专业面临的各种变化和要求

任务描述

张某是某房产公司高管，由于工作业绩突出和工作需要，公司近期准备奖励给他一辆汽车，价值 20 万元，拟在车辆注册登记部门登记为张某个人所有。但张某经过计算，发现居然要缴纳 23 080 元的个人所得税金。张某犯愁了，有没有办法解决这个问题呢？

任务分析

根据《国家税务总局关于生活补助费范围确定问题的通知》（国税发〔1998〕155 号）第二条第三款的规定，单位为个人购买汽车，应当并入纳税人的工资、薪金收入计征个人所得税，因此，张某应缴个人所得税（暂不考虑当月工资等其他应税所得）：(200 000÷12×20%－1 410)×12＝23 080 元。

解决张某的问题，最好的方式是把车放到公司名下，这样处理，有如下几个好处：

(1) 由于车辆属于公司所有，张某没有取得 20 万元收入，不用缴纳个人所得税 23 080 元。

(2) 该车辆作为公司的固定资产管理，公司可以计提折旧，可以报销合理的运行费

用，而这些折旧、费用都可以在企业所得税税前扣除，降低了企业所得税应税收入。

（3）车辆计提折旧年限到期后，可以转让给张某个人。

任务精讲

一、什么是税收筹划

税收筹划又称节税，是纳税人在法律允许的范围内，通过对经营、投资、理财等经济活动的事先筹划和安排，充分利用税法提供的优惠和差别待遇，以减轻税负，达到整体税后收益最大化。少缴税和延迟缴税是税收筹划的目标所在。

（一）税收筹划的特征

税收筹划有以下三个特征：

（1）合法性。税收筹划是在法律许可范围内进行的，如违反法律规定逃避纳税，属于偷逃税。

（2）预期性。税收筹划是事先规划、设计、安排的。

（3）目的性。纳税人希望通过税收筹划实现节税的目的。

（二）税收筹划的原则

税收筹划应遵循以下原则：

（1）综合效益原则。税收筹划不能孤立进行，如果某项税收筹划取得了节税效果，却增加了其他方面的支出，这样的税收筹划就值得商榷。

（2）前瞻性原则。任何一项具体的税收筹划方案的研发、选择、确定，都必须在该方案所涉及的纳税事项已成为既定事实之前。如果该涉税事项已成既定事实，事后再进行“筹划”，就是掩盖事实真相，伪造、变造、隐匿相关资料，纳税人将承担偷税的法律责任。

税收筹划的行为主体是纳税人，纳税人本身既可以是税收筹划的行为人，也可以聘请税务顾问或会计师进行税收筹划。

随堂思考：个人/家庭如何确保有效节税，规避税务风险？

解析：首先，全面了解与个人/家庭有关的税收政策；其次，加强与主管税务机关的联系，及时掌握税收动态，发现个人/家庭存在的隐性风险，正确运用税收筹划的方法。

二、税收筹划的基本方法

（一）避免应税收入（或所得）的实现

从减轻税收负担的角度来看，纳税人要尽量取得不被税法认定为是应税收入（或所得）的经济收入。根据我国现行税法的规定，几乎各税种中都存在此类筹划的空间。例如，财产增值部分只要不变现，一般就不对其课征所得税，这也是各国所得税法的一个普遍规定。因此，从税收筹划的角度考虑，个人尽量不要将财产的增值部分变现，如果需要资金，可以用财产作抵押进行信贷融资（需要比较税款和利息成本的大小）。

另外，税法中还有一些免税收入的规定，纳税人即使取得了这些收入也不用缴纳所得税。例如，《中华人民共和国个人所得税法》第四条规定，个人所得中的国债和国家发行的金融债券利息免征个人所得税。个人在进行金融投资时，应当考虑这些免税因素。

（二）避免适用较高税率

一般情况下，适用税率越高，应纳税额就越多，税后收益就越少。因此，纳税人尽量使所从事的经济活动适用较低的税率，对降低税收负担意义重大。

例如，对实行超额累进税率的应税所得项目（如综合所得、经营所得等），应尽量避免临界所得进入高档税率区。

（三）充分利用“税前扣除”

各国税法中都有一些允许纳税人税前扣除的条款，纳税人应当充分利用这些规定，多扣除一些费用，缩小税基，减轻税负，尤其是当纳税人的所得适用超额累进税率时，如果纳税人可以多扣除一些费用，缩小了税基，其所得适用的最高边际税率和实际税负就会下降。

（四）推迟纳税义务发生时间

推迟纳税可以使个人在不减少纳税总量的情况下获得货币时间价值。推迟纳税有利于资金周转，节省利息支出。由于通货膨胀的影响，延期以后缴纳的税款币值下降，从而降低了实际纳税额。按照贴现的原理，延迟缴纳的税款现值一定小于当期缴纳的等额税款。税款越晚缴纳，其经济成本就越低。

（五）利用税收优惠

税法中的减免税等税收优惠规定，为纳税人节税筹划提供了可能性。此外，一些具有期限规定的特定优惠政策也值得在进行税收筹划时很好地利用，尽力争取符合享受税收优惠的必要条件并用好用足这些政策资源，从而减轻税收负担。

三、税收筹划实务

（一）身份避税筹划

简单来说，非居民纳税人的纳税义务远轻于居民纳税人的纳税义务，因而个人在进行税收筹划时往往愿意将居民纳税人的身份变成非居民纳税人的身份，从而减轻自己的税负。

减轻税负的方式主要有两种：一种是改变自己的住所，一般认为就是改变自己的国籍。例如，一高税国居民可以通过移居，使自己成为一低税国居民，这在国际避税中经常被运用。另一种便是根据各国具体规定的临时离境日期，恰当地安排自己的离境时间（我国临时离境是指一个纳税年度中一次离境不超过 30 日或者多次累计离境不超过 90 日），便可以使自己从居民纳税人变成非居民纳税人，从而减轻税负。当然，进行这种筹划应在法律允许的范围内，而且应进行成本收益分析，如果节省的税收额还不够自己进行筹划的成本，就没有什么必要了。

随堂思考：美国技术人员怀特受雇于美国某公司，2021 年 8 月 1 日起到中国境内分公司帮助筹办某项目，2021 年 10 月 20 日回国述职。在此期间，美国总公司支付其报酬折合人民币 32 万元。怀特是否需要在中国申报缴纳个人所得税？

解析：怀特在中国境内无住所，并且居住不满 1 年（公历年度），属于非居民纳税人。作为非居民纳税人，怀特在中国累计居住不超过 183 天（实际居住 80 天），并且其所得为中国境外雇主支付，因此，免于申报缴纳个人所得税。

（二）综合所得税收筹划

综合所得的税收筹划是个人/家庭最关心的事情。具体方法主要有：

1. 工资薪金适当福利化

一般来说，个人的工资薪金、劳务报酬、稿酬、特许权转让费收入超过减除费用部分就要纳税。进行税收筹划时，企业可以将超过减除费用的收入部分用于职工福利支出，这样不仅可改善职工福利状况，增加其可支配收入，还可以降低其名义收入以减少纳税。

企业通常还可以为职工支付交通、通信、用餐等基本消费支出，相应降低职工税前工资，减少计税依据；为职工购房提供一定期限的优惠贷款，之后每月从其工资额中扣除部分款项用于归还贷款，减轻职工的贷款利息负担；为职工免费提供福利设施，如免费家具、健身中心、办公设备、交通工具等，只要不将其转化为现金支付或改变产权归属，则职工可不必缴纳个人所得税；为职工提供周转房或负担其房租；提高职工的办公条件，为其配备办公设施及用品；每年为职工报销一定额度的资料、学习培训费用。具体筹划时，企业应建立实报实销（或限额报销）制度，明确各职别职工的报销方式及限额，并依据合法的报销凭证处理。

随堂思考：某服装厂张经理每月工资收入 7 000 元，每月支付租房、租车费用 2 000 元，除去房租等，张经理每月可用的收入为 5 000 元。这时，张经理应纳个人所得税额＝（7 000－5 000）×3%－0＝60 元。

解析：如果进行税收筹划，即改变一下上述费用支付方式，由公司为张经理提供免费住房、车辆，而张经理每月工资下调为 5 000 元，则张经理每月无须缴纳个人所得税。

如此筹划后，对公司来说，不但不会增加支出，而且可以增加在税前列支的费用 2 000 元（政策规定：企业税前列支的工资是限额的，超过部分必须在税后列支。将工资转化后，其支付不列入工资考核，故全额在税前列支）；对张经理来说，可节税 60 元。可谓企业和职工双赢。

2. 充分利用税收优惠政策

根据规定，独生子女补贴，执行公务员工资制度未纳入基本工资总额的补贴、津贴差额和家属成员的副食品补贴，托儿补助费，差旅费津贴、误餐补助等不属于工资、薪金性质的补贴、津贴，不缴纳个人所得税。另外，在国家规定的缴费比例内，单位为个人缴付和个人缴付的基本养老保险费、基本医疗保险费、失业保险费免征个人所得税。个人和单位分别在不超过职工本人上年度月平均工资12%的幅度内，实际缴存的住房公积金允许在税前扣除，实际支取原提存的“三险一金”免税。

公益性捐赠行为也可以在一定程度上减轻税负，尤其是个人所得适用超额累进税率时，通过捐赠可以降低其适用的最高税率，减轻税负。《中华人民共和国个人所得税法》第六条规定，个人将其所得对教育、扶贫、济困等公益慈善事业进行捐赠，捐赠额未超过纳税人申报的应纳税所得额30%的部分，可以从其应纳税所得额中扣除；国务院规定对公益慈善事业捐赠实行全额税前扣除的，从其规定。

由于我国现行税法对个人公益性、救济性捐赠规定有捐赠限额，超过部分不允许扣除，因此，在捐赠数额确定的情况下，将一次性的大额捐赠分为多次的限额内捐赠可以降低捐赠者的税负。

（三）经营所得税收筹划

1. 经营所得税收筹划的基本思路

个体工商户的税收筹划主要在收入、成本费用、税率这三个环节，即在保证税收筹划行为合法的前提下，设法使应税收入最小化，使与取得收入有关的成本费用最大化，使自己的应纳税所得额适用低档次的税率。

2. 经营所得税收筹划的基本方法

（1）收入环节。

1）递延收入实现的时间。个体工商户缴纳个人所得税，采取的是每月预缴、年终汇算清缴的管理模式。如果个体工商户某一纳税年度的应纳税所得额过高，就要按较高的税率纳税，此时，个体工商户可以采取递延收入的方式来起到延期纳税或使纳税人当期适用较低的税率的作用。一般递延收入的方式有：一是让客户暂缓支付货款和劳务费用；二是改一次性收款销售为分期收款销售。

2）分散收入。个体工商户通过分散收入，可以使其适用较低的税率，从而达到节税的目的。常用的方法有：将不同性质的收入分别适用不同的税目；借助与分支机构和关联机构的交易将收入分散；将全年实现的应纳税所得额分散到多个投资人的名下；将集中的收入分散到信托公司的名下。

（2）成本费用环节。

成本费用环节的纳税筹划方法如下：

1）将收入转换为费用开支。个人家庭的很多日常开支事实上很难与其经营支出区分开，因此，个体工商户就可以把本来应由其收入支付的家庭开支转换成其经营开支，从而既能满足家庭开支的正常需要，又可减少应纳税所得额。

2）将资本性支出合法地转化为收益性支出。对于符合税法规定的收益性支出，可以将其作为一次性的成本费用在税前扣除。例如：个体工商户可以以零星采购的方式购进生产经营所需的物品，将一次性购买改为零星购买等。

3）自有房产经营，可以采用收取租金的方法扩大经营支出范围。虽然收取租金会增加个人的应纳税所得额，但租金作为一项经营费用可以冲减个人的应纳税所得额，减少个人经营所得的纳税额。同时自己的房产维修费用也可列入经营支出，这样既扩大了经营支出范围，又可以实现自己房产的保值甚至增值。

4）使用家庭成员或雇用临时工，扩大工资等费用支出范围。按税法规定，个体工商户工作人员的工资及规定的津贴可以计入产品成本，这样就达到了“个人有所得，商户少交税”的目的。

(四) 投资避税策略

合理合法避税，运用得最多的方法还是投资避税，投资者可以利用基金定投、国债、保险产品以及银行推出的本外币理财产品等投资品种来避税。

目前股票型基金、债券型基金和货币型基金等开放式基金派发的红利都是免税的。此外，作为“金边债券”的国债，其稳妥安全的投资特点和利息税免税效应，也仍受到部分追求稳定收益的投资者的青睐。除了上述投资品种，目前市场上常见的银行发行的本外币理财产品也可以避税。

除了上述品种，投资者还可以通过购买保险来合理避税。目前，无论是分红险、养老险还是意外险，在获得分红和赔偿的时候，被保险人都不需要缴纳个人所得税。因此，购买保险也是一个不错的理财方法，在获得所需保障的同时还可以合理避税。此外，信托公司发行的信托产品以及教育储蓄等品种，同样可以避税。只不过这两类品种适合的人群相对而言范围小一些，故建议投资者可根据自身的实际情况决定是否投资。

任务实施

在了解上述情况后，张某将车辆过户到公司名下，但车辆仍然由张某使用。车辆作为公司的固定资产管理，发生的运行费用、保险费用按照一定的标准由公司报销。同时，张某与公司约定，等车辆计提折旧年限到期后，将车辆转让给张某个人。

实训练习

一、知识训练

1. 课堂讨论题

(1) 如何利用身份避税？

(2) 举例说明工资、薪金的税收筹划方法有哪些。

(3) 个体工商户如何进行税收筹划？

(4) 个人投资者怎样利用投资避税？

2. 判断题

(1) 税收筹划的目标是少缴税。(　　)

(2) 任何一项具体的税收筹划方案的研发、选择、确定，都必须在该方案所涉及的纳税事项已成为既定事实之前。(　　)

(3) 利用非居民身份减轻税负的方式有两种，即改变自己的国籍和恰当地安排离境时间。(　　)

3. 单项选择题

(1) 下列哪项所得不用缴纳个人所得税？(　　)

A. 个人兼职所得　　B. 个人稿酬所得

C. 个人租房所得　　D. 个人救济金所得

(2) 个人出租房屋前进行装修的避税方法属于下列哪种避税方法？(　　)

A. 避免适用较高税率　　B. 充分利用税前扣除

C. 利用税收优惠　　D. 推迟纳税义务时间

二、技能实训

方先生是一名个体工商户，2023 年收入 20 万元，请帮助他进行税收筹划。

课后自检

1. 任务二的知识点：

____

____

2. 任务二的技能点：

____

____

3. 我掌握了哪些知识和技能？

____

____

学习情景五　个人住房规划

情景导入

一、买房族：每月都成“月光族”

在外人眼中，沈鑫绝对是个生活过得很滋润的人。在一所重点中学刚工作3年的他，每个月有4 000～5 000元收入。沈鑫最爱和同事一起出去K歌，也爱没事约人出去徒步旅行，在他看来，自己的收入应付这些爱好是小菜一碟。

去年，沈鑫动了买房的念头。“想着工作几年了，该有自己的空间了，也要为今后结婚做打算。”沈鑫的想法很实在。于是，去年初，沈鑫在父母的资助下买了一套两居室。“父母帮忙付了首付，我自己负责每个月2 100元的房贷。”同时，沈鑫又贷款5万元买了一辆车，每个月需要支付900元的月供以及近1 000元的养车费。

然而，买了房和车以后，沈鑫发现自己的生活反而不那么愉快了。

“现在，我也算有房有车一族了，但每个月固定在房贷、车贷、养车上面的费用就是4 000元左右，吃饭我都尽量回家蹭。现在，我基本上每个月都没有结余，日子过得紧巴巴的。”沈鑫告诉记者，他从来没想到，有了房和车后，日子比以前紧张多了。原本买车是想要出门自驾游方便，但买车一年了，他只出去过一次。

二、租房族：用理财产品赚房租

柳杨在朋友眼中是个怪人，原因就是他是坚定的租房主义者。柳杨在一家律师事务所负责专利案，每个月能拿到4 700元。工作不到5年的他，现在手中的积蓄已超过10万元。

既然有了10万元，足够支付一套小户型的首付了，朋友们都劝他赶紧买房，但柳杨就是不同意。说起自己不愿意买房，只愿意租房的理由，柳杨给记者算了一笔账。

“我租的这套房子，套内面积60平方米，房东当时买的总房价是48万元。我的租金每个月1 400元，一年下来就是16 800元的租金，这样房东出租这套房子的回报率只有3.5%。我还没有算他装修的钱，算上的话回报率估计只有3%左右。”柳杨认为，3%的回报率在目前来看，实在是有点低。“我随便买个理财产品，都能有4%甚至更多的回报，那我为什么不把钱拿来买理财产品呢？赚的钱拿去付房租，还有结余。”

柳杨说，自己的生活因为租房不仅没有变差，反而更好了。“我周围有很多房奴，节衣缩食供房子。我虽然租房子，但住得不比他们差，花得还更少。他们支付了首付，我把首付拿来投资，赚更多的钱。”

由于柳杨的固定支出只有每个月1 400元的房租，再加上水电费、宽带费、电话费、生活费等，柳杨基本上每月能结余2 000元以上。这2 000元，柳杨会拿出1 000元做基金定投，剩下1 000元留做机动，定投到一定数额后，他会取出来用于购买理财产品。

随堂思考：你会选择买房，还是选择租房？

随着住房商品化政策的推行，个人住房支出在家庭消费支出结构中所占的比重越来越高。从沈鑫和柳杨的经历可见，如何规划住房支出成为人们越来越关心的问题，对这方面的理财需求也正在逐步增加。

住房规划包括租房、购房、换房与房贷规划，规划是否适宜，会影响个人/家庭整体财务状况与现金流量，必须相当慎重。

做好住房规划的基本任务是熟悉房地产及房地产投资的相关知识，进行购房或租房决策，测算个人购房支付能力，实施购房或换房规划，进行个人房屋抵押贷款决策。

一、熟悉房地产及房地产投资的相关知识

个人购买房产的目的一是自住，二是获得预期收益。在现实生活中，自住和投资并不是区分得很严格，有时自用房产也可以作为投资对象，如出租、出售等。房地产投资同时涉及房地产与金融资产的组合安排。因此，在进行住房规划之前，必须熟悉房地产及房地产投资的相关知识。

二、进行购房或租房决策

个人/家庭在进行住房规划时，首先根据住房需求做出购房或租房决策。个人/家庭既可以根据规划循序渐进地购房、换房，也可以在累积到足够的资金后，一次性完成购房梦想。购房不像子女教育与退休，具有不可替代性，对资金不充裕的人而言，租房也是一个不错的选择。

三、测算个人购房支付能力

若决定购房，就要根据所要购买房屋的地段、面积及自己的经济能力等，测算个人/家庭可负担的房价，决定买哪种类型的住房。具体方法包括年收入概算法和目标精算法。

四、实施购房或换房规划

测算出个人购房支付能力后，即可实施购房或换房规划。在实施过程中，要根据购房或换房目标，了解相关税费及法律知识，并考虑贷款规划。

五、进行个人房屋抵押贷款决策

个人房屋抵押贷款是指借款人以本人名下的房产做抵押，向贷款人申请用于个人合法合规用途的人民币担保贷款，用途包括个人购房、购车、消费、经营及其他合规合法的多种用途。

任务一　认识房地产和房地产投资

学习目标

◇ 了解房地产的相关知识
◇ 掌握个人房地产投资的相关知识
◇ 能够根据实际情况选择合适的投资方式
◇ 能够正确评估房地产投资价值

素养目标

◇ 通过房地产投资的学习，培养民族精神和时代精神，践行社会主义核心价值观，以爱祖国、爱人民、爱劳动、爱科学、爱社会主义为要求，奋发图强，肩负起时代使命与社会责任

任务描述

郑小姐 27 岁，大学毕业以后留在北京工作，现为一家 IT 外企的职员，月薪 10 000 元，保险齐全。目前是租房单独居住，一室一厅的房月租约 4 000 元，正考虑以分期付款形式买房。除房租以外，她的大部分工资都花在了购买衣服和化妆品上，由于购买的都是高档品牌的产品，因此她的开销较大，再加上每月出去吃饭、打车、泡吧，工资“月月光”不说，很多时候无计划的信用卡刷卡超前消费让她成为不折不扣的“负女”。

理财目标：随着年龄的增长，想要改变银行存款不超过 5 位数的现状，并想在北京买套房子让自己有安定感。

任务分析

一、郑小姐基本情况分析

郑小姐的情况是现在白领群体中颇为常见的。许多单身时期的白领的理财观念比较欠缺，财务基础较薄弱，少有存款，无暇顾及投资活动，同时希望有一个安定的居住环

境。实际这一时期正是资金的原始积累阶段，打好财富金字塔的根基是十分重要的。该时期是郑小姐财富的积累期，且花销较大，虽然目前她的资产不多，但收入较高，处于此阶段的她，应一边挣钱一边攒钱，再购置住房。建议她的第一个目标最好不要定得太高，所需达到的时间以2～3年最好。当达到第一个目标后，就可定下难度高一点、花费时间为3～5年的第二个目标。

二、郑小姐财务情况分析

（1）偿债能力不强。一旦购房，她的负债只有房产按揭，她的偿债能力不强，购房会对她造成较大的资金压力。

（2）风险承受能力较强。郑小姐属于高风险承受能力者，无太多经济负担，因此郑小姐比较适合具有一定风险的投资品种。

任务精讲

一、房地产基本知识

（一）房地产的概念

房地产是房产和地产的合称，房产是物业建成后的置业投资，地产是购买土地使用权的开发投资。对个人所说的房地产一般是指房产。

个人购买房产的目的一是自住，二是获得预期收益。前者是消费行为，后者是投资行为。但现实中，有时自用房产也可以作为投资对象，如出租、出售等；同样，投资性房产也可以自住（出售前）。

（二）房地产的分类

1. 按性质分类

房地产按性质可分为商品房、经济适用房、房改房、共有产权房、公租房等。

商品房，是指由房产开发企业开发建设并出售、出租的房屋。

经济适用房，是指根据国家经济适用住房建设计划安排建设的住宅，由国家统一下达计划，用地一般实行行政划拨的方式，免收土地出让金，对各种经批准的收费实行减半征收，出售价格实行政府指导价，按保本微利原则确定。

房改房，是指城镇职工根据国家和县级以上政府有关城镇住房制度改革政策的规定，按照成本价或标准价购买已建公有住房。按成本价购买的，房屋所有权归职工个人所有；按标准价购买的，职工拥有部分房屋所有权，一般5年后归职工个人。

共有产权房，是指地方政府让渡部分土地出让收益，然后以低价配售给符合条件的保障对象家庭的房屋。保障对象与地方政府签订合同，约定双方的产权份额以及共有产权房将来上市交易的条件和所得价款的分配份额。

公租房，即公共租赁住房，是指由国家提供政策支持，各种社会主体通过新建或者其他方式筹集房源、专门面向中低收入群体出租的保障性住房，是国家住房保障体系的重要组成部分。公共租赁住房不归个人所有，而是归政府或公共机构所有，用低于市场价或者承租者承受得起的价格，向新就业职工出租，包括一些刚毕业的大学生，还有一些从外地迁移到城市工作的群体。

2. 按时间分类

房地产按时间可分为期房和现房。

期房，即预售商品房，是指从开发商取得“商品房预售许可证”可以公开发售开始，直至取得不动产权证的商品房。购房者购买预售商品房时应签订“商品房预售合同”。一般情况下，期房的价格较低，挑选余地大，但是由于是先付款后交房，因此购房消费的过程和结果要依赖于购房合同约定的权利义务的履行。

现房，是指购房者在购买时已经整体竣工并通过交付标准的各项验收，可以正式入住的商品房，即开发商已办妥“不动产权证”的商品房。购房者在购买现房时应签订“商品房买卖合同”。

房地产的分类如图 5-1 所示。

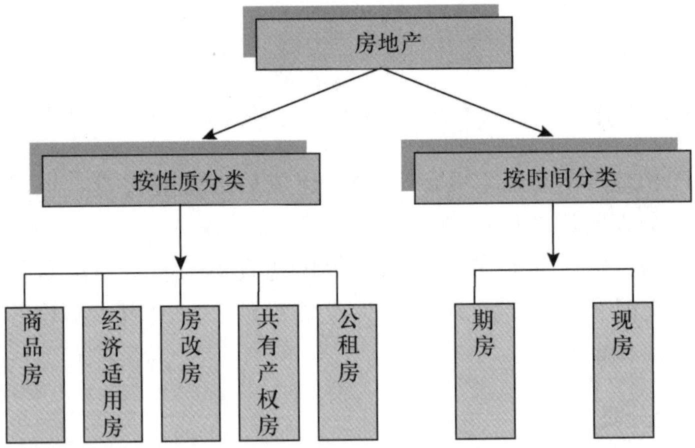

图 5-1　房地产的分类

二、房地产投资

（一）房地产投资的概念

房地产投资是以获取期望收益为目的，将货币资本投入房地产开发、经营、中介服务和房地产金融资产的经营活动。房地产投资同时涉及房地产与金融资产的组合安排，因此，房地产投资一方面表现为实物资产的投资活动，另一方面又表现为金融资产的投资活动。

（二）房地产投资的方式

个人投资房地产的方式包括以下六种：

1. 直接购房

投资者用现款或分期付款的方式直接购置房屋，既可自住，也可出租或出售以获得利润。这种投资方式适合资金实力较强的家庭。

2. 以租代购

投资者签订购租合同，租户可在一定期限内购买此房，并以租金抵消部分房款。这种投资方式适合前期资金不够，以后收入增加有能力购买房产的家庭。

3. 以租养贷

投资者贷款购买住房，然后出租此房屋，以房屋的租金来偿还贷款，贷款还清后将完全拥有此住房。这种投资方式适合当前已有相当数量的资金，但以后收入可能不稳定的家庭。

4. 买卖楼花

购买预建的楼盘（可能两三年后才能建成）成本较低，如果房价上升，可卖出获利。购买楼花的风险较大，这种投资方式适合风险承受力较强、激进型的投资者。

知识拓展

楼花

“楼花”一词最早源自我国香港，地产物业市场的一个名词，是一种投资工具——不动产期货，是指尚未竣工的商品房在施工阶段（完工25%以上）就推向市场销售。

预售商品房也称楼花、期楼。如果把开发公司已建成的房屋看成建设完成后的果实，那么开发公司正在建设而未完成的建筑物则可看作这一果实的花。由此进一步引申出买“楼花”、卖“楼花”、炒“楼花”等。一般称卖“楼花”为预售房屋，买“楼花”为预购房屋。买卖“楼花”存在的风险要比投资现房的风险大。

5. 房地产投资券

房地产投资券是房地产开发公司发行的一种投资收益凭证，发行人依照法定程序发行，持有人凭以获取特定房地产为标的的有价证券。购买房地产投资券到期可得本息，这种方式实际上不通过房屋的租售来获利，它相当于债券，流动性好，收益稳定。

6. 房地产证券

广义的房地产证券是以房地产为对象而发行的证券，主要包括房地产股票、房地产债券、房地产基金等，是房地产业利用资本市场直接融资的重要工具。狭义的房地产证券是指通过发行证券，将小资金汇集后购买房地产或产权单位，所购房地产可统一通过管理机构出租，从租金中分得利润。房地产证券投资方式适合小额投资者。

随堂思考：如果投资房地产，你会选择哪种方式？

（三）房地产投资的优缺点

1. 房地产投资的优点

（1）具有保值功能。房地产是一种耐用消费品，与其他消费品相比，价格相对稳定。

（2）具有增值功能。由于受土地资源的稀缺性、不可再生性以及居民生活水平提高等因素的影响，整个社会对房地产的需求长期处于上升趋势。因此，房地产投资具备增值功能。

（3）相对可观的收益率。投资房地产的收益主要来源于持有期的租金收入和买卖价差。一般来说，投资房地产的平均收益率要高于银行存款和债券，并仅次于投资股票的收益率。

（4）财务杠杆效应。房地产投资的财务杠杆效应体现在可以通过借入资金来使房地产投资收入最大化。房地产是一种实物资产，因此可以用所购买的房地产为抵押，申请住房按揭贷款，从而用较少的资金获取较高的收益。个人房地产投资财务杠杆效应如表5－1所示。

表5－1　个人房地产投资财务杠杆效应表

比较项	不使用杠杆	使用杠杆
所有者投入额	1 000 000元	300 000元（三成首付）
借款额	0	700 000元
总投资	1 000 000元	1 000 000元
收益（买卖价差，扣除税费）	200 000元	200 000元
利息支出	0	70 000元（利率10%）
净收益	200 000元	130 000元
投资回报率	20%	43.33%

2. 房地产投资的缺点

（1）缺乏流动性。房地产投资最大的缺点是流动性不强，即不易变现。一般出售或出租都需要花一定的时间和精力去寻找合适的交易对象。另外，房地产转让有很高的交易成本，有时为了快速变现，可能会损失收益甚至亏本。

随堂思考：如何规避房地产投资流动性较差的风险？

解析：为了减少这种风险，一般考虑将房地产投资作为投资组合的一部分，而非全部；另外，投资人急需资金时，可以考虑利用房地产抵押贷款筹集资金。

（2）投资金额比较高。房地产的投资金额起点都比较高，动辄数十万元，甚至上百万元。

（3）政策风险。房地产投资是一项政策性很强的经济活动，土地政策、城市规划、房地产税收、租金管制等的变化都可能给房地产投资带来一定的风险。

（4）道德风险。开发商违规、欺骗购房者，如房屋的质量存在问题、购房合同的不公正、房屋产权的不清晰等都可能会给房地产投资者带来损失，投资者购买时应慎重考虑。

（四）房地产价格的基本构成要素

我国商品房的价格一般由五大要素构成：

1. 土地成本

在房地产开发过程中，开发商需要首先获得土地的使用权，然后才能开展房地产开发和经营。土地成本主要由土地出让金、土地拆迁整治费用、城市建设配套费、征地费、拆迁和安置费用等构成。一般来说，土地成本约占房价的30%。

2. 房屋建造的成本

这部分成本包括勘探设计，前期工程费及建筑、安装成本。一般来说，这部分成本约占房价总额的40%。由于建筑材料、劳动力价格的刚性，这部分成本相对比较透明，波动相对较小。

3. 开发商的利润

这部分相对来说不透明，因为开发商可以通过财务运作，在一定范围内“调整”利润。据统计，房地产开发商的销售毛利至少占房价的15%～18%。

4. 税费支出

这部分支出主要包括管理、销售、财务费用以及有关的税费。其中管理费根据城市地域特点一般为房价的2%～3%；前、中、后期的营销和宣传支出主要包括广告投放、售楼处建设维护以及相关的人力费用，约占房价的8%；财务费用受到杠杆作用水平的影响较大，波动也较大；税金包括增值税、所得税、契税、城市维护建设费、教育费附加、印花税等。税费支出部分占房价的15%～20%。

5. 其他支出

其他支出中，有很大一部分是不可预见的费用及风险，例如，由于市场或政策变化而带来的土地成本、建造成本、市场售价、开发周期、贷款利率等方面的变化。一般来说，不可预见的费用可能占到房价的5%。

（五）影响房地产价格的因素

影响房地产价格的因素可分为一般因素、区域因素和个别因素。

1. 一般因素

一般因素是指影响一定区域内所有房地产价格的一般的、普遍的、共同的因素，具体包括以下四类因素：

（1）经济因素，包括经济发展因素、财政金融因素、产业结构因素。

（2）社会因素，包括人口因素、家庭规模因素、房地产投机因素、教育科研水平和治安因素、社会福利因素。

（3）行政因素，包括土地使用制度与住房制度、地价政策，城市规划、土地利用规划、城市发展战略，税收制度、投资倾斜、优惠政策，行政隶属关系变更，交通管制。

（4）心理因素。

2. 区域因素

区域因素是指某一特定区域内的自然条件与社会、经济、行政、技术因素等产生的区域性特征。影响房地产价格的区域因素包括：商服繁华因素、道路通达因素、交通便捷因素、城市设施状况因素、环境状况因素。

3. 个别因素

个别因素分为土地个别因素与建筑物个别因素，是指宗地或具体房产的特征对价格产生影响的因素。

土地个别因素包括：区位因素，面积因素、宽度因素、深度因素，形状因素，地力因素、地质因素、地势因素、地形因素，容积率（是指一个小区的总建筑面积与用地面积的比率）因素，用途因素，土地使用年期因素等。

建筑物个别因素包括：面积、结构、材料等，设计、设备等是否良好，施工质量，法律限制，建筑物是否与周围环境相协调。

（六）房地产投资价值评估

房价是否合理，国际上一般主要通过三个指标来测算，大致估算其价值。

1. 房价收入比

一个国家（地区）的平均房价收入比通常用一套房屋的平均价格与家庭年平均总收入之比来计算。计算公式为：

房价收入比＝每户住房总价÷每户家庭年总收入

若某城市一套三环以内普通两居室新房 80 平方米，按均价 18 000 元/平方米计算，平均 150 万元左右；假设家庭年总收入为 10 万元，由此推算房价收入比为 15。房价收入比越高，越要花更长的时间来买房，说明房价偏高，风险就相应较高。

合理的房价收入比数值的确定，可参考国际常规数据，如世界银行和联合国人居中心分别得出的“合理的住房价格”支出，应该为每个家庭 3～6 年和 4～6 年的收入。

案例阅读

2024 上半年百城房价收入比跌破 11，一线城市降幅扩大

1. 2024 上半年百城房价收入比跌破 11，购房压力逐步缓解

根据诸葛数据研究中心监测 100 个重点城市来看，2024 上半年房价收入比为 10.6，相比 2023 年下滑 7.4%，降幅与上年持平。尽管房价收入比持续刷新低，但当前水平仍远超国际惯例的合理区间。

从组成部分来看，2024 上半年百城房价均价为 14 423 元/平方米，较 2023 年下跌 4.1%，跌幅较上年扩大 0.4 个百分点；百城居民人均可支配收入较 2023 年增长约 3.5%。2024 年不得不提的是持续下行的房价走势，“以价换量”渐成常态。由于房价的去泡沫，以及居民收入水平的稳步上升，房价收入比继续下降，居民购房压力进一步减轻。

房价收入比一降再降，表面来看购房压力得到初步缓解，深层次来看，市场结构发生改变，近两年房价收入比下降的原因已与 2022 年以前截然不同，2022 年以前房价收入比下降系居民收入增速远远大于房价上涨速度，近两年的下降主要原因则是房价下跌，同时居民收入增速明显放缓。长期来看，房价持续性下跌并不是一个好现象，冲击市场信心，因此，无论是发展地方经济还是缓解购房压力，改善就业环境、提高居民收入至关重要。

2. 一线城市房价收入比畸高，二线城市降幅最大

从各等级城市房价收入比及其变化来看，2024 上半年各线城市房价收入比继续全降，二线城市降幅仍然最大。数据显示，一线城市 2024 上半年房价收入比为 26.3，较

2023 年下降 7.6%；二线城市房价收入比为 11.2，较 2023 年下降 8.4%；三四线城市房价收入比为 7.9，较 2023 年下降 5.8%。

从房价收入比绝对值来看，一二线城市购房压力大于三四线城市，原因主要在于，核心一二线城市优质公共资源富集，产业特别是高端产业高度集聚，促使人口长期呈流入状态或保持集聚，需求增长推高房价，而且核心城市的房子不仅具有居住功能，还捆绑了一系列的优质资源，更是大大增加了房价的附值空间。

再从房价收入比变化来看，2024 年上半年一二线城市的降幅也是大于三四线，主要系房价下行主力转变的影响，2023 年一线城市房价维持涨势，二线、三四线下跌。然而进入 2024 年，各线城市房价首次陷入全跌局面，并且一二线城市跌幅更大，三四线房价跌幅收窄，这一变化或与今年核心一二线城市政策松动频次及力度增加有关，业主推盘信心上升，房源供应量上升，“降价跑量”也更为明显。三四线城市则因本身限制性政策较少或政策大范围放松更早，房价能够迅速适应市场新状态，下行速度略有放缓，房价收入比降幅也有所收窄。

除从城市能级的角度来看外，房价收入比的地域分布特征也较明显，高收入比城市大多集中在沿海地区，或因当地贸易产业强势崛起，经济发展长期领先，居民的购买力上升会直接推高房价水平。

2. 租金乘数

租金乘数即房价租金比，是用房屋总价除以每年的租金，国际上一般以 12～15 倍为宜。如果一处房产的租金乘数超过 15 倍，很可能会带来负现金流，就不值得投资了。需要注意的是，此方法未考虑房屋空置与欠租损失及营业费用、融资和税收的影响。计算公式如下：

租金乘数＝房价总额÷每年潜在的租金收入

3. 月收入的房贷最大可负担比率

一般认为，月收入的 1/3 是房贷按揭的一条警戒线，越过此警戒线，将出现较大的还贷风险，并可能影响生活质量。如果该比例超过 50%，就会严重影响购房者的正常生活。

任务实施

首先，郑小姐应适当预留资金以应对不时之需，保持资金的流动性。其次，郑小姐应分散投资，主要是为了控制购物欲望，把每月工资的一部分用于稳妥性投资，未雨绸缪。最后，郑小组要选择恰当的时机购房。具体方案如下：

一、控制支出，利用“7 天理财”储蓄

郑小姐要清楚地了解钱的去向，最好的办法就是建立一个账本，逐笔记账，并且每月通过定投方式将部分资金先行划出工资账户，签约时做到“基金定投扣账”时间在发工资之后的第二天，强制理财。建议郑小姐信用卡控制在两张以内，并适度消费。

由于郑小姐的生活支出、定投理财的支出需要以及家庭生活防范意外的预留资金需要，她既不能投资其他起存起点过高的理财产品，尽管她属于激进投资型人士，也不能用每月收入的全部去投资或买房。因此除去每月 4 000 元房租、2 000 元定投、3 000 元生活支出后，剩余的 1 000 元尽量不要存储成定期形式，而是存储一种流动性较强的“账户”，每 7 天计算一次周期利息，利息循环自动转入本金，实际年利息收入是同期活期存款的 2 倍多。由于存在加息可能，可随时支取、分段计息的“7 天理财”，无疑成为在收益性、流动性方面性价比最高的短期资金理财方式之一。等待账户中资金达到一定金额后，投资债券型基金。

二、基金定投

郑小姐存款的一部分可以做基金定投，可保证资金的流动性，方便支取，不影响利息收益。郑小姐每月开销较大，没有过多的资金，但她无债务负担，可适当做些开放式基金这样的风险性投资，只将每月月薪的一部分进行投资。定期定额这种方式每月自动扣除固定金额购买基金，省时省力，是郑小姐目前最佳的选择之一。

三、暂缓几年购房

建议郑小姐购房“趁早”，但要符合自己的经济实力。买房未必要一次到位，要结合自己的经济实力量入为出。作为“月光族”，她每月还银行贷款可以起到“强制储蓄”的作用，如果以后置业升级的话，小的房子可以出租或出售，可成为另一项资产。郑小姐要充分考虑房产的地理位置、周边配套设施等。根据她的财务状况，她购置 30～50 平方米的房屋为宜。郑小姐今年 27 岁，若日后结婚也可作为夫妻之房产，如对方另有住房即可将房屋出租，以租养贷。地理位置的好坏决定着出租价格的高低，因此购房时要慎重挑选楼盘，贷款形式为 20 年八成按揭贷款即可。

四、保险不可缺

像郑小姐这样的年轻白领需要健康险和意外险的庇护。理财的首要目的就是保障，郑小姐投资保险可以保障生活、预防意外。郑小姐目前虽然单身，但人身保障不能忽视，建议在社会保障以外增加适当的人身意外险。如果郑小姐购房，随着贷款的增加，保额也需相应增加。此外，建议她定期进行检查，若家庭、事业有重大变化，要及时调整。

实训练习

一、知识训练

1. 课堂讨论题

(1) 什么是房地产？房地产的分类有哪些？

(2) 什么是房地产投资？房地产投资的方式有哪些？

(3) 分析房地产投资的优缺点。

（4）我国房地产的价格由哪些要素构成？影响房地产价格的因素有哪些？

（5）国际上一般通过哪些指标来测算房价是否合理？

2. 判断题

（1）购房者购买预售商品房时应签订“商品房买卖合同”。（　　）

（2）投资者贷款购买住房，然后通过出租此房屋的租金来偿还贷款的方式适用于开始时资金不够，以后收入增加、有能力购房的家庭。（　　）

（3）房地产投资具有财务杠杆效应。（　　）

（4）房地产投资最大的缺点是不易变现。（　　）

（5）国际上的租金乘数一般以12～15倍为宜。（　　）

3. 单项选择题

（1）相当于期货功能的个人投资房地产方式是（　　）。

A. 以租代购　　B. 以租养贷　　C. 买卖楼花　　D. 房地产投资券

（2）影响房地产价格的人口因素属于（　　）。

A. 经济因素　　B. 社会因素　　C. 行政因素　　D. 心理因素

（3）一般认为，月收入的（　　）是房贷按揭的一条警戒线。

A. 1/6　　B. 1/4　　C. 1/3　　D. 1/2

二、技能实训

1. 东部某城市房价均价为8 000元/平方米，某家庭年收入80 000元，欲购买普通两居室80平方米的房子，请计算房价收入比，并据此评估该城市的房地产投资价值。

2. 中部某城市房价均价为6 000元/平方米，100平方米的房子月租金约为2 000元，请计算租金乘数，并据此评估该城市的房地产投资价值。

课后自检

1. 任务一的知识点：

____

____

2. 任务一的技能点：

____

____

3. 我掌握了哪些知识和技能？

____

____

任务二　编制个人住房规划

学习目标

◇ 认识个人住房规划
◇ 能够测算个人支付能力
◇ 能够选择适合的住房抵押贷款
◇ 能够准确计算住房抵押贷款的还款金额
◇ 能够编制住房规划

素养目标

◇ 通过公积金贷款制度的学习，感受中国共产党的领导及社会主义制度的优势，树立民族自豪感，培养家国情怀和民族认同感，坚定“四个自信”，激发个人的使命担当

任务描述

张先生，24 岁，本科毕业，外企技术人员，月收入 5 000 元，每月房租 800 元，其他费用 1 200 元；现有银行活期存款 7 万元，无负债；计划在 2 年后买房，5 年后买车。

任务分析

一、张先生财务状况分析

（1）张先生每月可储蓄 3 000 元，储蓄率＝60%，收支基本合理。
（2）张先生目前资产较少，因此要为购车和购房计划做好储蓄计划。
（3）现有资产全部是活期存款，有必要合理配置以提高收益。
（4）张先生需要购买保险。

二、住房计划分析

（1）考虑租房成本、房价水平等因素，做出租房或购房的选择。

（2）单身期间住房不必太大，可选择经济实用的单身公寓或小户型，待未来收入提高或结婚成家时再换较大的住房。

（3）购房时善用银行住房贷款，发挥融资杠杆效应。

（4）贷款购房时房屋价值的确定应考虑自己支付首期款及未来还款能力，不要使债务负担过高。

任务精讲

一、什么是住房规划

住房规划包括租房、购房、换房与房贷规划，规划是否适宜会影响个人/家庭整体财务状况与现金流量，必须相当慎重。个人/家庭住房规划流程如图 5-2 所示。

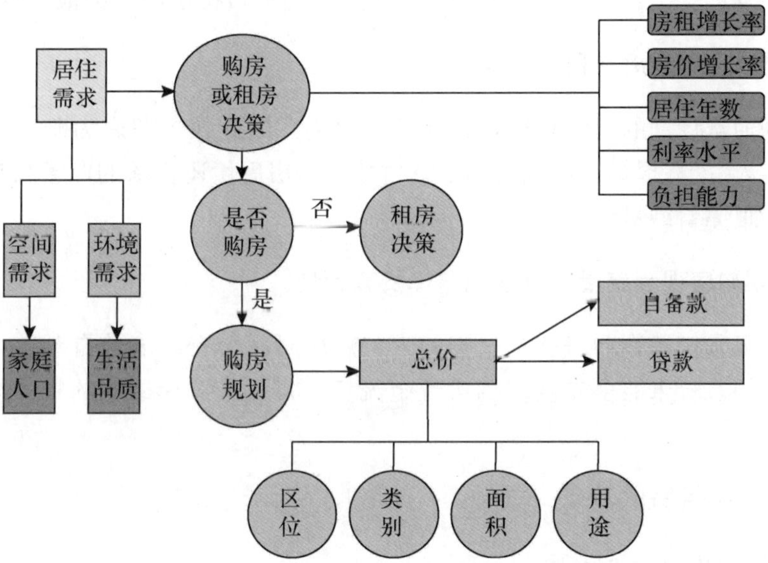

图 5-2　个人/家庭住房规划流程

个人/家庭既可以根据生涯规划循序渐进地购房、换房，也可以累积足够资金后，一次完成购房梦想。购房不像子女教育与退休那样具有不可替代性，对资金不充裕的人而言，租房也是不错的选择。

二、进行住房规划的原因

随着住房商品化政策的推行，个人住房支出在家庭消费支出结构中所占的比重越来越高。如何规划住房支出成为人们越来越关心的问题，对这方面的理财需求也正在逐步增加。

住房规划的重要性体现在以下几个方面：

（一）防止房屋购入后无力负担按揭贷款

在衡量房贷按揭的负担能力时，必须考虑还贷金额占家庭月收入的比例。房屋月供款占借款人税前月总收入的比率一般不应超过33%；房屋月供款加上其他10个月以上贷款的月供款得到的总额占借款人税前月总收入的比率，一般应控制在40%以内。

此外，还要考虑每年总会有些意外支出影响房贷支付能力。对于工作收入会随业务量大幅变化的人来说，应以较保守的收入来衡量贷款负担能力，从而稳健购房。

（二）拟订合理的住房计划

由于个人/家庭在生命周期的不同阶段对居住有不同的需要，因此购房时要配合负担能力，根据家庭生命周期循序渐进地购房、换房。例如，成家前或新婚族的首次购房，以小套房、小户型两居室为主，使用3～5年，当小孩出生时或小孩长大后便可考虑换购三居室，注重小学、中学学区、生活品质与生活功能。退休后子女已搬出，可换购较小面积但可兼顾医疗、休闲、景观的银发族住宅，释放出部分资金满足退休以后的生活需求。如果好高骛远一次性购买大房子居住，不但会增加负担，而且会浪费空间。

（三）迫使个人/家庭有目的地储蓄

购房规划通常计划的时间较短，多在5年以内，因此在短期内为购房需求而储蓄的压力较重。个人/家庭根据购房规划制定首付款及购房后偿还贷款的储蓄目标，可以达到控制消费、强迫储蓄的目的。

（四）规划购房现金流量，科学地选择贷款计划

越早开始每月储蓄作购房基金投资的人，购房时就会有越多的自备款，会相对减轻未来的贷款负担。若未能事先规划购房现金流量，将无法选择最低的贷款配合，且增加房贷负担。

三、购房或租房的决策

（一）购房与租房的优缺点

购房与租房的居住效用相近，但各有利弊，购房与租房的优缺点如表5-2所示。

表5-2　购房与租房的优缺点

类型	优点	缺点
购房	对抗通货膨胀；强迫储蓄累积实质财富；提高居住质量；满足拥有自宅的心理效用；提供居住效用与资本增值的机会	缺乏流动性，要换房或变现时，可能要被迫降价出售；维持成本高；有赔本损失的风险，包括房屋毁损风险、房屋市场价格整体下跌的系统风险与所居住社区管理不善造成房价下跌的个别风险

续表

类型	优点	缺点
租房	有能力使用更多的居住空间；比较能够应对家庭收入的变化；资金较自由，可寻找更有利的运用渠道；有较大的迁徙自由度；瑕疵或毁损风险由房东负担；税负较轻；不用考虑房价下跌风险	有非自愿搬离的风险；无法按照自己的期望装修房屋；房租可能增加；无法运用财务杠杆追求房价差价利益；无法通过购房强迫自己储蓄

（二）购房或租房的决策方法

购房或租房的具体决策，牵涉到拥有自己房产的心理效用与对未来房价的预期，并且与个人偏好、个人的财务状况等因素息息相关。购房者可期待房地产增值的利益，而租房者只能期待房租不要随时上涨。即使是同一个标的物可租可售时，不同的人可能会在租房与购房之间做出不同的选择。购房或租房的决策方法主要包括年成本法和净现值法。

1. 年成本法

年成本法是指通过比较购房与租房的年成本，选择成本较小的方式的一种决策方法。

购房的使用成本主要是首付款与房屋贷款利息（不考虑诸如物业费等使用成本），公式如下：

购房年成本＝首付款×机会成本率＋贷款余额×贷款利率
　　　　　　＋年维修费及税金＋折旧

租房的使用成本为房租和租房押金的机会成本。公式如下：

租房年成本＝租房押金×机会成本率＋年租金

购房后总价固定，如果贷款利率不变，随着每年还款，贷款余额逐渐减少，因此，购房年成本逐渐降低，如果将来房租不断上涨，则租房年成本逐渐上升。

随堂思考：某地区一套100平方米的房子，均价每平方米10 000元。如果购房，需要首付30万元，另贷款70万元，贷款利率为7%，房屋每年折旧2%。如果租房，每月租金为4 000元，押金3个月。假设购房首付款和租房押金的机会成本为5%。

请使用年成本法做出购房与租房决策。

解析：购房与租房成本分析如下：

购房年成本＝300 000×5%＋700 000×7%＋1 000 000×2%
　　　　　＝15 000＋49 000＋20 000＝84 000（元）

租房年成本＝4 000×12＋4 000×3×5%＝48 000＋600＝48 600（元）

租房年成本较购房年成本低35 400（84 000－48 600）元，月差2 950元，因此租房。

但是，年成本法只是基于当前状况的一个比较，在进行购房或租房决策时还应考虑将来的其他因素的改变，例如，房租的变化趋势、未来房价涨跌的预期、房贷利率走向，等等。

2. 净现值法

净现值法是指在固定的居住期间，将购房及租房的现金流量还原至现值，比较两者现值的一种决策方法。计算公式如下：

$$NPV=\sum_{t=0}^{n}\frac{CF_t}{(1+i)^t}$$

其中，NPV 为净现值；t 为年份数；CF_t 为各年的净现金流；i 为折现率。

计算净现值时只考虑现金流量，在年成本法中计算的租房押金利息与购房折旧成本由于并非实际现金流出，所以不作为现金流出；在年成本法下，房贷只计利息，在净现值法下，房贷计算的是本利平均摊还额。

如果不考虑在同一个地方住 3 年以上，最好还是考虑租房。因为，3 年间房租上涨的幅度一般会低于房贷利息的负担，若购房者装修后又只住 3 年，折旧成本太高。

如果频繁换房的话，房屋的交易成本，如中介费用、契税、土地增值税等合计也要占房价的 3%以上，再加上购买的住宅会比租房装修费用高，除非房价 3 年间大幅上涨，否则计入中介及装修等费用后的净现值流出一般会比租房高。

（三）购房或租房决策的影响因素

购房或租房决策的影响因素包括：

（1）房租增长率。房租增长率越高，购房越划算。

（2）房价增长率。房价增长率越高，购房越划算。

（3）居住年数。居住时间越长，购房越划算。

（4）利率水平。利率水平越高，租房越划算。

（5）房屋的持有成本。房屋的持有成本越高，租房越划算。

（6）租房押金。押金水平越高，购房越划算。

四、个人购房支付能力的测算

若决定购房，个人/家庭就要衡量目前的支付能力，根据计划购房的时间、房屋坐落、房屋面积及购房者的经济能力等，测算可负担的房价，决定买哪种类型的住房。具体方法包括年收入概算法和目标精算法。

购房能力评估

（一）年收入概算法

年收入概算法用于测算可负担房价。购房前首付款的筹备与购房后贷款的负担，对家庭现金流量与生活水准的影响长达数十年。个人/家庭要注意不能陷入低首付款的陷阱，买自己负担不起的房子。我们可以通过下列公式概算可负担的房屋总价。

可负担首付款＝目前年收入×负担首付的比率上限×年金终值系数（n＝距离购房年数，r＝投资报酬率或市场利率）＋目前净资产×复利终值系数（n＝距离购房年数，r＝投资报酬率或市场利率）

可负担房贷＝目前年收入×复利终值系数（n＝距离购房年数，r＝预估收入成长率）×负担首付的比率上限×年金现值系数（n＝贷款年限，r＝房贷利率）

可负担房屋总价＝可负担首付款＋可负担房贷

可负担房屋单价＝可负担房屋总价÷需求面积

随堂思考： 方先生年收入6万元，预估收入成长率为6%，40%为储蓄首付款的比率上限。目前净资产为10万元，打算5年后购买面积为80平方米的房子，投资报酬率为8%，贷款年限为20年，利率为7%。方先生可负担的房屋总价和房屋单价各是多少？

解析： 可负担首付款＝60 000×40%×5.867（$n=5$，$r=8\%$的年金终值系数）＋100 000×1.469（$n=5$，$r=8\%$的复利终值系数）

＝140 808＋146 900＝287 708（元）

可负担房贷款＝60 000×1.338（$n=5$，$r=6\%$的复利终值系数）×40%×10.594（$n=20$，$r=7\%$的年金现值系数）＝340 195（元）

可负担房屋总价＝287 708＋340 195＝627 903（元）

可负担房屋单价＝627 903÷80＝7 849（元）

（二）目标精算法

按想要购买的房屋总价计算每月需要负担的费用：

欲购买房屋总价＝房屋单价×需求面积

需要支付的首付款＝欲购买房屋总价×(1－按揭贷款成数比率)

需要支付的房贷＝欲购买房屋总价×按揭贷款比率

每月偿还的贷款本息＝需要支付的贷款部分÷年金现值系数（n＝贷款年限，r＝房贷利率）÷12

随堂思考： 李先生所在城市房屋均价为8 000元/平方米，李先生欲购买100平方米的房子作为婚房，按现行政策，可三成首付、七成贷款，贷款年限20年，贷款利率为7%。请计算李先生购买房屋后每月需负担的费用。

解析： 欲购买的房屋总价＝8 000×100＝800 000（元）

需要支付的首付款＝800 000×30%＝240 000（元）

需要支付的房贷＝800 000×70%＝560 000（元）

每月偿还的贷款本息＝560 000÷10.594（$n=20$，$r=7\%$的年金现值系数）÷12

＝4 405（元）

案例阅读

年轻人要分步置业

口前，多家媒体披露北京首套房贷者的平均年龄只有27岁，比发达国家要快一代人的时间。年轻人工作年限不长，经济积累比较有限，因此采用分步置业的办法较好，置业最好买小户型。为此提几点具体建议供参考：

（1）我们买房前要清算一下自己现有的现金流，包括存款、现金、可以套现的股票等。我们根据现金流，考虑付款方式和所能支付的首付款，从而考虑所购买的房子的总价。

（2）计算购房后的家庭收支状况。计算时，收入应侧重固定可靠的来源，如工资、银行存款利息、债券利息等；支出包括月供、物业管理费、水电费、电话费、正常生活开支、娱乐教育费用、父母医疗费用等。如果年轻夫妻准备买房后“添丁加口”，一定还要预留一大笔费用。

（3）年轻人购房不以区域作为主要依据，考虑更多的是交通、生活便利性，如在公交线路多、有轨道交通或规划远景的地方买房，这些地方房子的单价、总价相对较低。

（4）建议以小户型为考虑对象，两居室是更为合适的选择，一间可作为书房使用，以后可作为儿童房，实用性更强。在经济允许的情况下，或待手头宽裕后，再购买大一些的户型。

（5）要考虑教育因素。现在买的房子多数是期房，一年多时间后才能住进去，到时候年轻人还是要考虑结婚、生小孩。因此，年轻人一定要在幼儿园、小学附近买房。

（三）购房能力评估计算器

评估购房能力时可利用网上的购房能力评估计算器计算，示例如图 5－3 所示。

购房资金:	万元	包括现金、存款、有价证券和可以筹措到的资金总和
月 收 入:	元	现家庭月收入
购房支出:	元/月	预计家庭每月可用于购房支出
还款年限:	年	您期望偿还贷款的年限
房屋面积:	平方米	您的计划购买房屋面积
Reset		
计算结果:		
房屋总价:	元	您可购买的房屋总价
房屋单价:	元/平方米	您可购买的房屋单价
契　　税:	元	房屋的实际成交价格高于同级别土地上住房平均交易价格的1.2倍以上，契税按3%收取
维修基金:	元	公共维修基金
首 付 款:	元	保　险　费: 元
律 师 费:	元	抵押登记费: 元

图 5－3　购房能力评估计算器

五、个人房屋抵押贷款

个人房屋抵押贷款是指借款人以本人名下的房产做抵押，向贷款人申请用于个人合法合规用途的人民币担保贷款，用途包括个人购房、购车、消费、经营及其他合规合法用途。个人房屋抵押贷款包括个人住房公积金贷款、商业银行个人住房贷款、组合贷款。

（一）个人住房公积金贷款

住房公积金是指国家机关、国有企业、城镇集体企业、外商投资企业、城镇私营企业及其他城镇企业、事业单位及其在职职工缴存的长期住房储金。建立职工住房公积金是我国推行住房制度改革的一项措施，目的在于由国家、集体、个人三方共同负担，解决职工住房困难。

住房公积金贷款是指由各地住房公积金管理中心运用住房公积金，委托银行向购买、建造、翻建、大修自住住房的住房公积金缴存人和在职期间缴存住房公积金的离退休职工发放的贷款。住房公积金贷款须由借款人或第三人提供符合各地住房公积金管理中心要求的担保。担保方式有抵押加一般保证、抵押加购房综合险、质押担保、连带责任保证等。

住房公积金贷款的类别有：新房贷款、二手房贷款、自建住房贷款、住房装修贷款、商业性住房贷款转公积金贷款等。值得注意的是，不是所有的公积金中心都提供以上类别的贷款，因此购房前需要先咨询当地住房公积金管理机构。

在目前的政策下，确实需要购置房产的家庭，建议尽可能采取公积金贷款的策略。各地住房公积金管理中心的具体规定不尽相同，下面以北京地区为例介绍住房公积金贷款申办的流程，贷款利率、期限、额度的具体规定，借款人的条件及公积金贷款的条件等，以供参考。

1. 住房公积金贷款资格条件

借款申请人申请个人公积金住房贷款，应符合以下条件：

（1）借款申请人申请时应连续缴存住房公积金半年（含）以上且本人住房公积金账户处于正常缴存状态；离退休人员，离退休前曾经缴存过住房公积金。

（2）借款申请人须具有北京市购房资格；申请住房公积金个人住房贷款支付所购住房的房款。

（3）借款申请人夫妻名下没有未还清的住房公积金个人住房贷款（含政策性贴息贷款）。

（4）借款申请人夫妻名下已有的贷款记录（包括商业性住房贷款、住房公积金个人住房贷款）及本市住房情况，应符合要求；同时，对于离婚日期为 2017 年 3 月 24 日（含）以后的借款申请人，在离婚一年内申请住房公积金个人住房贷款的，按二套房贷款政策执行。

2. 住房公积金贷款利率、贷款额度及年限确定

自 2024 年 5 月 18 日起，1～5 年的首套住房贷款年利率为 2.35％；6～30 年的首套住房贷款年利率为 2.85％。5 年以下（含 5 年）和 5 年以上第二套住房贷款年利率分别为 2.775％和 3.325％。

如遇国家调整利率，对于已发放的期限在 1 年以上的住房公积金个人住房贷款，其利率在当年内不作调整，自下年度的 1 月 1 日起调整。例如：借款人申请的首套房住房公积金个人住房贷款在 2022 年 9 月 1 日放款，央行在 2022 年 10 月 1 日将首套房贷款年利率由 3.25％下调至 3.1％，则借款人自贷款发放之日至 2022 年末的贷款年利率按 3.25％执行，自 2023 年 1 月 1 日起贷款年利率按 3.1％执行。

对于已提出贷款申请但还未发放的住房公积金个人住房贷款，自贷款发放之日起执

行调整后的贷款利率。例如：借款人在2022年9月20日申请首套房住房公积金个人住房贷款，央行在2022年10月1日将首套房贷款年利率由3.25%下调至3.1%，借款人贷款发放日为2022年10月8日，则贷款年利率自贷款发放之日起按3.1%执行。

在具体确定借款申请人贷款额度时应根据最低首付款比例、最高可贷款额度、申请贷款期限、借款申请人缴存住房公积金年限、还款能力这些因素综合考虑。借款申请人购买第一套住房政策规定最高可贷120万元，根据户籍所在区域外迁购房，还可上浮10万～20万元。购买二套住房政策规定最高可贷60万元。同时，借款申请人最高可贷款额度要根据其具体情况计算得出。

住房公积金个人住房贷款期限一般最短为1年，最长为30年。具体到个人要结合借款申请人年龄和所购房屋的剩余使用年限来确定：

（1）根据借款申请人年龄计算出能够贷款的年限，即65岁减申请人申请时年龄；

（2）若购买二手住房，还需要根据所购房屋的剩余使用年限计算出能够贷款的年限，即建筑物耐用年限（砖混的为50年、钢混的为60年）减建筑物已使用年限再减3年。

以上述两个年限中较短的年限确定为可以贷款的最长年限。例如：申请人因购买二手房向北京住房公积金管理中心申请贷款，其年龄为40岁，配偶年龄为45岁，所购房屋为砖混结构，已使用23年。按年龄计算的贷款年限为25年，按所购房屋的剩余使用年限计算的贷款年限为24（50－23－3＝24）年，申请人最长贷款年限为24年。

3. 住房公积金贷款首付款比例的要求

2024年9月，中国人民银行行长宣布统一首套房和二套房的房贷最低首付比例，将全国层面的二套房贷款最低首付比例调至15%。

4. 住房公积金贷款的申办流程

借款申请人既可以到北京住房公积金管理中心贷款经办部门申请住房贷款，也可以通过个人网上业务平台、北京公积金App、京通小程序申请公积金个人住房贷款。具体申办流程，请登录相关平台查询。

5. 住房公积金贷款还款方式

住房公积金个人住房贷款发放后，借款人应按照借款合同约定的等额本息、等额本金或自由还款等还款方式按时足额偿还贷款，在还款过程中，还款方式无法变更。如果住房公积金个人住房贷款是以自由还款方式还款的，借款人可在不低于最低还款额的条件下，根据自身财务状况，自行安排还款进度。

采用自由还款方式的借款人可以通过个人网上业务平台、北京公积金App、京通小程序、12329客服电话、政务服务便民自助终端、贷款业务柜台调整月还款额。

随堂思考：在住房公积金自由还款方式下，怎样还款才能节省利息？

解析：在自由还款方式下，每月支付的利息是由当月剩余的贷款本金乘以当时的月利率，多还的均为本金，在下一月还款时就不再计算利息。所以，贷款人每月的还款越多，下月起支付的利息就越少。

6. 住房公积金贷款逾期的处理

对于2005年1月1日之前发放的住房公积金个人住房贷款逾期了，借款人应尽快将逾期贷款款项存入还款卡中，以备银行补扣。建议实存款项大于偿还逾期贷款款项，以防因银行扣收还款卡的年费等费用造成银行无法足额扣收逾期贷款款项。

对于2005年1月1日之后发放的，采用自由还款方式还款逾期了，借款人可以通过个人网上业务平台、北京公积金App、京通小程序、政务服务便民自助终端、贷款业务柜台等方式在非还款日偿还逾期贷款。

（二）商业银行个人住房贷款

商业银行个人住房贷款是指购房者以所购房屋作为抵押品而从商业银行获得贷款，购房者按照购房借款合同中规定的归还方式和期限分期付款给银行，银行按一定的利率收取利息。如果贷款者违约，银行有权行使抵押权或收回房屋。下面以工商银行为例介绍商业银行个人住房贷款业务。

1. 适用对象

借款人应是具有完全民事行为能力的自然人，年龄在18（含）～70周岁（含），并且具有良好的信用记录和还款意愿。

2. 特色优势

（1）贷款期限长——最长期限可达30年。

（2）贷款额度高——最高贷款金额可达到所购住房市场价值的70%。各地最高贷款成数与可贷额度存在差异。

（3）融资成本低——贷款办理过程中银行不收取费用。

（4）还款方式灵活——为借款人提供多种还款方式及特色还款服务，借款人可根据需求自由选择。

（5）贷款发放及时——在借款人提供有效阶段性担保的情况下，可在房产正式抵押登记前发放贷款。

（6）贷后服务便捷——为借款人提供便捷的还款、贷款要素变更等服务。

3. 申请资料

申请一手个人住房贷款，需要提前准备并提供以下资料：

（1）借款人及配偶的有效身份证件、婚姻状况证明。

（2）借款人户籍证明（居民户口簿或其他有效居住证明）。

（3）借款人经济收入证明及职业证明。

（4）借款人与房地产开发企业签订的《商品房销（预）售合同》或《购买商品房合同意向书》。

（5）房地产开发企业开具的首期付款的收据或发票复印件，或银行存款凭条。

（6）贷款人要求提供的其他文件或资料。

4. 贷款期限

贷款期限最长30年，且借款人年龄与贷款期限之和不超过75年。两个（含）以上共同借款人借款的，可按照满足贷款条件中年龄较小的借款人确定贷款期限。

5. 贷款利率

从2019年10月8日开始，个人商业性住房贷款利率由贷款基准利率变为贷款市场报价利率（LPR），所以贷款利率也会依据 LPR 做相应的调整。实际上，银行网点执行利率还会有所浮动，具体利率以最终合同签约为准。

2023 年 9 月中国工商银行发布，于 2022 年 5 月 14 日（不含当日）后发放的、执行 LPR 定价的浮动利率贷款，最低可调整至全国首套房贷利率政策下限，即相应期限 LPR－20BP，原贷款发放时所在城市首套房贷利率政策下限高于 LPR－20BP 的，按发放时所在城市首套房贷利率政策下限执行。

6. 还款方式与服务

个人一手住房贷款可采用以下还款方式：

（1）等额本息还款法。它是指在利率水平不变的情况下，贷款期每月以相等的额度平均偿还贷款本息。

（2）等额本金还款法。它是指在利率水平不变的情况下，每月等额偿还贷款本金，贷款利息随本金逐月递减。

（3）按周（双周、三周）还本付息还款法。这种方法以等额本息或等额本金还款法为基础，以 7 天或者 7 天的整倍数作为还本付息的周期，周期最短为 7 天，最长不超过 21 天（含）。

（4）“随心还”还款法。它是指在合同约定的还款期内，将以等额本息还款法计算的还款金额作为每期最低还款额，在此基础上可随意增加还款额，实现提前还款。

（5）“入住还”还款法。在购买产权房或购买与银行签订了按揭合作协议且开发商为贷款提供阶段性保证担保的期房时，可在所购房产入住之前，暂缓归还贷款本金，仅归还贷款利息。

目前最普遍、最常用的还款方式是等额本息还款法和等额本金还款法。等额本息还款法每月还款金额相同，对于贷款人来说，操作相对简单，每月承担相同的款项也方便安排收支。此法的缺点是利息不会随本金数额归还而减少，银行资金占用时间长，还款总利息较等额本金还款法高。等额本金还款法比较适合在还款初期还款能力较强的客户，如果希望通过初期多还款以缓解未来还款压力的话，可以选择这种还款方式。此外，如果还有其他特殊的还款计划需求，可以考虑商业银行提供的特色还款方式。

每期还款日一般为贷款发放日次月起的每期对应日；无对应日的，还款日为该期最后一日；最后一期还款日为贷款到期日。借款人也可根据自身收入状况选择固定的每期还款日，合理安排个人资金的收入与支出。

在借款合同约定的还款期内，还款日期可在约定还款日的基础上宽限 10 个自然日。

7. 操作指南

个人住房贷款业务一般流程如图 5－4 所示。

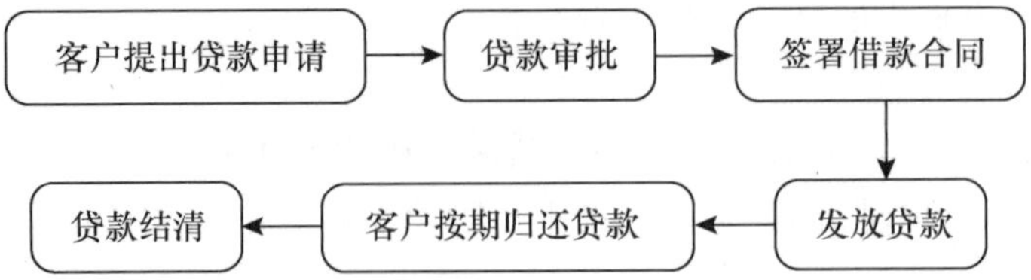

图 5－4　个人住房贷款业务一般流程

案例阅读

迟还房贷 11 次再贷款遭拒　信用记录不容忽视

刘先生定下了位于南城的一套新房，并且很快上缴资料要申请二套房贷款，但是他却接到开发商的通知，称由于他首套房还贷的时候有几次迟交记录，被银行拒绝了其贷款申请。

原来，刘先生三年前在东莞购买了一套二手房，每月供房款需要 3 000 元，但由于出差等原因，他有 11 次忘记按时归还贷款，特别是去年年底的一次，甚至迟了十几天才缴还了房贷，从而留下了不良信用记录，被银行拒绝了他的贷款申请。

刘先生为此很后悔，称自己由于对按时还贷不重视，造成了不良的信用记录，“还贷延迟时间基本上都是只推迟了一两天，有一次由于出差，迟了半个多月”。他说，有时候是由于工作忙，觉得迟一两天没有什么问题，没想到竟然留下了不良的信用记录。目前刘先生如果要继续购买这套新房，在不能贷款的情况下，只好一次性付完全款。“在没有足够房款的情况下，现在只好暂时停止购房。”刘先生无奈地告诉记者。

律师表示，借款人迟还房贷，要根据与银行签订的《借款合同》约定承担违约责任。除按合同的约定承担违约责任之外，银行还可以把借款人逾期还贷的情况记入中国人民银行个人信用信息基础数据库，从而影响借款人的个人信用。

8. 贷款结清

贷款结清包括正常结清和提前结清两种。正常结清是指在贷款到期日（一次性还本付息类）或贷款最后一期（分期偿还类）结清贷款；提前结清是指在贷款到期日前，提前部分或全部结清贷款，提前还款须按借款合同约定，提前向银行提出申请，由银行审批后到指定柜台还款。

知识拓展

如何变通巧省房贷

招数一：考虑提前还贷

如果你手头有余钱，就考虑一下提前还贷吧。提前还贷目前大致有三种方式：将剩余贷款保持每月还款额不变，期限缩短；或将剩余贷款每月还款额减少，还款期限不变；或将剩余贷款每月还款额减少，还款期限也酌情缩短。不过，如果你的资金有更好的投资渠道，可以获得更高的投资回报，就不必急着提前还贷。

招数二：变更还款方式

在利率长期保持稳定的情况下，等额本息还款方式更好一些。但在加息预期之下，采用等额本金还款方式可节约不少利息。等额本金还款方式由于在初期偿还较多款项，从而减少了利息的支出。目前大部分银行允许贷款者转换还款方式。不过，借款人在计算省多少利息的同时，也要考虑还款方式是否适合自己。

招数三：妙用“双周供”

所谓“双周供”，就是将原本按月支付的房贷改成每两周支付一次，两次扣款的总额基本相当于原来一次扣款的数额。借款人每月还款负担没有增加很多，但每年共有

26 个双周，“双周供”事实上每年要还 13 个月的贷款，且每月的上、下半月要各还一次贷款。通过加快每年的还款频率和还款总额，可以起到缩短还款时间和减少总利息额的效果。

提前还贷应注意：首先借款人要问清银行的要求，如是否要收违约金。借款人也要准备相关文件（如身份证、借款合同）到银行办理审批手续。借款人要及时退保及解抵押。借款人如果结清贷款的话，一定要及时携带不动产权证、结清证明和抵押在银行的其他权利证明去各区住建委办理解抵押。

随堂思考： 如果你有房贷，你会考虑提前结清吗？

解析： 是否提前结清贷款要视具体情况而定，如果目前在享受七折房贷利率优惠、等额本金还款已到中期、等额本息还款已过 1/3，或是具有其他投资机会，能获得超过房贷利率的收益，就没有必要提前结清贷款。对于房贷利率按基准利率执行的客户，在还款初期或者是手头资金足够支付尾款却没有其他投资渠道的，可提前还贷。

（三）组合贷款

个人住房组合贷款是指借款人申请的住房公积金贷款不足以支付购房所需资金时，其不足部分由银行提供配套的住房商业性贷款支付。

1. 贷款额度

组合贷款额度是指根据本人住房公积金月缴存额核定出住房公积金贷款的可申请额度，剩余款项再申请个人商业贷款。

2. 贷款期限

各地区住房公积金管理中心制定的贷款期限不同，贷款时可向当地住房公积金管理中心咨询。需要注意的是，组合贷款中公积金贷款部分与住房商业性贷款部分的贷款期限必须一致。

3. 贷款利率

组合贷款的商业性贷款部分按照商业银行个人住房商业贷款标准执行，住房公积金贷款部分按个人住房公积金贷款利率执行。

4. 还款方式

借款期限在 1 年（含 1 年）以内的，采用到期一次还本付息方法。借款期限在 1 年以上的，可采用等额本息还款法、等额本金还款法和当地住房公积金管理部门认可的其他还款方式。具体还款情况可以使用房贷计算器计算，如图 5－5 所示。

5. 操作指南

组合贷款业务一般流程如图 5－6 所示。

（四）贷款规划分析

1. 单身期

选房思路：选择租房或者购买 50～70 平方米的小户型，这样将来无论是换房还是转

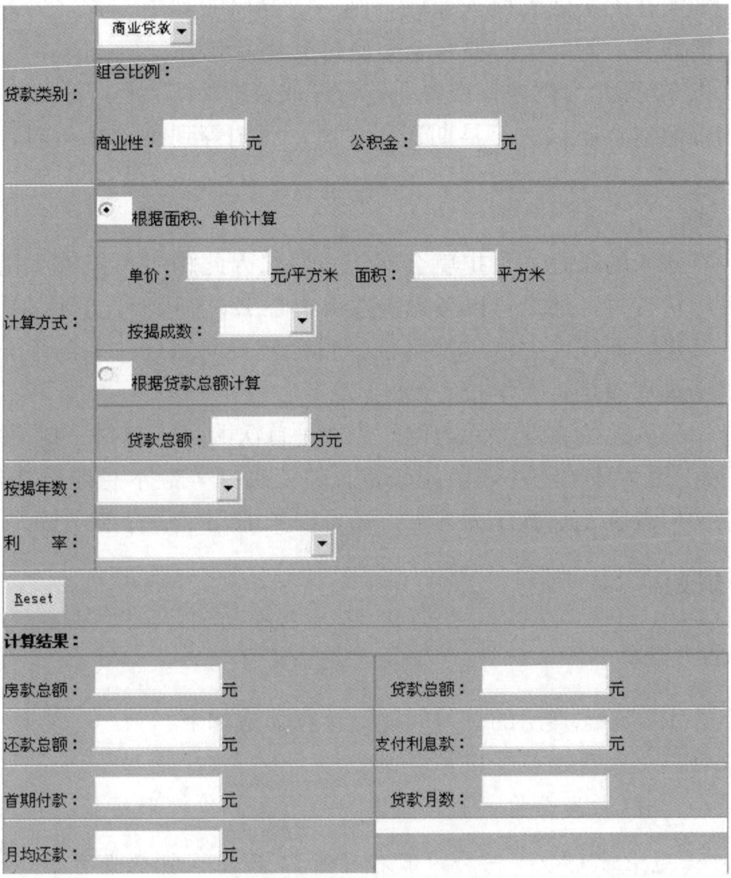

图 5-5　房贷计算器

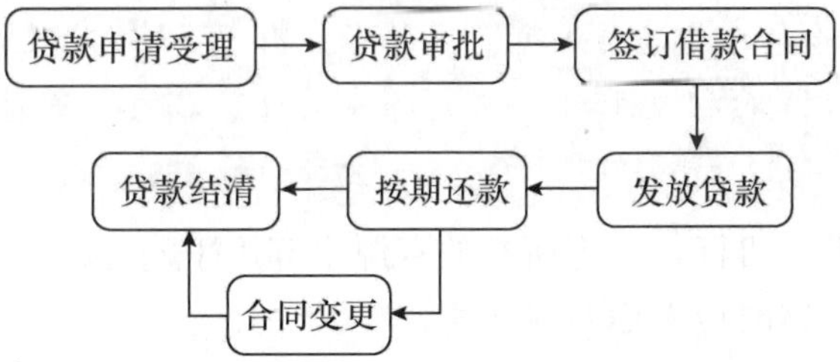

图 5-6　组合贷款业务一般流程

作投资，都较为机动。另外，目前处于奋斗期的单身一族最需要的是便利，因此建议买带装修的、交通方便的房子，总价在 60 万元左右即可。

贷款计划：以总价 60 万元为例，首付最多需要 18 万元。由于单身时生活压力不大，建议早期多还一些，采用等额本金还款法，20 年期，这种还款方式前期每月支付得多，到后来越来越少。

2. 家庭形成期

选房思路：建议购买面积在 80～100 平方米的楼盘，总价 80 万元左右。有些楼盘有 90 平方米的三居室户型，小两口即使结婚就要小孩也不要紧。所处区域应该在两人的工作区间之内，假如实在无法做到两人兼顾，则一定要照顾其中一人，另外一人可以考虑买车。考虑到生活需要，周围最好要有个大型超市及菜市场。

贷款计划：以 80 万元为例，首次置业首付三成，即 24 万元，需要贷款 56 万元。这个时期建议使用等额本金还款法，早期还得多些，后期等到有了小孩时，还款压力就可以小一些。

3. 家庭成长期

选房思路：有孩子的家庭，负担就会相应重些，因此购房不能够太随心所欲。假如家庭有较多积蓄可付首付，那么可以考虑挑选市中心 120～140 平方米的中等户型，如果积蓄不是很多，又想要面积大一些，那么选择目标就要向偏远一些的地方转移。有孩子的家庭还要考虑楼盘周边是否有学校、幼儿园。

贷款计划：以房屋总价 120 万元为例，假如是首次购买，首付三成是 36 万元，总共需要贷款 84 万元。因为孩子还小，负担较重，建议选择等额本息还款法，按 30 年还款期限还款。如果购房者感觉贷款压力不大，还可以考虑几年后提前还贷。

六、换房规划

（一）换房能力概算

换房能力概算主要考虑换房的首付问题，计算公式如下：

需要首付款＝新房净值－旧房净值

＝(新房总价－新房贷款)－(旧房总价－旧房贷款)

随堂思考： 张先生计划今年换房，旧房价值 50 万元，贷款尚有 20 万元，新房价值 100 万元，拟贷款 50 万元。请计算张先生若换房，需筹集的首付款金额。

解析： 应筹首付款＝(100－50)－(50－20)＝20（万元）

此时，张先生要考虑的是，手边可变现的资产有无 20 万元及未来是否有负担 50 万元贷款的能力。以 4.3%的利息来算，每月利息为 1 792 元，因此，月收入应在 5 430 元以上才可考虑换房。

购房不是理财的唯一目标，若把所有的资源全部用于购/换房需求后，会耽搁子女教育金或退休金的筹措，这时应考虑暂时租房。

（二）换房的步骤

1. 先买后卖

先买后卖需要解决资金周转问题，必须先筹集首付款，而且需要负担资金成本。若没有借贷渠道，除非在换房前已另外积蓄了一笔钱足以支付首付款，否则换房时还是以先卖后买为宜。

2. 先卖后买

先卖后买要解决出售旧房后无房可住的问题，通常要租房居住。因为租期不长，租金可能较高。如果旧房的购买方将该房用于出租，那么可以售后回租，卖旧房后仍住在里面，付给购房者租金，直到搬入新房为止。

（三）购房、换房的各种税费

购房、换房从其性质和属性来说，仍是不同程度的房地产交易行为，因为它涉及所有权或者使用权的变更，必须缴纳有关交易税费。主要缴纳的税费有：增值税、交易费、契税、个人所得税、土地增值税、测绘费、补交地价、土地使用权转让登记费、印花税等。根据纳税人、房屋性质等的不同，征收的相应税费项目也不同。

任务实施

一、购房购车方案

考虑到张先生所处的人生阶段，建议张先生：

（1）购房选择价值 24 万元的单身公寓（40 平方米，6 000 元/平方米）。首付 20%，即通过储蓄的方式自筹 4.8 万元首期款，向银行贷款 19.2 万元，按揭 20 年，贷款年利率 4.3%。

（2）购车选择价值 15 万元的中档轿车。首付 8 万元，向银行贷款 7 万元，按揭 3 年，贷款年利率 5.76%。

具体方案如下：

（1）购房。从现有资产 7 万元中划出 2 万元作为购房专款，在未来 2 年内每月准备 1 100 元，以 3%的年回报率计算，2 年后可支付购房首期款 4.8 万元。住房贷款 19.2 万元，20 年按揭，每月等额还款 1 300 元。

（2）购车。从现有资产 7 万元中划出 3 万元作为购车专款，在未来 5 年内每月储蓄 730 元，以 7%的年回报率计算，5 年后可支付购车首期款 8 万元。购车贷款 7 万元，3 年按揭，每月等额还款 2 100 元。

（3）未来 8 年的现金流量（假设收入、支出水平都按一定比例增长）如表 5-3 所示。

表 5-3　未来 8 年的现金流量　　单位：元

时间	收入	房租	日常支出	购房准备	购车准备	购房还款	购车还款	可投资余额
第 0～2 年	5 000	800	1 200	1 100	730	0	0	1 170
第 3～5 年	7 000	0	2 000	0	730	1 300	0	2 970
第 6～8 年	9 000	0	3 000	0	0	1 300	2 100	2 600

二、资产配置方案

（1）活期存款：建议活期存款账户保留日均余额 8 000 元，应对日常支出及紧急情况的需要。

（2）货币市场基金：风险低，流动性强，预期年收益 4%。建议张先生将购房专款 2

万元、每月购房准备金 1 100 元投资该基金，以保证 2 年后支付购房首付款。此外，张先生可将每月可投资余额的 50%以基金定投的方式投资货币市场基金，作为长期储蓄。

（3）平衡型基金：风险适中，稳健成长，预期年收益率 7%。建议张先生将购车专款 3 万元、每月购车准备金 730 元投资该基金，以实现 5 年后支付购车首付款的目标。此外，可将每月可投资余额的 50%以基金定投的方式投资平衡型基金，作为长期投资。

三、保险方案

（1）张先生工作初期资产和收入有限，可选择中国人寿“人身意外伤害及附加意外伤害急救医疗保险”。每份保单包括意外伤害身故、残疾保险金额 10 万元，意外伤害急救医疗保险金额 2 000 元，附加意外伤害医疗费用保险，保险金额 1 万元。每份保单每年保费 130 元，建议张先生购买 5 份，受益人为张先生父母。

（2）随着年龄和经济实力的增长，张先生可购买中国人寿“康宁终身保险”，保单包括身故保险金额 30 万元、重大疾病保险金额 20 万元、残疾保险金 30 万元。保费每年 7 000 元，20 年交清，终身保障。

实训练习

一、知识训练

1. 课堂讨论题

（1）什么是个人住房规划？个人住房规划的流程是什么？

（2）怎样做购房或租房的决策？

（3）如何测算个人住房支付能力？

（4）如何申请个人公积金贷款？如何申请商业银行个人住房贷款？

（5）如何进行换房规划？

2. 判断题

（1）个人/家庭根据购房规划制定首期款及购房后还贷款的储蓄目标，可以达到控制消费、强迫储蓄的目的。（　　）

（2）个人/家庭对未来房价的预期会影响购房或租房的具体决策。（　　）

（3）换房能力概算主要考虑换房的税费问题。（　　）

（4）商业银行个人住房贷款最高贷款金额可达到所购住房市场价值的 90%。（　　）

（5）等额本息还款法比较适合在还款初期还款能力较强的客户。（　　）

3. 单项选择题

（1）购房或租房决策的影响因素不包括（　　）。

A. 居住年数　　B. 居住地点　　C. 利率水平　　D. 房价增长率

（2）个人/家庭按想要购买的房屋总价计算每月需要负担的费用被称为（　　）。

A. 年收入概算法　　B. 目标精算法

C. 年成本法　　　　　　　　D. 净现值法

(3) 小王刚刚走上工作岗位，住房公积金账户建立（　　）个月以上，他才可以申请公积金贷款。

A. 6　　　　B. 12　　　　C. 18　　　　D. 24

二、技能实训

1. 肖方看中一套120平方米的住房，该房可租可售。如果租房，房租每月5 500元，押金为1个月租金。如果购房，总价120万元，首付60万元，可申请60万元贷款，房贷利率为6%，房屋维护成本为5 000元/每年，年折旧率为2%，押金与首期款机会成本均为3%。请使用年成本法决策：购房还是租房？

2. 李明计划5年后购房，面积为100平方米。其家庭现每年结余10万元，可负担购房的比率上限为40%，另有金融资产30万元，可用于购房准备的比率上限为50%。目前银行住房贷款利率为6%，李明的投资报酬率为4%。请计算：李明家所负担的房屋总价及单价。

3. 房雨，拟在北京购买一套80平方米的住房，价值200万元，该房为首套房。房雨决定申请公积金贷款。

(1) 请查询相关网站，确定房雨需要准备哪些资料。

(2) 请帮助房雨查询现行公积金贷款利率是多少。如果贷70万元，贷款期限20年，使用等额本息法还款，房雨每月需要偿还的贷款金额是多少？

(3) 如果房雨申请中国工商银行个人住房贷款，有哪些还款方式可以选择？如何确定最终选择哪种还款方式？

4. 小李夫妇大学毕业后工作已5年，一直租房居住，目前想购买一套80平方米的两居室。两人月收入10 000元，可以用作购房资金的上限为40%。另有30万元可作为购房前期款。所在地区房屋均价为10 000元/平方米。请帮助小李夫妇规划住房购买方案。

课后自检

1. 任务二的知识点：

____

____

____

2. 任务二的技能点：

____

____

3. 我掌握了哪些知识和技能？

____

____

学习情景六　个人投资管理和投资规划

情景导入▶

英国一位71岁的男子托马斯·休斯敦42年前在银行存了120英镑。最近他忽然在抽屉里找到了3张42年前的存折。然后他到银行取钱，银行没有发现有关账目，但承诺这笔钱可以用复利方法计算给老人还本付息。

银行家给他算了一本账，通过这42年的利滚利，这120英镑大约翻了58倍，约7 000英镑。投资学者给他算了一笔账，这120英镑存在银行不是最好的投资方法。如果老人当时买了英国的房产，按照英国房产的增长幅度，它的价值大约会翻600倍，约18万英镑。还有一种投资，如果他在1964年花120英镑购买了一箱葡萄酒，葡萄酒涨到今天大约是14 400英镑，大约会翻120倍。

这笔钱无论是买葡萄酒还是房产，都比存在银行的回报率要高很多：一个是600倍，一个是120倍。

随堂思考：我们的资产放在哪里才能保值、增值？

怎样才能让自己辛辛苦苦挣到的钱保值、甚至增值？怎样使自己的资金抵挡住通货膨胀的侵蚀？怎样的方式能够实现自己的理财目标，为自己未来的生活增加保障？答案就是“投资和投资规划”。

投资是指投资者当期投入一定数额的资金而期望在未来获得回报，所得回报应该能补偿：投资资金被占用的时间、预期的通货膨胀率、未来收益的不确定性。投资规划是根据投资理财目标和风险承受能力，制订合理的风险配置方案，构建投资组合来实现理财目标的过程。评估投资规划时并不是投资收益越高越好，而是看它是否满足了理财目标。

做好个人投资管理和投资规划的基本任务就是认识投资风险、测量投资者风险承受能力、评估并选择投资工具、进行资产配置、编制投资规划。

一、认识投资风险

投资风险是指未来投资收益的不确定性，即投资者在投资中可能会遭受收益损失甚至本金损失的风险。投资时，首先要想到风险，应该合理地管理和规避风险，然后才能获利。

二、测量投资者风险承受能力

投资者通常要面临投资风险，投资者能承受多大的风险，是投资过程中需要考虑的关键问题。投资者的风险承受能力可以通过量化打分和标准化问卷方式测量。

三、评估并选择投资工具

投资工具的评估主要是评估每个投资工具的收益和风险之间的关系。投资工具的选择应该与投资目标一致，并应考虑投资收益、风险和价值的平衡。

四、进行资产配置

通过测量投资者的风险承受能力，可以判断出投资者类型。投资者分为保守型、平衡偏保守型、平衡型、平衡偏进取型、进取型五种，不同类型的投资者，适合不同的资产配置方案。

五、编制投资规划

投资规划的具体方案应包括：确定可以用来投资的资产，建立投资目标，制订投资计划，评估并选择合适的投资工具，构建分散化的投资组合并进行管理。

任务一　进行个人投资管理

学习目标

◇ 了解投资风险
◇ 学会测评投资者的风险承受能力
◇ 能够做出正确的投资决策
◇ 掌握资产配置的步骤和过程
◇ 能够选择合适的投资策略

素养目标

◇ 通过对投资的学习，树立正确的投资观，正确面对投资风险，科学地认识金融市场，坚守法律法规底线，坚守国家利益底线，提升投资活动中的社会责任担当意识，理性投资

任务描述

陈老板，年纪轻轻，学历不高，但他的木门生意在当地小有名气，多年前资产可能就有几百万元，可是他赌性十足。

2007 年 12 月 17 日，上证指数 4 876 点，他在朋友的介绍下开了一个证券账户，一入市他就认为炒股跟做生意是一样的，只要肯花点心思就一定能找到跟做生意一样的"小窍门"。据他的家人说，自从炒股以后，他天天开盘时间在计算机前看红红绿绿的股票，每天为股涨而喜、为股跌而忧。

刚一入市他就投进了 15 万元。

最初他把炒股当成"做生意"。他认为要不断地频繁买入和卖出才能赚钱，因为他的木门生意就是这样的，只要把门"买入"再"卖出"就能赚钱，如果放在仓库里囤货，就难以赚到钱了。

后来他又把炒股当成"打麻将"。也许他做生意的钱来得比较容易，所以他对蚀掉本钱没有那么敏感。不管赚还是亏，他一天不进计算机委托系统下单"买入"一下、"卖出"一下就会手痒。2008 年后股市行情不是很好，但是他依然像"打麻将"那样，天天

都要碰一碰运气，不管赚或亏都会把前一天买来的股票卖掉，当然偶尔也会碰到一两个涨停的股票，他就会高兴地打电话到处宣布他抓到一个涨停板的股票，但十有八九的操作都是没有赚钱就卖出的。

15 万元很快就只剩下 3 万元了。陈老板眼睛也不眨一下又投入了 20 万元。

接着，他找到了一个“好办法”：他在网上看到许多炒股软件，这些软件的广告说“可以准确预测股票后市的涨跌”，还可以“实时监测主力资金动向，了解主力成本，踏准操作节奏”，他忍不住在网站上输入了手机号，或直接打电话去咨询，后来“炒股软件”公司就主动打电话联系陈老板了。其中有一家上海的“炒股软件”公司职员对陈老板说：每天都有两只“金股”推荐，而且软件里可以看到一些大资金流进流出的情况。陈老板心动了，他花 4 800 元买了一套软件装在了电脑里，还沾沾自喜地说：“有了这一套软件，就要发大财了，说不定 20 万元很快就会变成 200 万元呢!”客户经理劝他要理性投资，不要听小道消息，不要轻易相信炒股软件和独家信息，但是陈老板依然我行我素。

于是陈老板每天早上都能收到上海发来的“独家信息”，也能经常接到上海“炒股软件”公司的电话，跟他说哪只股票怎么样了，要买这只卖那只。刚开始陈老板还小有斩获，所以就有点相信软件公司的信息了，为了赚更多的钱，他又转入了 30 万元到账户里。

陈老板开户后的 2007 年年底至 2011 年，证券市场行情不太适合短线频繁买卖，眼看着账户里的 65 万元不断缩水只剩下 8 万元了，快成“宝马进去，自行车出来”了；现在看“炒股软件”里的大资金流进流出好像没有什么特别之处了，“独家信息”的短信、电话也越来越少了，陈老板这才发现上当了，后悔莫及。

任务分析

证券市场的特点就是涨涨跌跌，陈老板是初入门者，很难把握，交学费是难免的。初入门者由于没有任何证券投资经验，一般会在证券市场风险较高的时候跟随身边的人，试着买入。陈老板进入证券市场的时间是 2007 年 12 月 17 日，当时上证指数为 4 876 点，此后上证指数一路下跌，到 2008 年 10 月 31 日，上证指数最低下探到 1 664 点。之后虽然反弹到 3 478 点，但截至 2011 年 12 月 30 日，上证指数收盘点位为 2 199 点。单是指数就下跌了 2 677 点。

此外，陈老板既不具备证券投资的专业知识，也没有实战经验，投资态度也不正确，又盲目相信“炒股软件”，并投入了较多资金，“就像一个刚学会开汽车的人就驾车急驰，其实是很危险的”。投资理财永远讲究资产配置，资本市场虽然可以快速积累财富，但当风险来临的时候，损失也不可避免。

任务精讲

一、什么是投资

投资是指投资者当期投入一定数额的资金而期望在未来获得回报，所得回报应该能补偿投资资金被占用的时间、预期的通货膨胀率、未来收益的不确定性。

投资的最大特征是用确定的现值牺牲换取可能的不确定的（有风险的）未来收益。个人投资主要以保值和增值从而促使个人/家庭资产加速成长为首要目标。

（一）投资风险

投资时，投资者首先要想到风险，应该合理地管理和规避风险，然后才能获利。

投资风险是指对未来投资收益的不确定性，在投资中可能会遭受收益损失甚至本金损失的风险。

投资风险包括以下内容：

1. 购买力风险

购买力风险又称通货膨胀风险，是指由于通货膨胀、货币贬值给投资者带来实际收益水平下降的风险。一般可通过计算实际收益率来分析购买力风险。

2. 财务风险

当购入一种股票后，该上市公司业绩欠佳、派息减少、股价下跌，这就是财务风险。因为有此风险，有些人将资金存入银行收取利息，以减少财务风险。

3. 利率风险

当买入债券后，其价格受银行存款利率影响。当银行存款利率上升时，投资者就会将资金存入银行，债券价格也会下跌。这种因利率水平改变而遭受损失的情况，称为利率风险。

4. 市场风险

投资工具市价的波动受经济因素、心理因素、政治因素影响，甚至受以上三种因素的共同影响。

5. 变现风险

当买入的股票未能在合理价位卖出，不能收回资金时，就是一种风险。很多一向成交量很小的股票在利好消息刺激下，如收购消息，股价会突然上涨，这时候大量投资者会追进购入，一旦消息的刺激作用结束，其成交量会还原，于是购买者就可能会承受变现风险。

6. 事件风险

事件风险是与政治、经济完全无关的事件给投资者带来的风险。该事件发生后，往往会对某些股票的价格造成沉重打击。这种事件风险通常都是突如其来的。

（二）投资者风险承受能力

投资者风险承受能力是指投资者能承受多大的风险，这是投资中需要考虑的关键问题。

1. 投资者风险承受能力的影响因素

（1）投资者本人的工作收入情况及工作的稳定性。

（2）投资者配偶的工作收入情况及工作的稳定性。

（3）投资者及其家庭的其他收入来源。

（4）任何可能的继承财产。

（5）投资者年龄、健康、家庭情况及其负担情况。

（6）任何对投资本金的支出计划，如教育支出、退休支出或任何其他的大宗支出计划。

（7）生活费用支出对投资收益的依赖程度。

（8）投资者对风险的主观偏好。

2. 投资者风险承受能力的测量

风险承受能力可根据年龄、就业状况、家庭负担、置产状况、投资经验与知识估算出来。可定义的影响风险承受能力的因素如下：

（1）年龄。总分 50 分，25 岁以下者 50 分，每多一岁少 1 分，75 岁以上者为 0 分。

（2）其他因素。其包括就业状况、家庭负担、置产状况、投资经验和投资知识。总分 50 分。

风险承受能力评分表如表 6－1 所示。

表 6－1　风险承受能力评分表

比较项	分数				
	10 分	8 分	6 分	4 分	2 分
就业状况	公职人员	上班族	佣金收入者	自营事业者	失业者
家庭负担	未婚	双薪无子女	双薪有子女	单薪有子女	单薪养三代
置产状况	投资不动产	自用住宅无房贷	房贷＜50％	房贷＞50％	无自宅
投资经验	10 年以上	6～10 年	2～5 年	1 年以内	无
投资知识	有专业证照	财经专业毕业	自修有心得	懂一些	一片空白

风险承受度也可以通过标准化问卷的方式测量。

随堂思考：你的风险承受度有多大？

1. 假如你是一名执行总裁，公司给你两种获取奖金的方式：相当于 6 个月工资的现金或股票期权（有 50％的概率在明年获得双倍于 6 个月工资的收益，有 50％的概率没有任何收益），你将会做出什么样的选择？

A. 肯定选择现金（0）　B. 可能选择现金（1）

C. 不确定（2）　D. 可能选择股票期权（3）

E. 肯定选择股票期权（4）

2. 当你完成一项投资决策后，你通常有多少把握觉得自己的选择是正确的？

A. 20％（0）　B. 40％（1）　C. 60％（2）　D. 80％（3）

3. 当你在投资环境下想到“风险”一词时，下面哪个词最先浮现在你的脑海中？

A. 危险（0）　B. 不确定（1）　C. 机会（2）　D. 兴奋（3）

4. 你是否经常为寻求价格涨跌的刺激而进行大额的风险投资？

A. 从不（0）　B. 极少（1）　C. 一般（2）　D. 比较频繁（3）

E. 很频繁（4）

5. 你正在考虑一项投资，该投资的金额为你目前投资总额的25%。该投资的期望收益两倍于当地银行的存款收益。不过，与银行存款不同，这项投资有损失本金的可能。那么损失的可能性低于多少的时候，你才愿意进行这项投资？

A. 0%（0） B. 20%（1） C. 40%（2） D. 60%（3）

6. 当面临两项选择：(a) 工作稳定性较高，但加薪较少；(b) 加薪较多，但工作稳定性低，你会选择哪一项？

A. 肯定选 a（0） B. 很可能选 a（1） C. 不确定（2） D. 很可能选 b（3）
E. 肯定选 b（4）

7. 你如何看待财务方面的损失？

A. 一直认为是个人的失败（0）
B. 认为主要是个人的失败（1）
C. 有时认为是个人失败，有时认为是一时挫折（2）
D. 主要认为是一时挫折（3）
E. 总认为是一时挫折（4）

8. 如果失业了，你会倾向于？

A. 接受一份工作，即使不符合意愿（0）
B. 可能接受一份工作，即使不符合意愿（1）
C. 不确定（2）
D. 可能一直等到有想要的工作才接受（3）
E. 总认为是一时挫折（4）

9. 假如你正在申请一项抵押贷款，贷款利率在过去几个月中一直在下降，今后仍可能下降，也可能上升，不知道何种可能性比较大。此时，你可以选择锁定现行利率或浮动利率。如果你锁定利率，则将适用固定的现行利率，利率下降对你不利，利率上升对你有利。你会如何选择？

A. 肯定锁定利率（0） B. 可能锁定利率（1）
C. 可能浮动利率（2） D. 肯定浮动利率（3）

10. 你是否曾经为了一项投资而借钱（除住房抵押贷款外）？

A. 是（0） B. 否（3）

11. 一位久未联系的亲戚去世后把她的房子留给你。房子年久失修，但是位于一片正在修建的地区。也就是说，这栋房子可能以15万元出售，但如果你花费3万元进行修建，则可能以30万元出售。不过有小道消息说该房子附近要修一条高速公路，从而可能使该地区的房子大幅度贬值。你会怎么做？

A. 出售（0） B. 出租（2） C. 投入3万元进行修建（4）

12. 假设你作为一位亲人的寿险保单受益人，获得了10万元保险金。你正在考虑各种投资方案，包括一些高风险投资产品。如果出现损失，损失在多少元以内你不会感到违背亲人给你留下这笔钱的初衷？

A. 1 000～9 000元（0） B. 30 000～39 000元（2）
C. 70 000～79 000元（4）

解析：

0～10：保守型——厌恶风险的投资者

极不愿意面对投资亏本；即使投资回报率相对较低，你还是希望投资于相对保本的地方。除了储蓄、国债，大多数的金融投资机会恐怕都难以激起你的兴趣。

11～20：平衡偏保守型——中低风险偏好的投资者

依然将本金的安全视为首要因素的你，可以不必去关注期货、股票等相对风险较高的金融理财工具，基金、债券、保险等产品可能才是你的最佳选择。

21～30：平衡型——中等风险偏好的投资者

由于对本金与收益同样重视，你愿意在一定预期收益率水平之上承担风险；可以在资金相对充裕、市场运行相对平稳的时候对股票、期货、外汇等市场予以关注；平衡型的基金产品将非常适合你。

31～35：平衡偏进取型——中高风险偏好的投资者

作为中高风险偏好者，你很清楚风险与回报之间的正比关系。你可能希望在能够承担的最大损失以下实现最高收益，对于金融理财工具，尤其是非储蓄类产品更感兴趣；在投资组合中，股票基金与股票的投资比例会高于债券。

36～43：进取型——高风险偏好的投资者

从某种程度上说，你的理财行为具有一定的投机性；你所要求的收益率是储蓄类与债券类产品很难实现的。在这种情况下，股票型基金是比较合适的选择。

一般来说，影响投资风险承受度的因素如下：

（1）年龄越大，所能够承受的投资风险越低。

（2）资金需要动用的时间离现在越远，越能承担高风险。

（3）理财目标的弹性越大，可负担的风险也越高。

（4）每个人天生的冒险精神就有不同，可以承受风险的程度也不一样。

（三）投资决策

投资决策是指投资者为了实现其预期的投资目标，运用一定的科学理论、方法和手段，通过一定的程序对投资的必要性、投资目标、投资规模、投资方向、投资结构、投资成本与收益等经济活动中的重大问题所进行的分析、判断和方案选择。

个人投资决策前应先考虑几个问题，具体参见案例阅读。

案例阅读

个人投资决策前应先弄明白的五个问题

巴克莱银行发现，感情用事的交易活动最多会使投资者在10年内损失20%的回报。每个投资者在做出某项投资决策的时候，都应该针对自己的投资组合和资金管理模式提出5个这样的问题。

1. 我投资的是哪些产品，我应该避开哪些产品？

投资的方式多种多样。对个人投资者来说，进行任何一项投资的关键可能是背后的主题——股票、各类型基金或者银行理财产品。在不确定的市场环境下，最重要的一点也许是知道自己在动荡时期持有哪些资产会感到安心，以及哪些投资会令你感到不安。

2. 我对哪些产品足够了解，可以自己做出投资决定？

如果你是那种想要亲力亲为的投资者，你需要确定自己能否真的做得比专业人士好。后者至少拥有将投资广泛多样化的资源，一旦某个投资决定失误，可以将损失降至最低。

3. 我的资产配置反映了我的年龄和我的长远打算吗？

许多投资者过分满足于近期奏效的投资策略，如一些四五十岁的投资者对股市的波动感到非常惊恐，所以选择避开股票。反之，一些年长的投资者仍然像工作期和积累期那样进行投资，如果市场出现波动，他们将没有时间挽回损失。

4. 我对自己持有的产品到底有多大的信心？

每一位投资者都应该检查自己持有的产品，如果对某种产品没有很强的信心，就可以换掉它。

5. 我的投资当中有什么让我彻夜难眠的因素？

无论是金融危机还是经济波动等状况，投资者都应想清楚，如果“噩梦”成为明日的新闻头条，自己该如何去应对。

回答完上面5个问题，你的投资将变得有章可循。

影响投资决策的因素主要包括：个人/家庭财务状况、投资工具的税收水平、投资时间的长短以及投资态度的好恶等。

二、资产配置

资产配置是指根据投资需求将投资资金在不同资产类别之间进行分配，通常是将资产在低风险、低收益证券与高风险、高收益证券之间进行分配。

（一）资产配置的过程

（1）明确资产组合中应包括的资产类别。

（2）明确资本市场的期望值，包括利用历史数据与经济分析来决定投资人对资产组合中所包括资产在持有期内的预期收益率。例如，购买债券基金的预期回报率为8%～10%。

（3）确定资产组合的有效边界，即找出在既定风险水平下可获得最大预期收益的资产组合。

（4）寻找最佳的资产组合，在满足投资人面对的限制条件下，选择最能满足投资人风险收益目标的资产组合。

（二）各个类型投资者的资产配置

1. 保守型投资者

保护本金不受损失和保持资产的流动性是保守型投资者的首要目标。保守型投资者对投资的态度是希望投资收益极度稳定，不愿用高风险来换取收益，通常不太在意资金是否有较大增值。在个性上，该类型投资者本能地抗拒冒险，不抱碰运气的侥幸心理，通常不愿意承受投资波动对心理的考验，追求稳定。

资产配置：储蓄以活期存款、定期存款为主，债券主要是国债，基金以风险偏低的债券型基金为主。从历史数据来看，回报率可能在1%～5%。

配置方案：储蓄50%，债券20%，基金10%，保险20%，不配置股票。

2. 平衡偏保守型投资者

稳定是平衡偏保守型投资者的重要考虑因素，他们希望投资在保证本金安全的基础上能有一些增值收益。这类投资者虽然希望投资有一定的收益，但常常因回避风险而最终不会采取任何行动。在个性上，该类型投资者不会很明显地害怕冒险，但承受风险的能力有限。

资产配置：储蓄除了定期存款、活期存款，增加货币型基金；债券主要偏向于投资企业债券；基金以风险适中的平衡型、指数型基金为主，股票以投资价值低估的优质蓝筹股为主。从历史数据来看，投资回报率为5%～7%。

配置方案：储蓄30%，债券20%，基金20%，保险20%，股票10%。

3. 平衡型投资者

平衡型投资者渴望有较高的投资收益，但又不愿承受较大的风险；他们可以承受一定的投资波动，但是希望自己的投资风险小于市场的整体风险，因此希望投资收益长期、稳步地增长。在个性上，该类型投资者有较高的追求目标，而且对风险有清醒的认识，但通常不会采取激进的办法去达到目标，总是在事情的两极之间找到相对妥协、均衡的方法。

资产配置：储蓄除了定期存款、活期存款，增加货币市场基金和人民币理财型产品，债券可以适度投资可转债，基金以风险较高的偏股型基金和指数型基金为主，股票适当投资成长型股票。从历史数据来看，投资回报率为6%～8%。

配置方案：储蓄20%，债券20%，基金30%，保险10%，股票20%。

4. 平衡偏进取型投资者

平衡偏进取型投资者常常会为提高投资收益而采取一些行动，并愿意为此承受较高的风险。在个性上，该类型投资者通常很有信心，具有很强的商业创造技能，知道自己要什么并敢于冒风险去追求，但是通常也不会忘记给自己留条后路。

资产配置：储蓄可选择有更高收益的人民币理财产品和外汇理财产品，债券主要是投资于可转债，基金基本上以股票型基金为主，股票主要是选择高成长性的公司。一般投资品种具有高风险、高收益的特点。从历史数据来看，投资回报率为7%～9%。

配置方案：储蓄10%，债券20%，基金20%，保险10%，股票、权证、外汇衍生产品等40%。

5. 进取型投资者

进取型投资者高度追求资金的增值，愿意承受大幅波动，以换取资金高成长的可能性。这类投资者为了最大限度地获得资金增值，常常将大部分资金投入风险较高的品种。他们非常自信，追求极度的成功，常常不留后路以激励自己向前，不惜冒失败的风险。

资产配置：债券以可转债为主并以转股为目的基金主要以股票型基金为主，股票主要投资于新行业的成长性公司。从历史数据来看，投资回报率高于10%。

配置方案：储蓄0，债券10%，基金20%，保险10%，股票、权证、外汇衍生产品等60%。

随堂思考：你是哪种类型的投资者？你的资产应如何配置？

（三）投资策略

1. 消极的投资策略

消极的投资策略认为市场是有效的，与试图实现一个能持续超出市场收益率水平的投资安排相比，消极投资策略认为降低投资中的交易成本和研究支出更加重要。消极的投资策略有以下三种方式：

（1）购买并持有策略，即在按照某些标准买入一组股票之后就在持有期内一直持有那些股票，不再发生积极的买入和卖出行为。

（2）投资组合策略，即通过分散投资的方式，消除局部投资的风险。例如，构造覆盖各个板块的投资组合可在一定程度上使投资组合免除板块轮动效应带来的风险。

（3）指数化投资策略，即通过严格跟踪某个指数，以获取该指数的投资收益为最终目标来设计投资组合。

2. 积极的投资策略

积极的投资策略认为市场是无效的，利用市场的无效性可以获得超额利润。例如，以寻找内幕信息方式赚钱，以挖掘出价值被低估的股票，然后持有至最后获利的方式就属于积极投资策略。积极投资策略有三个层次：

（1）资产工具配置，即根据对主要市场预测和风险溢价的估计值，将资产分配于股票、债券等不同投资工具。

（2）行业配置，即根据对各行业周期及前景的判断，决定在各行业的投资比例。

（3）个股选择，即发现被过低定价的股票，然后买入，大涨之后卖掉，再去寻找新的低定价股票。

3. 具体的投资策略

（1）投资三分法。它是指将自有资产分为三部分：第一部分用于投资稳定、风险较小的投资品种，如债券、优先股等；第二部分用于投资风险较大、收益较高的投资品种；第三部分以现金形式作为备用金。

（2）固定比例投资法。它是指在操作中努力保持投资品种比例不变的投资策略。这一方法的关键是如何确定合理的分配比例。例如，投资者只投资股票和债券两种工具，在操作过程中设定股票投资总额和债券投资总额保持某一固定比例。当股票上涨使股票总投资比例上升时，即出售一定比例的股票，购买一定数量的债券，使股票和债券比例恢复到既定的比例水平。

（3）固定金额投资法。这一策略在投资操作过程中不是努力保持投资品种的比例不变，而是保持投资总额不变。对这一投资总额的控制是通过在某一固定投资金额的基础上规定正负波动比例来进行的。

三、投资与投资规划的关系

投资与投资规划很难严格地区分开来，区别可概括如下：

（1）投资更强调创造收益，而投资规划更强调实现目标。投资的技术性更强，要对经济环境、行业、具体的投资产品等进行细致分析，进而构建投资组合以分散风险、获取收益；而投资规划的程序性更强，旨在利用投资过程创造的潜在收益来满足财务目标。

（2）投资的目标主要有两个：追求当期收益及资产增值，投资规划是在既定的目标约束下实施投资行为，目标具体而言就是资金需求。投资规划通常针对不同的人群以及不同的投资目标单独设计，因而具有较为明显的个体性特征，需要量身定制。

（3）单就一个特定投资行为来说，考察的往往就是该投资的投入、收益、风险等要素，在这一过程中，往往要运用特定的投资技术，如股票估值方法。投资规划往往假定已经有其他专业人士提供了投资技术或者全面的投资管理服务之后，如何在合理假定（最重要的是收益率的假定）下使用这种服务来完成投资目标。

任务实施

首先，陈老板应反省自己两年多来的炒股经历，吸取教训。在证券市场上，大家都想获得一招制胜的“金钥匙”，结果大多一败涂地，人们忘记了“南橘北枳”的道理，也没有谁能给出通用的一夜暴富的公式。个人要正确地做事，做正确的事，主动去寻找适合自己的独特的操作方法，理性投资。

陈老板已经积累了一些投资经验，风险承受能力也有所提高，下一步要做的是加强学习证券投资相关知识，修正自己的投资态度，设定自己的投资目标，寻找适合自己的证券投资策略（没有最优的投资策略，适合自己的投资策略才是好的投资策略），在适当的时间进行投资资产配置，实施时要严格遵守投资纪律，控制风险。等到具备了丰富的投资专业知识，并能承受高风险的投资时，再考虑逐步增加资金投入。

实训练习

一、知识训练

1. 课堂讨论题

（1）个人投资风险有哪几种？

（2）如何测量投资者的风险承受能力？

（3）各种类型的投资者的资产配置是怎样的？

（4）具体的投资策略有哪些？

（5）投资与投资规划的区别是什么？

2. 判断题

（1）财务风险又称购买力风险。（　　）

（2）资金需要动用的时间离现在越远，越能承担高风险。（　　）

（3）积极投资策略认为市场是有效的。（　　）

（4）确定资产组合的有效边界，即找出在既定风险水平下可获得平均预期收益的资

产组合。（　　）

（5）投资更强调实现目标。（　　）

3. 单项选择题

（1）影响投资决策的主要因素不包括（　　）。

A. 个人/家庭财务状况　　B. 投资工具的税收水平

C. 投资区域　　D. 投资态度

（2）渴望有较高的投资收益，但又不愿承受较高的风险；可以承受一定的投资波动，但是希望自己的投资风险小于市场的整体风险的投资者是（　　）。

A. 保守型投资者　　B. 稳健型投资者

C. 平衡型投资者　　D. 进取型投资者

（3）消极的投资策略不包括（　　）。

A. 购买并持有策略　　B. 价值投资策略

C. 投资组合策略　　D. 指数化投资策略

二、技能实训

1. 根据本任务中提供的风险承受度调查问卷，测试自己的风险承受能力。

2. 根据一个客户的资料，判断他的投资者类型，并给出合适的资产配置建议。

3. 根据一个客户的资料，判断他的家庭所处的生命周期的阶段，并给出合适的投资建议。

课后自检

1. 任务一的知识点：

____

____

2. 任务一的技能点：

____

____

3. 我掌握了哪些知识和技能？

____

____

任务二　编制个人投资规划

学习目标

◇ 了解编制个人投资规划应坚持的基本原则
◇ 能够正确运用各种投资规划工具
◇ 掌握投资规划的编制程序
◇ 学会编制投资规划

素养目标

◇ 通过对投资规划的学习，培养较强的民族精神、科学态度、竞争意识，熟悉专业领域的前沿知识，对经济形势和经济政策的变化具有较强的敏感性，提高环境适应能力和团队协作能力

任务描述

汪先生30岁，工作8年，个人年收入约25万元，稳中趋升，其中工资及奖金20万元左右，单位股份红利每年约5万元；配偶年收入2万元左右；以上均为税后收入。儿子3岁多，父母都有退休工资和劳保，年收入三四万元，其他无负担。全家都有社保。本人及儿子各有8年前购买的保额5万元的寿险（保单现金价值约1万元），年交保费各1 800元左右，交费期为20年；无其他商业保险。汪先生拥有140平方米住房一套，距市中心约8千米，市价约40万元，无贷款；无其他负债。

家庭资金运用和投资情况：持有的单位股份对应的实际净资产约50万元，变现需七折（投资成本约20万元）；借给亲戚8万元（2年左右可还回）；上市股票一只，市值约5万元（近几年陆续购进，成本约10万元）；偏债平衡型开放式基金1只，5万元；货币基金18万元；公积金账户10万元；银行活期存款1万元。因日常开销大部分由父母承担，其他开销不超过2万元。

家庭理财目标：3年内在市中心购买一套约130平方米的住房；子女教育基金筹划；保留部分资金，投资股票型基金等理财产品。

任务分析

汪先生家庭投资理财分析：

（1）该家庭的整体财务状况有两个明显特点：结余比例高和零负债。这说明该家庭有充分的投资配置管理余地，家庭资产负债状况极为安全。

（2）由于无负债，家庭净资产（即总资产）达 138 万元，年收支结余达 25 万元，是较为典型的中产家庭。由于有充足的净现金流收入，近期财务目标可轻松达到。

（3）家庭消费支出控制能力较强，有良好的收入预期，本人已有一定的理财意识和资产配置组合管理的意识，从财力和心理上完全可承担中等以上的风险，宜采取较为积极的财富增值规划，争取加快生息资产的积累，早日达到财务自由阶段。

（4）存在一定的理财误区，忽视了保险最重要的功能——保障功能，只从投资收益角度简单看待保险的作用。保险现状存在问题，保险利用顺序有误。家庭主要收入贡献者的风险保障严重不足，应充足购买意外和医疗保障性保险。商业保障性保险在为大人购置充足之前，不应先考虑投保孩子。

（5）流动资产与长期资产的比例配置尚可，仍存在大部分流动资产利用效率低的状况，具有较强流动性的低收益资产过多，有必要进一步调整改善。

（6）持有股票品种较差，加之在熊市中采取了逢低加仓以摊低成本的错误操作方法，致使浮动亏损超过 50%。

（7）对个人借款，存在一定的信用风险和这部分资产低收益的问题。

汪先生家庭投资规划方案的目标是通过对家庭收支现金流、资产负债情况以及投资组合的调整，达到合理配置家庭资产结构，实现保值和增值，同时完善家庭的综合保障计划。在平稳实现近期自住房条件升级目标的前提下，逐步增大生息资产在家庭资产中的比例，增大生息收入现金流在总收入中的比例，达到投资性资产不低于年平均 5%的资产收益率水平，在较长期的阶段内超越通货膨胀水平。该方案的实施应有助于缩短家庭实现这一目标的时间，即最终积累的生息资产所产生的收入现金流远超过家庭日常支出水平的目标。

任务精讲

一、什么是投资规划

投资规划是根据投资者的投资理财目标和风险承受能力，制订合理的风险配置方案，构建投资组合来实现理财目标的过程。投资规划的评估并不是投资收益越高越好，而是看是否满足了理财目标。投资规划是实现其他理财规划财务目标的重要手段，对整个理财规划具有重要的基础性作用。

编制投资规划时应注意坚持四个基本原则，具体如图 6－1 所示。

用于投资规划的资产必须是保障家庭正常生活之外的可投资闲钱，而且投资规划的

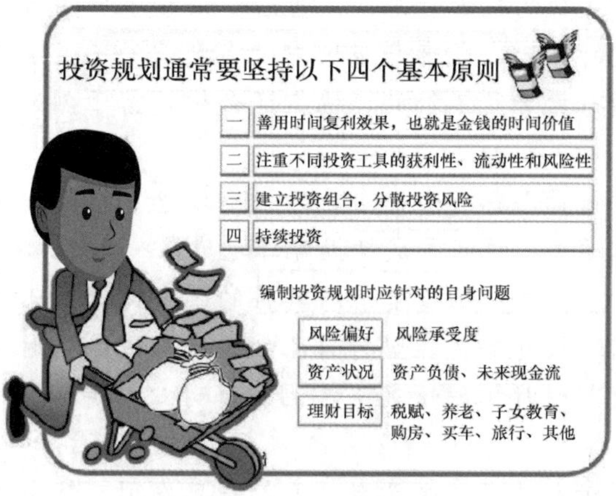

图 6－1　四个基本原则

资产组合必须与家庭重大规划目标相结合，用于不同生活目标的资产选择和组合会不同，投资规划的风险评价必须与个人的性格和生活目标相结合。

二、投资规划工具的选择

进行科学的投资规划，并不是将主要精力集中在为客户选择收益最高的投资工具和产品上，然后将所有的资金投入以获得最大的收益。投资者需要根据自己的投资目标与风险偏好选择金融工具。

（一）股票

股票是股份公司在筹集资本时向出资人公开或私下发行的、用以证明出资人的股东身份和权利，并根据持有人所持有的股份数享有权利和承担义务的凭证。股票是一种有价证券，代表着其持有人（股东）对股份公司的所有权，每一股同类型股票所代表的公司所有权是相等的，即“同股同权”。股票可以公开上市，也可以不上市。

1. 股票投资的收益

股票投资的收益由收入收益和资本利得两部分构成。收入收益是指股票投资者以股东身份，按照持股的份额，在公司盈利分配中得到的股息和红利的收益。资本利得是指投资者在股票价格变化中所得的收益，即低买高卖股票所得到的差价收益。

案例阅读

证券投资成功人士必备六素质

曾经有科学家专门对证券市场中一些成功人士的心理做过专门研究，他们发现，成功的投资者都具有以下特点：有积极的人生态度，有赚钱动机，内部冲突很少，勇于为结果承担责任，同时还具备风险控制和耐心这两个关键的因素。为了方便投资者对以上这些成功人士心理特点的把握，我们重新做以下归纳：

第一，每一个成功的投资者对市场及其运作都非常感兴趣，而且这份热爱并非仅仅是因为市场提供了发财致富的机会，而是因为对市场的痴迷以及由此而来的挑战。

第二，差不多所有成功的投资者都是孤勇者。证券市场的特殊性决定成功的投资人总是持与大多数人相反的立场，或者与市场中大多数人的一致观点相反。当然为了做到买低而卖高，仅仅成为孤勇者是不够的，他们还必须是富于创造性、具有想象力的独立思考者。

第三，所有成功的投资人都有一套自己的投资理念。树立一套正确的投资理论，并真正在投资实践中加以运用，这正是成功投资者超越常人之处。

第四，自律和耐心，这是成功投资者所具备的两个突出的心理品质。自律，意味着在不断变化的市场面前，投资者仍能坚持自己的投资原则。同时成功的投资者也是一个极具耐心的人。在没有理想时机的情况下，他们会耐心等待，一旦时机成熟，就会立即采取行动。

第五，成功的投资者也是现实主义者。他们一旦发现市场条件发生改变，会迅速改变立场以适应市场的变化，真正做到“识时务者为俊杰”。

第六，所有成功的投资者似乎都有一种超前思维及预测能力。他们往往能够在行情发生变化之前，通过心理上的预演，从已知的市场信息中提前嗅到市场主流趋势将逆转的线索，并据此采取行动。

2. 股票投资的优缺点

股票投资的缺点为风险大，但是它的优点有：

（1）投资收益高。优质股票的价格总是呈上涨趋势。随着股份公司的发展，股东获得的股利也会不断增加。只要投资决策正确，股票投资收益是比较高的。

（2）能降低购买力的损失。在通货膨胀时期，股份公司的收益增长率一般仍大于通货膨胀率，股东获得的股利可全部或部分抵消通货膨胀带来的购买力损失。

（3）流动性很强。上市股票的流动性很强，投资者有闲散资金时可随时买入，需要资金时又可随时卖出。这既有利于增强资产的流动性，又有利于提高其收益水平。

（4）能达到控制股份公司的目的。投资者是股份公司的股东，有权参与或监督公司的生产经营活动。当投资者的投资额达到公司股本一定比例时，就能实现控制公司的目的。

3. 股票投资分析的主要方法

（1）基本分析法。它是指对决定股票内在价值和影响股票价格的宏观经济形势、行业状况、公司经营状况等进行分析。

（2）技术分析法。它是从股票的成交量、价格、达到这些价格和成交量所用的时间、价格波动的空间几个方面分析走势并预测未来，目前常用的有 K 线理论、波浪理论、形态理论、趋势线理论和技术指标分析等。

知识拓展：投资大师们的投资方法

4. 股票投资分析主要方法的选择

上述两种方法各有优缺点，基本分析法能够比较全面地把握股票价格的基本走势，但对短期的市场变动不敏感；技术分析法比较贴近市场，对市场短期变化反应快，但难以判断长期的趋势，特别是对于政策因素难有预见性。

投资者可以在把握中长期的价格趋势时采取基本分析法，而在短期买入、卖出时选择技术分析法，将两者结合起来，以实现效用最大化。

（二）债券

债券是政府、金融机构、工商企业等直接向社会借债筹措资金时，向投资者发行，承诺按一定利率支付利息并按约定条件偿还本金的债权债务凭证。债券购买者与发行者之间是一种债权债务关系，债券发行人即债务人，投资者（债券持有人）即债权人。

债券投资可以获得固定的利息收入，也可以在市场买卖中赚取差价。随着利率的升降，投资者如果能适时地买进卖出，就可获取较大收益。目前，国内的债券主要包括国债、金融债券、企业债券、公司债券等数种。

1. 影响债券投资收益的因素

（1）债券的利率。债券利率越高，债券收益也越高。反之，则收益下降。形成利率差别的主要原因是：利率、残存期限、发行者的信用度和市场性等。

（2）债券价格与面值的差额。当债券价格高于其面值时，债券收益率低于票面利息率；反之，则高于票面利息率。

（3）债券的还本期限。还本期限越长，票面利息率越高。

（4）市场供求、货币政策和财政政策。市场供求、货币政策和财政政策对债券价格产生影响，就直接影响投资者的成本，成本越高则收益率越低，成本越低则收益率越高。

2. 债券投资的优缺点

（1）债券投资的优点是收入固定，利率高时收入也颇为可观；可以自由流通，不一定要到期才能还本，随时可以到次级市场变现；可以利用附买回及卖出回购约定灵活调度资金；有不同的到期日可供选择。

（2）债券投资的缺点是利率上扬时，价格会下跌；对抗通货膨胀的能力较差。债券投资本金的安全性视发行机构的信用而定，获利则受利率风险影响，有时还会受通货膨胀风险威胁。

3. 债券投资应考虑的主要问题

（1）债券种类。一般政府债券、金融债券风险较小，企业债券风险较前二者大，但收益也依次增大。

（2）债券期限。一般来说，债券期限越长，利率就越高，风险也越高；期限越短，利率就越低，风险也越小。

（3）债券收益水平。债券发行价格不尽一致，投资者持有债券的时间及债券的期限等也不一致，会影响债券收益水平。

（4）投资结构。多种债券与品种、期限长短的分布与安排、合理的投资结构可以减少债券投资的风险，增加流动性，进而实现投资收益的最大化。

4. 债券投资策略

债券投资策略可分为被动投资策略和主动投资策略两大类。

（1）被动投资策略。被动投资策略的基本思想是相信市场是有效率的，债券的市场价格是其未来期望收益的最好体现，因此，投资者应主动寻找所谓好的投资机会以求获得超额投资收益。常用的被动投资策略有购买和持有策略及免疫策略。

购买和持有策略的特点是投资者在买入一组债券后较长时间持有这组债券，而不是频繁交易以谋求高额投资收益。

采用免疫策略的投资者试图完全避免债券的利率风险，即构造一个债券组合，使市场利率变化时上述两种因素对债券价值的影响正好可以相互抵消。

(2) 主动投资策略。许多债券投资者的投资目的并不仅仅是保值，而是希望利用债券投资获取超额投资利润。这些投资者所采用的投资策略多为主动投资策略。

主动投资策略的基本出发点有两个：一是设法预测市场利率的变化趋势，利用债券价格随市场利率变化的规律获利；二是设法在债券市场上的各种投资工具中寻找到那些定价失误的投资工具作为投资对象。

（三）基金

基金投资是一种间接的证券投资方式。基金管理公司通过发行基金份额，集中投资者的资金，由基金托管人（即具有资格的银行）托管，由基金管理人管理和运用资金，从事股票、债券等金融工具投资，然后共担投资风险、分享收益。基金投资具有专家理财、风险分散的特点。

1. 基金的分类

根据不同标准，证券投资基金分为不同的种类。

(1) 根据基金单位是否可增加或赎回，基金可分为开放式基金和封闭式基金。开放式基金一般通过银行申购和赎回，基金规模不固定；封闭式基金有固定的存续期，其间基金规模固定，一般在证券交易场所上市交易，投资者通过二级市场买卖基金单位。

(2) 根据组织形态的不同，基金可分为公司型基金和契约型基金。通过发行基金股份成立投资基金公司的形式设立的基金，通常称为公司型基金；由基金管理人、基金托管人和投资人三方通过基金契约设立的基金，通常称为契约型基金。目前，我国的证券投资基金均为契约型基金。

(3) 根据投资风险与收益的不同，基金可分为成长型基金、收入型基金和平衡型基金。

(4) 根据投资对象的不同，基金可分为股票基金、债券基金、货币市场基金、期货基金等。

2. 基金投资的渠道

投资者购买基金可选的渠道主要有三个，分别是基金公司直销、银行网点代销、证券公司代销。现在邮政储蓄网点也已成为基金销售的第四个渠道。另有少数几家专业基金销售公司也在销售基金。

(1) 基金公司直销。其优点是可以通过网上交易实现开户、认（申）购、赎回等手续的办理，享受交易手续费优惠，不受时间和地点的限制；缺点是客户需要购买多家基金公司产品的时候需要在多家基金公司办理相关手续，投资管理比较复杂。另外，需要投资者有相应设备和上网条件，具备相应的网络知识和运用能力。

(2) 银行网点代销。其优点是银行网点众多，投资者存取款方便；缺点是每个银行网点代销的基金公司产品有限。

(3) 证券公司代销。其优点是证券公司一般都代销大多数基金公司的产品，选择面较广泛，证券公司客户经理具备专业投资能力，能够提供良好的建议，通过证券公司网上交易、电话委托可以实现基金的各种交易手续；资金存取通过银证转账进行，可以将证券、基金等多种产品结合在一个账户管理；缺点是证券公司网点较银行网点少，首次办理业务需要到证券公司网点。

随堂思考：你会选择哪种渠道投资基金呢？

3. 基金的选择

市场上的基金有很多不同的类型，而同类基金中的各基金也有不同的投资对象和投资策略等。在选择基金时，投资者应该考虑以下几点：

(1) 基金的过往业绩：基金的回报水平是否有吸引力、它的过往表现是否一贯。

(2) 基金经理：基金经理对管理基金是否具有足够的专业知识和投资经验、能否认同基金经理的投资理念和投资风格。

(3) 基金管理公司：基金管理公司是否值得信赖，好公司更容易出好的产品，应当优先考虑优质基金管理公司旗下的基金产品。

(4) 基金是否适合个人需要：基金的投资目标、投资对象、风险水平是否与个人目标相符。以投资目标为例，每个人因年龄、收入、家庭状况的不同而具有不同的投资目标，一般来说，年轻人适合选择风险高些的基金，即将退休的人适合选择风险较低的基金。

(5) 可承受的风险：一般来说，高风险投资的回报潜力也较高。然而，如果投资者对市场的短期波动较为敏感，便应该考虑投资一些风险较低及价格较为稳定的基金。如果投资者的投资取向较为进取，并不介意市场的短期波动，同时希望赚取较高回报，那么一些较高风险的基金或许更符合自身需要。

此外，在其他条件相当的情况下，投资者还应该关注基金的费用水平是否适当。投资者个人很难对基金有全面透彻的了解，一种简便的途径是参考权威中介机构的基金评级报告，这些报告会对基金产品的综合表现及可投资性进行排名，可以直接拿它们的结论作参考。

4. 投资开放式基金需要注意的问题

投资基金的获利秘诀在于追求长期成长的收益，频繁的短线进出并不适用于开放式基金投资，反而会白白损失手续费，因此投资者最好事先做好中长期投资的规划。具体投资时需要注意以下问题：

(1) 不要借钱投资。由于长期投资中难免有下跌行情，要防止为利息负担和短期套牢所累。

(2) 多元化。如果资金充足，投资者可以根据不同基金的投资特点，分散投资于多个基金。这样，倘若某基金暂时表现欠佳，不理想的表现便有机会被另一基金的出色表现所抵消。

(3) 做好长线准备。大部分成功的投资者都有长远的投资计划。一般来说，股市的短期波动性很大，但如果投资的时间足够长，就可以避免短期波动的风险，再加上专业基金经理的选股和操作，长期下来就会有较大的胜算。

（4）确实了解所选择投资基金的特性。在做出投资决定之前，投资者需要先了解个人的投资需要和投资目标。在选择基金时，投资者需要仔细阅读基金的基金契约、招募说明书或公开说明书等文件，并从报纸、销售网点公告或基金管理公司等正规途径了解基金的相关信息，以便真实、全面地评估基金和基金管理公司的收益、风险、过往业绩等情况。

（5）定期检讨自己的需要。尽管基金投资应该做长线投资，但也需要根据年龄、财务状况或投资目标的改变而更新自己的投资决定。大部分成功的投资者在储蓄和投资的初期都会追求较高的盈利，而随着时间的推移，会逐渐转向比较稳健的投资。

（6）不要过度频繁操作。开放式基金基本上是一种中长期的投资工具，这是因为开放式基金的交易价格直接取决于资产净值，基本不受市场炒作的影响。因此，太过短线的抢时机进出或追涨杀跌不仅不容易赚钱，反而会增加手续费支出，增加成本。

5. 基金投资策略

（1）定期定额购入策略。它是指在固定的时间以固定的金额投资到指定的开放式基金中，类似于银行的零存整取方式。这样投资可以平摊成本、分散风险，比较适合进行长期投资。

（2）固定比例投资策略。它是指将投资资金按固定的比例分散投资于不同种类的基金上。当某类基金因净值变动而使投资比例发生变化时，就卖出或买进这种基金，从而保证投资比例能够维持原有的固定比例。这样可以分散投资成本，抵御投资风险。

（3）适时进出投资策略。它是指投资者完全依据市场行情的变化来买卖基金。采用这种方法的投资者大多是具有一定投资经验，对市场行情变化较有把握，且投资的风险承受能力也较高。

（4）顺势操作投资策略。该策略又称更换操作策略。这种策略是基于以下假定之上的：每种基金的价格都有升有降，并随市场状况而变化。投资者在市场上应顺势追逐强势基金，抛掉业绩表现不佳的弱势基金。这种策略在多头市场上比较管用，在空头市场上不一定行得通。

（四）银行理财产品

银行理财产品是商业银行在对潜在目标客户群分析研究的基础上，针对特定目标客户群开发设计并销售的资金投资和管理计划。在理财产品这种投资方式中，银行只是接受客户的授权管理资金，投资收益与风险由客户或客户与银行按照约定方式承担。

一直以来，银行理财产品是最受个人投资者欢迎的投资方式之一，截止 2023 年 6 月底，我国银行理财市场存续规模达到 25.34 万亿元。

1. 银行理财产品的分类

（1）按照风险评级分类，银行理财产品可分为 1～5 级，具体为 R1 低风险产品，R2 中低风险产品，R3 中等风险产品，R4 中高风险产品，R5 高风险产品。5 级产品风险依次递增，收益弹性也依次递增。其中 R1、R2 级的理财产品投资的主要是存款、保险、债券等，可以说基本等于无风险，比较适合普通家庭。同时，个人投资者购买银行理财产品前，需要先进行风险测评，只能购买级别内的理财产品。例如，风险测评是 R2 级别，那只能购买 R1、R2 级别的银行理财产品。

（2）按照风险承担者不同分类，银行理财产品分为净值型银行理财产品和非净值型银行理财产品。净值型银行理财产品是指投资者在购买产品前无法预知产品实际收益率，具体收益以产品净值的形式定期公布。而非净值型银行理财产品通常是指预期收益型理财，大多以稳定型的理财产品为主，市场风险相对比较小，即持有到期之后银行基本会按照预期收益进行兑付。

净值型银行理财产品通常会有开放期，一般每周或者每月开放一次，流动性比较好；收益并不是比较明确的，而且经常变动，所以相对来说风险较大，和投资基金等产品相似。

非净值型银行理财产品基本上有固定的预期收益，预期收益较低，但投资者基本上都可以拿到本金和预期的收益。非净值型银行理财产品没有开放期，流动性较差，不能提取兑付。

（3）按照投资性质分类，银行理财产品可以分为固定收益类、权益类、商品及金融衍生品类和混合类银行理财产品。固定收益类银行理财产品投资于存款、债券等债权类资产的比例不低于 80%；权益类银行理财产品投资于股票类资产的比例不低于 80%；商品及金融衍生品类银行理财产品投资于商品或期货、期权等金融衍生品的比例不低于 80%；混合类银行理财产品投资于任一前三类资产的投资比例均低于 80%。

2. 银行理财产品的选择

知彼知己，百战不殆。买理财产品也一样，投资者不仅要了解自己的风险承受能力及适合自己的产品，还要对所买的理财产品有清醒的认识。一般来说，投资者选择适合自己的理财产品时应该注意以下几点：一是银行的信用等级。银行的信用等级越高，实力越强，产品越可靠。二是理财产品的风险等级。个人投资者只能购买风险测评结果等级内的产品。三是理财产品的收益率。中低风险的理财产品收益率过高，投资者就要小心了。四是理财产品期限。投资者要先看产品的募集期，同等收益率、同等风险等级的理财产品要选择募集期短的，理财产品的募集期是不计息的；再看理财产品的投资周期，可匹配个人/家庭资金流动性的需求选择，没有需求的个人/家庭可考虑购买长期理财产品，收益率更高。

随堂思考： 购买银行理财产品会亏损吗？

（五）期货

期货交易是相对于现货交易的一种交易方式，它是在现货交易的基础上发展起来的、通过在期货交易所买卖标准化的期货合约而进行的一种有组织的交易方式。期货交易的对象并不是商品（标的物）本身，而是商品（标的物）的标准化合约，即标准化的远期合同。

严格来说，期货投资具有较重的投机成分，并不适合个人/家庭投资理财，因此这里只对期货进行简单介绍。

1. 期货的分类

（1）商品期货。它是指标的物为实物商品的期货合约。商品期货历史悠久，种类繁多，主要包括农副产品期货、金属产品期货、能源产品期货等几大类。

（2）金融期货。它是指以金融工具为标的物的期货合约。金融期货作为期货交易中的一种，具有期货交易的一般特点，但与商品期货相比较，其合约标的物不是实物商品，而是传统的金融商品，如证券期货、货币期货、汇率期货、利率期货等。

2. 期货投资操作

期货投资的前提是：雄厚的资金、健康的身体、良好的心态、丰富的知识、完善的投资计划。期货投资在操作前要制定一套完整的操作系统，包括操作原则、操作计划、止损策略等内容。短线操作、中长线趋势操作、中短线结合操作，均严格遵守资金管理和交易的策略，并与行情相结合。交易策略告诉我们何时做，资金管理让我们知道做多少。

期货投资者在交易过程中的心态也是一个非常重要的因素，投资者应该尽量做到心态平和。稳定的心态是赢取利润的前提，但管好资金，运用合理的投资策略及准确的行情预测又是稳定心态的前提。

（六）外汇

外汇是“国际汇兑”的简称，有动态和静态两种含义。动态的含义指的是把一国货币兑换为另一国货币，借以清偿国际债权债务关系的一种专门的经营活动。静态的含义是指可用于国际结算的外国货币及以外币表示的资产。通常所称的“外汇”这一名词是就其静态含义而言的。

外汇投资是指投资者为了获取投资收益而进行的不同货币之间的兑换行为。外汇投资可以作为一种储蓄的辅助投资，选择国际上较为坚挺的币种兑换后存入银行，也许可以获得较多的机会。

1. 外汇投资产品

（1）定期储蓄。这是目前投资者最普遍选择的方式之一，风险低，收益稳定，具有一定的流动性和收益性。此外，由于外汇之间可以自由兑换，不同的外币储蓄利率不一样，汇率又时刻在变化，所以定期外币储蓄具有选择哪种外币进行储蓄的优势。

（2）外汇理财产品。这类产品适合不具备专业知识的普通投资者，通常本金安全有保障，投资者在承担了有限的风险后，即可获得高于普通存款的收益。不过，外汇理财产品都有一定的期限，投资者一般不可提前支取本金，由此必然将牺牲一定的资金灵活性，因此，这种外汇理财方式需要投资者根据自己未来的资金使用情况合理安排投资计划。

（3）期权型存款（含与汇率挂钩的外币存款）。期权型存款的年收益率通常能达到10%，如果对汇率变化趋势的判断基本准确，操作时机恰当，则这是一种期限短、收益高且风险有限的理想外汇投资方式，但这种投资方式需要外汇专家帮助理财。目前，深圳已有外资银行推出这类业务。

（4）外汇汇率投资。它俗称“外汇宝”，是通过低买高卖外汇来获利的一种外汇投资方式。外汇宝推出时间早，是市场上相当流行的一种投资方式，但风险较高，本金安全并无保障，投资操作需要一定的知识和时间，盲目进入很容易被套，属于须量力而行的投资方式。目前，国内很多银行都推出了外汇汇率投资业务。

2. 外汇投资需要注意的问题

（1）以闲余资金投资。如果用一笔不该用来投资的钱来生财时，心理上已处于下风，因此在决策时亦难以保持客观、冷静的态度。

（2）知彼知己。大多数成功的投资者能够控制自己的情绪且有严格的操作纪律，能够有效地约束自己。

（3）切勿过量交易。要想成为成功的投资者，其中一项原则是随时保持 3 倍以上的资金以应付价位的波动。

（4）正视市场，摒弃幻想。不要感情用事，既不过分憧憬将来，也不过分缅怀过去。一位期货交易员说：一个充满希望的人是一个快乐的人，但他并不适合做投资家，一位成功的投资者是可以分开他的感情和交易的。

（5）勿轻易改变主意。预先制订当日入市的价位和计划，勿受眼前价格涨落的影响而轻易改变决定，基于当日价位的变化以及市场消息而临时做出决定是十分危险的。

（6）做出适当的暂停买卖。日复一日地交易会令投资者的判断力逐渐变得迟钝。一位成功的投资家说：每当我感到精神状态和判断效率低至 90%时，我就开始赚不到钱，而当我的状态低过 90%时，便开始蚀本。这时，我会放下一切而去度假数周。短暂的休息能令我重新认识市场，重新认识自己，更能帮我看清未来投资的方向。

（7）切勿盲目。成功的投资者不会盲目遵从旁人的意思。当每个人都认为应买入时，他们会伺机沽出。当大家都处于同一投资位置，尤其是那些小投资者亦纷纷跟进时，成功的投资者会感到危险而改变路线。

（8）拒绝他人意见。当外汇投资者把握了市场的方向而有了基本的决定时，不要因旁人的影响而轻易改变决定。别人的意见只是参考，自己的意见才是买卖的决定性因素。

（9）忍耐也是投资。投资市场有一句格言："忍耐是一种投资。"从事投资工作的人必须具有良好的忍耐力，这往往是投资成败的一个关键。不少投资者，既不是分析能力低，也不是缺乏投资经验，而是欠缺一份耐力，他们常因过早买入或者过早沽出而导致无谓的损失。

（10）明确止损位置。这是一项重要的投资技巧。由于投资市场风险颇高，为了投资失误带来损失，因此每一次入市买卖时，投资者都应该确定好止损位，即当汇率跌至某个预定的价位并还可能下跌时，立即交易结清，从而防止损失的进一步扩大。

（七）黄金

黄金以其耐用、美观和稀有的特性，自古以来就是人们用于保值增值的有效工具。随着金融市场的不断发展，黄金作为一种投资品种，被越来越多的投资者所青睐。

1. 黄金投资的优点

（1）税负较轻。黄金投资是世界上税负最轻的投资项目。

（2）产权转移便利。黄金转让没有任何登记制度方面的阻碍，而住宅、股票等的转让都要办理过户手续。

（3）世界上最好的抵押品种。由于黄金是一种国际公认的物品，根本不愁买家承接，所以一般的银行、典当行都会给予黄金 90%以上的短期贷款，而住房的抵押贷款额最高不超过房产评估价值的 70%。

（4）黄金市场没有庄家。黄金市场属于全球性的投资市场，现实中还没有哪一个财团或国家具有操控黄金市场的实力，所以黄金投资者也就获得了一定的投资保障。

2. 个人投资黄金的品种

（1）标准金条。标准金条简称标金，是黄金市场为使场内买卖交易行为规范化、计价结算国际化、清算交收标准化而要求进场的交易标准物必须按规定的形状、规格、成色、重量等要素精炼加工成的条状金。

（2）金币。金币是黄金铸币的简称，有广义和狭义之分。广义的金币泛指所有在商品流通中专作货币使用的黄金铸件，如金锭、金元宝等；狭义的金币是指经过国家证明，以黄金作为货币的基材，按规定的成色和重量，浇铸成一定的规格和形状，并标明其货币面值的铸金币。

（3）金饰品。金饰品也有广义和狭义之分。广义的金饰品是泛指不论黄金成色多少，只要含有黄金成分的装饰品，如金杯、奖牌等纪念品或工艺品，均可列入金饰品的范畴。狭义的金饰品专指以成色不低于 58%的黄金材料加工而成的装饰物。

（4）黄金账户。它是指商业银行为投资者提供的一种黄金投资方式。

（5）纸黄金。纸黄金也称黄金凭证，就是在黄金市场上买卖双方交易的标的物是一张黄金所有权的凭证而不是黄金实物，是一种权证交易方式。

（6）黄金股票。黄金股票又称金矿公司股票，是指与黄金相关的金矿公司向社会公开发行的上市或不上市的股票。

（7）黄金基金。黄金基金是专门以黄金或黄金类衍生品种作为投资对象，以获取投资收益的一种共同基金，黄金基金分为开放式基金和封闭式基金。

（8）黄金理财账户。黄金理财账户又称黄金管理账户，指的是投资者在商业银行开立一个黄金理财账户，将买入的黄金存放在商业银行的金库里，记载在黄金理财账户上，并交与商业银行全权管理处置，到了原定的投资收益分配期间，由黄金理财账户的运作与管理者——商业银行来分配投资盈利。

（9）黄金保证金交易。黄金保证金交易是指在黄金买卖业务中，市场参与者不需要对所交易的黄金进行全额资金划拨，只需要按照黄金交易总额支付一定比例的价款，作为黄金实物交收时的履约保证。目前的世界黄金交易中，既有黄金期货保证金交易，也有黄金现货保证金交易。

随堂思考：黄金首饰有投资价值吗？

解析：黄金首饰的主要用途是装饰、美化生活。一般的黄金首饰纯度不如投资型实物黄金；黄金首饰的价格中加入了设计和精加工的成本，市面价格的溢价幅度一般高达 20%。因此，一般情况下购买黄金首饰并不是投资黄金，而是属于消费。但是大师级设计师的作品（无论是古代还是现代）、绝版发行的时尚首饰、古董首饰制品具有一定的投资收藏价值。

3. 黄金投资策略

（1）实物黄金投资策略。实物黄金一般分为投资型金条、纪念型主题金条、金币和金饰品三类。其中，第一类的投资价值较大，变现渠道较广，收取一定比例的回购费用后便可变现为现金。而纪念型主题金条和金币也较为常见，收藏价值较高，但纪念型主题金条、金币的变现能力其实并不强，具有一定经济实力的人才适合投资。

（2）黄金 T＋D 业务投资策略。黄金 T＋D 也被称作黄金现货延期交易。由于黄金 T＋D 业务能提供杠杆交易，支持双向交易，且保值性较强，投资者可以进行实物黄金的提取，故对一部分具有期货或股票交易经验的投资者来说更具有吸引力。目前包括兴业、民生、浦发、中信等不少商业银行都在代理该项业务。由于涵盖了欧美最活跃的黄金交易时段（21 时至次日凌晨 2 时 30 分左右），对一般投资人而言，该品种更容易实现纯市场的风险控制。

（3）纸黄金投资策略。纸黄金投资主要适合资金量不大并且不想承担投资风险的保守型投资者。纸黄金交易不存在仓储费、运输费和鉴定费等额外的交易费用，投资成本低，不会遇到实物黄金交易通常存在的“买易卖难”的窘境。投资者只能买涨，不能买跌，需 100％资金投入，最小交易量是 10 克。投资纸黄金不计利息，也不能获得股票、基金投资中的红利等收益，因此只能通过低吸高抛赚取买卖差价获利。

（4）黄金股票投资策略。黄金股票就是金矿公司向社会公开发行的上市或不上市的股票，所以又可以称为金矿公司股票。但是需要注意的是，由于买卖黄金股票不仅是投资金矿公司，而且还间接投资黄金，因此这种投资行为比单纯的黄金买卖或股票买卖更为复杂。另外，黄金股的走势好坏不仅与黄金市场的价格走势有关，而且与金矿公司的经营状况有关。

（八）收藏品

收藏是一门艺术，更是一门学问。随着人们生活水平和文化素质的不断提高，历来为文人雅士所喜爱的古玩、字画等收藏品，越来越多地走进了寻常百姓家。

1. 收藏品种的选择

尽管收藏品投资领域的回报率可观，但收藏品投资领域种类繁多、门槛较高、风险较大，投资者须量力而行。无论是投资邮票、金币，还是翡翠、玉石，投资者都必须认清自己的投资需求和预期回报率。

收藏品真正的价值是需要时间来验证的。收藏者应根据自己的兴趣爱好、经济实力和目的来选择收藏品的投资品种。不同收藏者的主要收藏品项目不同，投资者应做到主次分明，保证主要收藏项目的数量和质量，多学习一些有关主要收藏项目藏品的专业知识，具备一定的收藏品专业鉴赏能力，就可以减少收藏品投资的风险，在收藏品投资领域有所收获。

个人投资者初期进入收藏品投资领域时，可选择门槛相对较低、风险相对可控的投资产品。在收藏品投资之前一定要根据市场的发展趋势，结合自己的实际情况，做好投资相关知识的积累，量力而行，谨慎投资。

2. 收藏品投资应注意的问题

（1）发行量。通常情况下，发行量越少的收藏品就越容易升值。

（2）存世量。存世量少的收藏品非常珍贵，如果发行量大，但其存世量却很小，这样的收藏品同样十分珍贵。

（3）炒作因素。收藏品市场也存在炒作行为，如果某一件收藏品因为炒作因素暴涨，投资时应十分谨慎，其价格可能严重脱离实际价值，投资此类收藏品就会存在很大风险。

（4）需求量。那些需求量很大、供不应求的收藏品，即使它们的发行量很大，或者发行时间很短，也很容易升值。

（5）时间因素。通常情况下，历史越悠久的收藏品越值得投资。

（6）题材。热门题材的收藏品，特别是具有历史意义或者较有政治意义的收藏品容易升值。

（7）设计因素。设计美观、有较高观赏价值的收藏品也有增值的可能，因为不少的收藏品投资者都是因为藏品精美而进行收藏的。

三、投资规划的编制程序

投资规划的编制遵循以下程序：

（一）确定可用来投资的资产

首先将现有的资产负债进行清理调整，预留供衣食住行、娱乐及医疗等基本生活开支需要的资金，并通过开源节流，增加可用于投资的资产。

（二）建立投资目标

要根据客户的特征和需求，设定恰当的投资目标。

（三）制订投资计划

在为客户设定具体投资目标的基础上，初步拟订投资计划书，内容包括投资目标、目标金额、实现时间等。

（四）评估投资工具

这主要是评估每个投资工具的收益和风险之间的关系。

（五）选择合适的投资工具

这一步主要是选择收集进一步的投资信息，选取与投资目标相一致的投资工具。最好的投资工具未必是收益最大的工具，其他的因素如风险和税负的考量可能影响更大。仔细挑选投资工具是投资成功与否的关键所在。投资工具的选择应该与投资目标相一致，并应考虑投资收益、风险和价值的平衡。

（六）构建分散化的投资组合

投资分散化是指通过持有一定数量的不同投资工具以增加投资收益，降低投资风险，也就是我们通常说的“不要把所有的鸡蛋放在同一个篮子里”。

（七）投资组合管理

一旦确定了投资组合，就应监督投资组合的表现，不断比较其实际投资业绩和期望投资业绩之间的关系，并及时做出调整。

任务实施

汪先生家庭投资规划方案如下：

经过与汪先生的沟通，对其资产和负债进行了合理调整，并对实现理财目标的资金运用及投资策略进行了合理安排。

一、现金等流动资金调整

每个家庭都应准备足够的备用金以应对突发事件等意外情况引发的现金需求，但预留过多的现金等流动性过高的资金，则在一定程度上导致投资收益减少。因此建议：家庭目前保持 1 万元活期存款来应付日常生活开销是适当的，鉴于良好的稳定净现金流结余情况，另保留 2 万元备用金在货币基金上，其余的 16 万元货币基金可转向更高收益的投资。

二、完善家庭综合保障计划

除现有社保外，尽快对家庭的工作成员，特别是收入主要贡献者购买较充足的保障性商业补充保险（包括意外险、医疗保障性保险）。汪先生本人的总保额应不低于 100 万元，汪先生配偶的总保额应不低于 10 万元，预计年增加保费支出 1.2 万元左右（只是估算，具体实施时考虑各公司不同品种的差异性）。寿险品种则在利率水平上升后酌情考虑。对孩子的保险应看情况，但家庭计划的保费支出应由父母优先使用。对孩子可购买部分教育保险，但因收益率低，在家庭资产增值能力较强的情况下，可暂不考虑。父母因年岁渐高，除购买意外险外，其他保险已较难投保或成本过高，建议以家庭结余资金定期划出少部分，组建老人医疗储备基金，选较长期的基金产品。

三、资产增值计划

在健全家庭整体风险基本保障体系后，未来需要重点考虑的是如何安排投资的节奏，与每个阶段的财务目标相协调，及时调整保持较佳的资产配置和投资组合，以保持较高效的资产增值状态。对投资产品的选择和转换是保持较好的资产平均收益率的关键。为合理配置金融资产和固定资产比例，在稳健前提下适时运用财务杠杆，进一步提高资产综合运用效率。

现阶段国内 A 股市场在长期熊市后，已出现一批价值相对低估、有长期投资价值的股票，市场政策面和资金面都存在支持市场回暖的较好条件。因此，股票市场已进入一个可逐步介入的宜投资阶段。股票型基金业绩的趋好已有较好的市场背景。

考虑该家庭2年后的购房计划若采用公积金贷款的财务杠杆方式完成，则对投资组合的资金压力影响较小。因此，建议该家庭从货币基金中转出16万元资金分别投资小盘封闭式基金6万元，投资50ETF基金3万元，投资偏股型开放式基金5万元，投资可转换债券2万元。原有5万元偏债平衡型开放式基金继续持有。

原有5万元股票建议调整投资品种，更换为具有长期投资价值的、收益确定性相对更强的品种。如该家庭不想继续持有股票，则可以投资在小盘封闭式基金上。

建议结余资金采取定期追加投资开放式基金，其中在偏债型基金上的投资比例不超过20%，在偏股型基金上的投资比例不低于80%。每年的收入结余都可考虑按此比例进行资产组合配置。

但进入购房前一年的月结余资金全部投入货币基金或中短期纯债型基金，准备补充购房首付款及装修等相关款项的缺额。购房后仍恢复正常月结余资金的投资组合比例。

期间如果债券市场出现收益率回升到理想水平的局面，则可根据市场情况减少偏股型基金的持有比例，或减持可转换债券，调整增持部分国债或企业债。

四、固定资产投资计划

该家庭打算在3年内为方便孩子上学而购置市区住房，属自住房。建议购房采用公积金贷款的融资杠杆方式完成，用足40万元公积金贷款额度，减少对已有投资组合的资金压力。因融资成本相对高1个多百分点，不建议采用商业贷款补充。则首付款和装修费用等估算为45万元，以公积金账户余额及货币基金余额共同支付，不足部分采取短期借款、保单质押等方式过渡，或酌情减持少量其他基金补充。

自住房的购房条件具有一定刚性，从投资价值角度来比较，选择的余地相对较小，但仍建议选房时以假设出租收益率判断法来估算一下房子的价值，以免过于高估购房价。迁居后原远郊的住房如没有居住需要，则可出租，若出租收益率过低，不足4%，则可考虑卖出。卖房所获资金可另行购买有投资价值的二手房，或投资于收益较高的信托产品，或根据市场情况增持基金。

调整后效果预测：

目前家庭生息资产比例为56.5%。由于建议以相当资金投资股票基金、股票、可转债，根据相关市场背景分析，股市从长期看必然会有较好的发展，价值低估股和绩优成长股的良好表现必然会推升股票基金业绩，将使投资组合中的有关基金产生较好的分红收入和净值增长，资产增值效果将在长期持有一个阶段后逐渐体现出来。

对流动资产组合的调整提高了该部分资产的平均收益率预期，经测算，调整后的流动资产组合所产生的保守现金流收入，比调整前的流动资产组合的现金流收入增加了1倍。

基金组合由于品种配置上进行了适当分散，一定程度上分散了非系统性风险。

虽在制订保障计划时，建议增加的商业保险会加大经常性支出，但将使家庭的主要收入更有保障，且保费支出完全在正常比例内，未对稳定的净现金流产生大的负面影响。

实训练习

一、知识训练

1. 课堂讨论题

(1) 投资规划的工具有哪些？

(2) 股票投资分析方法有哪些？投资者应如何选择？

(3) 投资开放式基金应注意哪些问题？具体的投资策略有哪些？

(4) 个人投资黄金有哪些品种可以选择？

(5) 投资规划的编制程序是什么？

2. 判断题

(1) 投资规划的资产组合必须与家庭重大规划目标相结合。(　　)

(2) 投资规划工具的选择就是要为客户选择收益最高的投资工具。(　　)

(3) 当市场利率上涨时，债券价格也会随之上涨。(　　)

(4) 黄金是保值增值的有效工具。(　　)

(5) 发行量大、存世量却很少的收藏品不具有投资价值。(　　)

3. 单项选择题

(1) 提出“全球化投资”观念的投资大师是(　　)。

A. 沃伦·巴菲特　　B. 安德烈·科斯托兰尼

C. 彼得·林奇　　D. 约翰·坦伯顿

(2) 投资者完全依据市场行情的变化来买卖基金的策略是(　　)。

A. 定期定额购入策略　　B. 固定比例投资策略

C. 适时进出投资策略　　D. 顺势操作投资策略

二、技能实训

1. 小李想投资A股市场，不知道应该怎么去做，请登录某证券公司网站帮助小李查询证券开户需要准备的资料及具体流程。

2. 小方想做开放式基金定投，计划每月投资1 000元，期望投资收益率为8%，请帮助他选择具体的基金。

3. 王先生，35岁，教师，税后年收入8万元；妻子无工作，有社会养老保险、医疗保险和重大疾病保险；长女9岁，小学四年级，有学生平安保险、教育险；幼女3岁，上幼儿园，有平安保险和人寿分红保险。王先生家庭目前有现金及活期存款3万元，即将到期的定期存款48万元，企业债券、基金及股票12万元，还有一套价值55万元的房产。工资及房产租赁月收入为3 750元，月支出为1 850元，年度保险费支出为26 500元。王先生近期有购车计划，还打算将来送两个女儿出国留学。请根据上述情况，为王先生家庭编制投资规划。

课后自检

1. 任务二的知识点：

2. 任务二的技能点：

3. 我掌握了哪些知识和技能？

学习情景七　子女教育规划

情景导入▶

城市家庭平均每年花费在子女教育方面的费用很高，教育支出超过家庭总支出的三成，巨额的教育投入正在向普通百姓家庭蔓延。

在北京市昌平区天通苑租房的李女士，带着孩子从老家山西来北京，家里每个月收入也就 6 000 元，而给儿子每个月的补课费就要近 2 000 元。李女士说："对我来说这是一个沉重的负担，但是，看到其他孩子都在补课，我也不能让自己的孩子'委屈'着呀。"正是这种怕"委屈"的心理，她儿子所在班级的学生几乎都报了课外辅导班。

刘女士的儿子在朝阳区一所普通小学上学，前年他参加了学校组织的萨克斯学习班，刘女士发现儿子对此非常喜欢，于是在外面又报了专业辅导班，除了每个月 2 000余元的培训费，刘女士还狠狠心花了 2 万多元为儿子买了萨克斯。"每个月的教育投入都占到了家庭收入的 1/3 了，没办法，就一个孩子。"刘女士坦言，自己会想方设法为孩子提供更好的成长机会。

这样的例子并不少见，一些家庭已经把太多的支出放在了子女教育上。在教育上的过多消费必然会挤占家庭的其他消费，这对那些贫弱家庭来说尤其危险。

有关数据显示，城市家庭平均每年在子女教育方面的支出，占家庭子女总支出的 76.1%，占家庭总支出的 35.1%，占家庭总收入的 30.1%，子女教育费用已成为中国家庭的沉重负担。

随堂思考：你的子女教育金准备好了吗？

对子女的教育必须提前规划，要为子女准备充足的教育资金，以此来应对孩子不同时期的转型需要。子女教育规划即子女教育投资规划，是指为实现子女预期教育目标所需要的费用而进行的一系列资金管理活动。

要做好子女教育规划，就需要熟悉子女教育规划的相关知识，选择适合的子女教育规划工具，编制子女教育规划。

一、熟悉子女教育规划的相关知识

熟悉子女教育规划的相关知识是编制子女教育规划的基础，通过学习，应清楚子女教育资金的来源、子女教育规划的概念及特点、子女教育规划的编制流程等相关知识。

二、选择合适的子女教育规划工具

子女教育规划工具的选择也相当重要，它决定一个家庭能否实现其子女教育目标。由于子女教育的周期较长，因此子女教育规划更加重视长期教育规划工具的运用和管理，主要包括教育储蓄、教育保险、基金定投、股票、政府债券、子女教育信托等。

三、编制子女教育规划

制订子女教育规划方案时，首先要明确教育目标，据此确定所需教育费用，然后分别计算子女教育一次性及分期投资所需资金，最后选择适当的投资工具进行投资。子女教育规划方案制订后，应定期审视评估，并在必要时及时进行调整。

任　务　编制子女教育规划

学习目标

◇ 了解教育资金的主要来源
◇ 正确认识子女教育规划
◇ 学会子女教育金的计算
◇ 掌握主要的长期子女教育规划工具
◇ 正确选择和应用子女教育规划工具
◇ 能够编制子女教育规划

素养目标

◇ 通过子女教育规划的学习，树立“以人为本”的观念，关注时代发展和社会变迁，激发奋斗精神、自律精神，立志成为国家不可或缺的人才，为实现中华民族伟大复兴中国梦贡献力量

任务描述

王先生，29 岁，政府机关的公务员，妻子 26 岁，在某杂志社担任美术编辑。两人合计税后工资 12 000 元。今年夫妻俩喜得贵子，儿子现在暂由双方父母照顾，宝宝虽然聪明可爱，但王先生的理财烦恼也接踵而至了……

（1）夫妻俩希望至少在经济上能支持儿子出国留学，如果不出国的话，这笔钱也能将来留给孩子作为创业基金或者结婚使用。

（2）夫妻俩不想让父母太过劳累，希望能聘请家政人员协助照顾儿子。

（3）夫妻俩希望能培养孩子一项特长，并从小打好英语基础。

夫妻俩打算使用 20 万元积蓄专门为孩子制作一份教育规划。

任务分析

子女教育规划有一定的周期性，在孩子 3 周岁前，虽然不需要支出幼儿园的入托费，

但是这个阶段抚育金的比例一般较大，保姆、奶粉、童装、玩具这些支出一样都少不了，而随后幼儿园、小学、初高中教育金支出呈现递减趋势，抚育金渐渐平稳，当子女进入大学阶段甚至出国留学的这个时期，教育金和抚育金都会出现大幅度增加，家庭的财务压力一般也到了最大的一个时期。

子女成长过程中教育金与抚育金支出情况的模拟情况如表 7-1 所示。

表 7-1　子女成长过程中教育金与抚育金支出情况

年龄	教育阶段	教育金	抚育金	说明
0～2 岁			2 000 元/月	
3～6 岁	幼儿园	24 000 元/学年	1 500 元/月	
7～12 岁	小学	20 000 元/学年	1 500 元/月	
13～15 岁	初中	10 000 元/学年	1 500 元/月	
16～18 岁	高中	10 000 元/学年	1 500 元/月	
19～22 岁	大学	80 000 元/学年	5 000 元/月	出国留学

注：暂不考虑保姆费用支出；出国留学支出每年 2 万美元（暂按照人民币汇率 7.0 计算）。

为更好体现子女教育规划的严谨性与可实施性，设定的学费增长率高于通货膨胀率和工资增长率，模拟相关重要参数，如表 7-2 所示。

表 7-2　模拟相关重要参数

名称	年率	名称	年率
学费增长率	4%	通货膨胀率	4%
收入增长率	3%	无风险收益	3%

预计王先生家庭子女教育支出的长期比例维持在 46.3%，当子女 19 岁出国后，家庭经济压力陡增，在此之前家庭教育支出比例低于 30%，王先生家庭如果没有房屋贷款等类似的负债，家庭收支结构较为合理，需要制定相应规划弥补出国留学的教育金储备。

任务精讲

一、为什么要编制子女教育规划

（一）孩子的教育费用越来越高

望子成龙、望女成凤是每个父母的心愿。如今孩子的教育问题已经成为每个家庭的重中之重。近年来统计局的调查显示，教育支出增长速度明显高于收入和支出增长。

案例阅读：在北京养大一个孩子的成本是多少？

调查中，在问及“如果你家有矛盾有困难，主要原因是什么？”时，46.6%家庭选择的“孩子的教育费用越来越高”位列榜首；紧随其后的是“收入低，家庭生活窘迫”，为 43.1%；表示因“家里有病人”而导致生活困难的占32.0%；而在“您的家庭最需要哪些方面的帮助?”一问中，54.1%的被访者选择“子女家庭教育咨询”，其次是“帮助解决就业”和“社区医疗服务”。

（二）教育资金的最主要来源为家庭

子女教育资金的来源有政府教育资助、奖学金、勤工俭学收入、个人教育贷款、留学贷款、家庭自身的收入和资产。

1. 政府教育资助

政府每年都会在财政预算中拨出一部分资金用于对符合条件的人提供教育资助。这类教育资助通常有着严格的资助限制，包括资助条件、资助种类、资助期限等。由于政府拨款有限，即使是符合条件的申请人，也不一定能获得资助。

2. 奖学金

政府的教育资助有时以奖学金方式体现，但这类奖学金并不占大头，各类民间机构和组织，企业、公司、基金、宗教慈善团体、服务机构、学术组织等都通过学校设立种类繁多的奖学金。无论哪种奖学金，其领取都是有条件的，一般要求申请人在学业、社会活动或是体育技能方面有所专长。虽然奖学金也是教育资金的一项来源，但客户子女能否获得奖学金具有很大的不确定性。

3. 勤工俭学收入

子女上学期间通过假期和课余勤工俭学获得的收入也可作为教育资金的来源。但勤工俭学收入取得的时间、金额都不容易确定，所以在做子女教育规划时不应将其计算在内。

4. 个人教育贷款

个人教育贷款是银行向在读学生或其直系亲属、法定监护人发放的用于满足其就学资金需求的贷款。根据贷款性质的不同，个人教育贷款可分为国家助学贷款和商业助学贷款。个人教育贷款是教育资金重要的筹资渠道。

（1）国家助学贷款是由国家指定的商业银行面向在校的全日制高等院校经济确实困难的本专科学生、研究生以及第二学士学位学生发放的，用于帮助他们支付在校期间的学费和日常生活费，并由教育部门设立“助学贷款专户资金”给予财政贴息的贷款。它是运用金融手段支持教育，资助经济困难学生完成学业的重要形式。国家助学贷款实行“财政贴息、风险补偿、信用发放、专款专用和按期偿还”的原则。

（2）商业助学贷款是指银行按商业原则自主向个人发放的用于支持境内高等院校困难学生支付学费、住宿费和就读期间基本生活费的商业贷款。商业助学贷款实行“部分自筹、有效担保、专款专用和按期偿还”的原则。

5. 留学贷款

留学贷款是银行向借款人发放的用于借款人本人或其关系人支付与出国留学有关的各项费用或开立出国留学存贷款证明的人民币贷款。

（1）留学贷款的分类。留学贷款按借款人可否提取贷款资金分为提款型和非提款型留学贷款。提款型留学贷款主要用于支付出国留学人员留学期间的学杂费和生活费用等实际发生的费用；非提款型留学贷款主要作为留学人员及其关系人向外国使（领）馆申请留学或陪读签证时所需的保证资金，贷款期间贷款资金处于冻结状态，借款人不得提取（权利凭证质押方式项下除外）。

（2）留学贷款的发放方式。留学贷款的发放方式灵活，贷款既可以在初次申请时一次发放，也可以按照借款人学费、住宿费、生活费的支付期分次发放。

（3）留学贷款的担保方式。留学贷款的担保方式多样，提款型留学贷款的担保方式可分为房产抵押和权利凭证抵押；非提款型留学贷款的担保方式包括房产抵押、权利凭证质押以及银行认可的担保公司提供担保等。

（4）留学贷款的额度。留学贷款的额度不超过国外留学学校录取通知书或其他有效入学证明上载明的报名费，一年内的学费、生活费以及其他必需费用的等值人民币总和，通常为5万～50万元人民币，最高不超过200万元人民币。留学贷款的利率按照中国人民银行规定的同期贷款利率执行。留学贷款的贷款期限最长为10年。贷款期限在1年以内（含1年）的，实行合同利率；贷款期限在1年以上的，遇法定利率调整，于次年的3月15日起，按相应的利率档次执行新的利率，实行分段计息。

（5）留学贷款的申请。申请留学贷款时，借款人须提供以下资料：

1）借款人、出国留学人员、抵押人（出质人）的有效身份证件，包括身份证、户口簿或其他有效居留证件原件。

2）借款人与出国人员的关系证明。

3）借款人或其家庭成员经济收入证明。

4）出国留学人员就读学校的录取通知书、接收函以及就读学校开出的学生学习期内所需学费、住宿费、生活费等费用总额有关材料，或者其他能证明借款人取得学籍及相关学杂费、生活费总额等资料。

如何筹备足够的教育资金

5）以财产抵押或质押的，应提供抵押物权属证明或质押物正本、单据和所有权人（包括财产共有人）签署的同意抵押或质押的承诺。抵押物须提交贷款人认可的机构出具价值评估报告，质押物须提供权利凭证。

6）借款人和担保人应当面出具并签署书面授权，同意银行查询其个人征信信息。

7）贷款人要求提供的其他证明文件和材料。

6. 家庭自身的收入和资产

各种教育资金来源中，政府教育资助有限，且存在很大的不确定性；奖学金竞争激烈，金额同样有限；勤工俭学不能带来稳定的收入来源，资金额度更是难以估算；通过个人教育贷款来支付学费会加重子女在职业生涯初期的经济负担。因此，子女教育规划最主要的资金来源只能是家庭自身的收入和资产。

子女教育金的主要来源如图7－1所示。

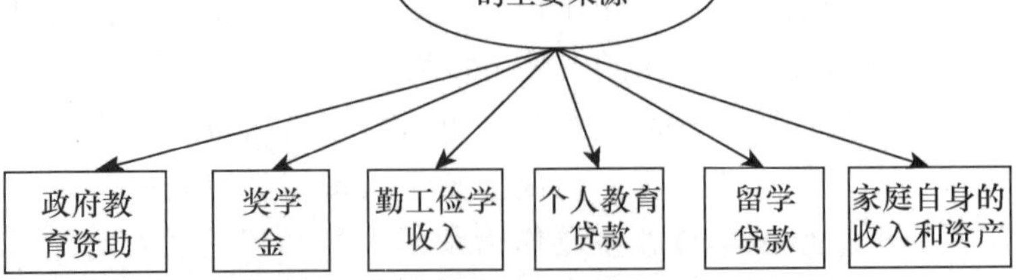

图7－1　子女教育金的主要来源

二、什么是子女教育规划

（一）子女教育规划的概念

教育规划即教育投资规划，是指为筹划预期教育目标所需要的费用而进行的一系列资金管理活动。教育规划可分为本人教育规划和子女教育规划。子女教育规划，特别是高等教育规划，是个人理财规划的核心内容。

子女教育规划是指为子女将来的教育费用进行策划和投资，包括基础教育规划和高等教育规划。子女教育规划可从以下三个方面进一步理解：

（1）子女教育支出是一项长期的投资。子女的教育不像是买东西，一次性付清就可以，当有了要孩子的计划或者孩子在成长的过程中，需要每年支付一定的费用，父母都希望孩子能够接受最好的教育，和其他孩子一样快乐地成长，但当父母由于缺少资金而无法实现这一切的时候，对孩子的身心成长必然会有一定的影响。

（2）子女成长的每一个阶段都需要规划。曾经有人做了一项关于“孩子教育成本”的调查。在调查中发现：一个孩子的教育费用占子女生活总费用的21%，而且在当代，学前教育的费用要远远高于各阶段教育费用之和的平均值。

可以看出，对子女的教育必须提前规划，为子女准备充足的教育金，以此来应对孩子不同时期的转型需要，就算子女将来用不着，还可以转变为自己的养老金，以减少子女的负担。

（3）子女教育规划的核心内容是制订筹集子女教育经费的计划与实施方案。

（二）子女教育规划的特点

子女教育规划与家庭其他理财规划有显著的区别，其特点是：

（1）时间无弹性。子女一般到了18岁就要念大学，除去子女幼儿阶段的开销，能准备教育金的时间大致为小学到中学（约12年）。

（2）费用无弹性。子女高等教育的学费相对固定，而且这些费用对每位学生基本都是相同的，不会因家庭富有与否而有差异。

（3）子女的资质无法事先预测。子女出生时很难预知这个子女在独立生活前会花掉多少钱，这与子女的资质、注意力以及学习能力有关。

（4）面临通货膨胀影响。子女教育金支出的时间持续较长，典型的教育周期为16年。面对教育支出逐年上涨的事实，教育规划资产必须有较好的增值速度，至少应该超过通货膨胀率。

对于一般工薪家庭来说，如果等到需要教育资金时才开始筹措，就会显得比较吃力，因此必须通过细水长流的方式，利用资金的复利效应，尽早规划。子女教育规划不同时间段进行的效果对比情况如表7-3所示。

表 7-3　子女教育规划不同时间段进行的效果对比情况

项目	客户		
	甲（孩子刚出生时进行大学教育规划）	乙（孩子上小学时进行大学教育规划）	丙（孩子上初中时进行大学教育规划）
每月投资金额（元）	300	450	900
投资总年限	18 年	12 年	6 年
投资年收益率	5%	5%	5%
投资总额（元）	64 800	64 800	64 800
上大学时的投资总价值（元）	104 760	88 544	75 388

三、子女教育规划的工具

子女教育规划工具的选择也相当重要，它决定一个家庭能否实现子女教育目标。由于子女教育的周期较长，因此子女教育规划更加重视长期教育规划工具的运用和管理。

（一）长期教育规划工具

长期教育规划工具主要包括教育保险、基金定投、子女教育信托、政府债券等。

1. 教育保险

教育保险又称教育金保险、子女教育保险、孩子教育保险，是以为孩子准备教育基金为目的的保险。教育保险是储蓄性的险种。

教育保险的保障对象为 0 周岁（指出生满 28 天且已健康出院的婴儿）至 17 周岁的少儿；有些保险公司的教育金保险所针对的对象为出生满 30 天至 14 周岁的少儿。

目前，少儿教育金保险主要有三种：一是纯粹的教育金保险，可以提供初中、高中和大学期间的教育费用，通常以附加险的形式出现；二是可固定返还的保险，其返还的保险金不仅可以作为孩子上学期间的教育费用，在以后还可以持续提供生存金；三是理财型保险，如万能保险、投资连结保险等，具有较强的投资理财功能，也可以作为教育基金的储备，在子女初中、高中或者大学中的某个阶段领取作为其教育金。

教育保险的优点是兼具强制储蓄、保障功能。强制储蓄是指父母必须每年存入约定金额，从而保证储蓄计划能够完成。最能体现保障功能的是其保费豁免条款，即投保教育保险的家庭，一旦父母因特定原因无力再继续承担保费，保险公司就会豁免剩余应缴保费，而保单中对孩子的一切保障权益均不改变（日后孩子的教育基金照领）。教育保险的缺点是，短期不能提前支取，资金流动性较差，早期退保可能会使本金受到损失。

案例阅读：阳光旅程教育保障金计划

2. 基金定投

基金定投有懒人理财之称，源于华尔街流传的一句话："要在市场中准确地踩点入市，比在空中接住一把飞刀更难。"如果采取分批买入法，就克服了只选择一个时点进行买进或卖出的缺陷，可以均衡成本，使自己在投资中立于不败之地。

基金定投是一种值得推荐的教育规划工具，它具有类似长期储蓄的特点，能积少成多，平摊投资成本，降低整体风险。它还有自动逢低加码、逢高减码的功能，无论市场价格如何变化，总能获得一个比较低的平均成本，因此基金定投可抹平基金净值的高峰和低谷，消除市场的波动性。只要选择的基金有整体增长，投资人就会获得一个相对平均的收益，不必再为入市的择时问题而苦恼。

基金定期定额投资需要注意以下问题：

（1）最好选择股票型基金或者配置型基金。债券型基金等固定收益工具相对来说不太适合用定期定额的方式投资，因为投资这类基金的目的是灵活运用资金并赚取固定收益。市场在低点时，最适合开始定期定额投资，只要看好长线前景，短期处于空头行情的市场最值得开始定期定额投资。

（2）长期投资选择波动较大的基金。定期定额长期投资的时间复利效果分散了股市多空、基金净值起伏的短期风险，只要能坚守长期扣款原则，选择波动幅度较大的基金更能提高获利水平，而且风险较高的基金的长期报酬率应该胜过风险较低的基金。因此，如果有较长期的理财目标，如5年以上至10年、20年，不妨选择波动较大的基金；如果是5年内的目标，还是选择绩效较平稳的基金为宜。

（3）活用各种弹性的投资策略。定期定额投资可以根据长、短期理财目标选择不同特色的基金，让定期定额的投资效率提高。以筹措子女留学基金为例，若财务目标金额固定，而所需资金若是短期内需要的，那么就必须提高每月的投资额，同时降低投资风险，这以稳健型基金投资为宜；但如果投资期间拉长，投资者每月所需投资金额就可以降低，相应可以将可承受的投资风险提高，适度分配积极型与稳健型基金的投资比重，使投资金额获得更高的收益。

（4）根据财务能力弹性调整投资金额。随着就业时间变长、收入提高，个人或家庭的每月可投资总金额也逐渐提高。因此，适时提高每月扣款额度也是一个缩短投资期间、提高投资效率的方式，尤其是在原有投资的基金趋势正确、报酬率佳，而且原有的投资组合分散风险的程度已经足够的时候，就不需要另行申购其他基金，依照原有的投资比重重新分配投资金额，以早日达到自己的投资目标。

3. 子女教育信托

对于收入较高的家庭，可以将其财产所有权委托给受托人（如信托机构），使受托人按照信托协议的约定为受益人（如孩子）的利益或特定目的，管理或处分信托财产。在子女教育创业信托中，父母委托一家专业信托机构管理自己的一笔财产，并通过合同约定这笔钱用于将来孩子的教育和生活。

子女教育信托的优点为：

（1）鼓励子女努力奋斗。家长设立信托时可以设立一定条件，如当子女实现预定目标时，才能取得相应的资金，这对子女具有一定的激励作用。

（2）防止子女养成不良习惯。受托人对教育金的管理可以防止受益人对资金的滥用。

（3）从小培养子女的理财观念。设立信托后，孩子的学习、生活开支都将与银行、信托机构紧密相连，有利于从小培养孩子节俭、合理规划的理财观念。

（4）规避家庭财务危机。设立教育信托可以避免家庭财务危机给孩子的学习和生活造成不良影响，实现风险隔离，这是设立教育信托最大的优势。

（5）专业理财管理。子女教育信托的受托人一般是具有雄厚实力的资深机构或专业理财人员，可以使信托资产得到很好的规划与配置。

4. 政府债券

政府债券的发行主体是政府。它是指政府财政部门或其他代理机构为筹集资金，以政府名义发行的债券，主要包括国库券和公债两大类。国库券一般是由财政部发行的，用以弥补财政收支不平衡；公债是指为筹集建设资金而发行的一种债券。有时也将两者统称为公债。中央政府发行的债券称中央政府债券（国家公债），地方政府发行的债券称地方政府债券（地方公债）。

政府债券的安全性高、流动性强、收益稳定，而且还可享受免税待遇（利息收入免纳个人所得税），因此是子女教育规划的主要投资工具之一。

需要注意的是，子女教育规划并不鼓励家庭采用风险太高的投资工具，如股票和公司债券等。但如果教育规划期较长，也可以采用这些工具，可使用定投的方式适当规避风险，相对较高的收益率可以帮助家庭较早地完成教育规划。

（二）短期子女教育规划工具

如果子女教育规划进行得比较晚，在短期内就需要一笔资金来支付子女教育费用，此时应该考虑贷款或者资产变现。采用贷款这种方式很容易占用退休规划的资金，所以在做决定之前应慎重考虑，并确保不会影响退休规划和其他安排。

贷款可分为住房抵押贷款、学校贷款、政府贷款、资助性机构贷款和银行贷款。一般情况下，家庭可以优先考虑大学提供的低息贷款。另外，家庭还可以争取政府和资助性机构的贷款，但这类贷款一般有严格的限制，不容易取得。当然家庭也可以选择银行贷款，银行贷款一般没有特别的要求和限制，但必须支付较高的利息。

此外，家庭也可以考虑将闲置资产变现来解决紧急情况下的资金需要，但要考虑资产流动性问题。

四、子女教育规划的流程

（一）明确教育目标，确定所需费用

家庭需要明确希望其子女未来接受的教育目标，并了解实现该目标当前所需费用。如果尚未明确，可以通过下列问题来帮助确定。

（1）您的子女目前的年龄是多少？

（2）您希望子女在何地完成该项教育？

（3）您希望子女在何种类型学校完成该项教育？

（二）计算实现该目标未来所需费用

有必要结合实际情况，预测该教育目标费用的增长率，计算实现该目标未来所需费用，以及家庭自身应该准备的费用。

（三）计算子女教育投资所需资金

根据上述计算结果，分别计算一次性投资所需资金和分期投资所需资金。

随堂思考： 王先生的儿子今年 6 岁，王先生希望儿子 18 岁上大学时能积累足够的大学本科教育费用，并希望有能力继续让儿子深造。王先生目前已有 3 万元教育准备金，不足部分打算以基金定投的方式来解决。王先生投资的平均回报率为 4%。

请帮助王先生确定从现在起到儿子上大学期间每月分期投资金额。

解析： 具体计算如表 7－4 所示。

表 7－4　子女教育投资计算表

项目	代号	数值	备注
子女年龄	A	6 岁	
距离上大学年数	B	12 年	=18 岁－A
距离继续深造年数	C	16 年	=22 岁－A
目前大学费用总计	D	60 000 元	4 年，48 000～72 000 元
目前深造费用总计	E	35 000 元	2 年，30 000～40 000 元
学费年增长率	F	5%	3%～7%，以 5%假设
届时大学学费	G	107 751 元	=D×复利终值系数（n=B，r=F）
届时研究生费用	H	76 401 元	=E×复利终值系数（n=C，r=F）
教育资金投资回报率	I	4%	3%～5%，取中间值 4%
目前的教育准备金	J	30 000 元	可供子女未来教育使用的资金
至上大学时累计额	K	48 031 元	=J×复利终值系数（n=B，r=I）
尚需准备大学费用	L	59 720 元	=G－K
准备大学费用的月投资额	M	331 元	=L÷年金终值系数（n=B，r=I）÷12
准备深造费用的月投资额	N	292 元	=H÷年金终值系数（n=C，r=I）÷12
当前每月定额投资额	O	623 元	=M+N

（四）选择适当的投资工具进行投资

理财人员要了解具体的理财工具，清楚各种工具的优缺点，据此选择最适合的理财规划工具。

（五）制订子女教育理财规划方案

子女教育规划方案制订后，要定期（一般为一年）审视评估子女教育规划方案，在必要时及时进行调整。

子女教育规划流程如图 7－2 所示。

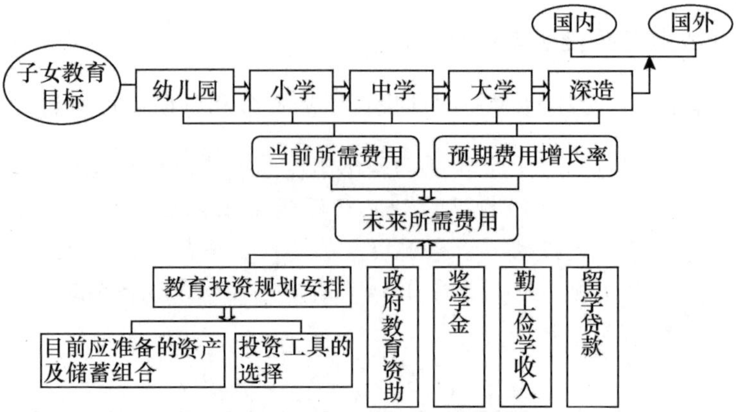

图 7－2　子女教育规划流程

任务实施

王先生在子女留学前教育支出压力可以承受，因此计划使用薪资收入的储蓄部分应对支出，为弥补留学时的高额教育金缺口，设计投资规划针对子女 19 岁时的目标缺口，再依据王先生对子女教育规划的其他目标顺序调整。

一、留学资金筹备目标投资组合策略

留学资金筹备目标投资组合策略如表 7－5 所示。

表 7－5　留学资金筹备目标投资组合策略

产品名称	美满人生年金保险	华夏平稳增长混合型证券投资基金
发行机构	中国人寿保险股份有限公司	华夏基金管理有限公司
产品简述	客户自保单生效时就开始领取年金直至投保人年满 74 周岁	实施主动资产配置、精选证券投资、金融衍生工具投资等多种积极策略，追求基金资产的持续、稳健增值
适用原因	（1）为王先生增加保额 （2）即缴即领年金，现金流稳定	（1）长期稳定储蓄积累 （2）获取平均市场收益
投资策略	王先生为被保险人，子女为受益人 五年期，年缴 3 万元	每月定投 1 500 元
	按照保险合同，王先生每月可领取固定年金，另外可领取多种方式红利，使用年金红利和自由储蓄办理基金定额定投业务	

二、聘请保姆、培养特长目标投资组合策略

聘请保姆、培养特长目标投资组合策略如表 7－6 所示。

表 7－6　聘请保姆、培养特长目标投资组合策略

产品名称	东方红 3 号	本利丰第 9 期	中海稳健收益债券型基金
发行机构	东方证券股份有限公司	中国农业银行	中海基金管理有限公司

续表

产品名称	东方红 3 号	本利丰第 9 期	中海稳健收益债券型基金
产品简述	追求为投资者创造绝对收益，自有资金参与，亏损部分补偿	投资资本市场套利机会，可进行股指期货套利投资	纯债券基金，可参与新股申购，交易成本低廉，流动性强
适用原因	有望取得超额收益	安全性较高	收益稳定，流动性好
预期收益	7.12%～20%	5.5%～13%	5%～9%
投资策略	10 万元	5 万元	5 万元
	综合收益率在 6.2%～10%		

三、综合投资组合策略

综合投资组合策略如表 7－7 所示。

表 7－7　综合投资组合策略

理财目标	投资产品	投资比例	投资收益
留学资金筹备	美满人生年金保险	每年 3 万元缴 5 年	终身年金红利
	华夏稳增基金	每月 1 500 元	10%～15%
聘请保姆、培养特长	东方红 3 号	10 万元	6.12%～10%
	本利丰第 9 期	5 万元	
	中海稳健债券	5 万元	

规划后子女教育支出比例曲线变得较为平稳，在子女成长过程中并不会因为某一时段的教育支出造成家庭负担沉重，在满足王先生三个目标后，家庭子女养育支出的比例均值由 46.3%下降至 39.04%，理财目标最终实现的可能性很大。王先生家庭需要修正家庭风险保障，对家庭有可能发生的意外风险做进一步补充，以确保理财规划最终完成。

四、修正家庭风险保障

在初期选择简单的定期寿险，主要是因为这类保险具有保费较低、保额较高的特点。在本案例中，夫妻一方因现金流中断将导致最终的理财目标无法完成。使用遗族需求法（即当被保险人发生意外时，测算家庭其他成员需要多少现金或收入来维持医疗、生活、子女教育费用的一种保险需求计算方法）计算，王先生家庭为完成全部教育理财目标需要大约 145 万元，可选择中国人寿人身意外伤害综合保险，每年保费大约 3 700 元，根据夫妻双方实际收入能力等比例为双方同时投保。当孩子进入小学后，随着教育支出的下降，可将定期寿险转化为终身寿险或补充相关医疗险。家庭风险保障是最终理财目标实现的重要环节。

实训练习

一、知识训练

1. 课堂讨论题

(1) 教育资金的主要来源有哪些?

(2) 什么是子女教育规划? 子女教育规划有哪些特点?

(3) 子女教育规划的流程是什么?

(4) 长期子女教育规划工具有哪些? 请比较各规划工具的优缺点。

(5) 短期子女教育规划工具有哪些?

2. 判断题

(1) 国家助学贷款是由国家指定的商业银行面向在校的全日制高等院校经济确实困难的学生发放的，用于帮助他们支付在校期间的学费。(　　)

(2) 子女教育规划不受通货膨胀的影响。(　　)

(3) 确定子女教育规划目标所需费用时，要考虑教育目标费用的增长率问题。(　　)

(4) 教育保险的保障功能体现在保单质押方面。(　　)

(5) 对于收入低的家庭，子女教育规划鼓励采用风险高、收益大的投资工具。(　　)

3. 单项选择题

(1) 典型的子女教育周期为（　　）年。

A. 6　　B. 9　　C. 12　　D. 16

(2) 被称为“小额投资计划”的教育理财工具是（　　）。

A. 教育储蓄　　B. 教育保险　　C. 基金定投　　D. 教育信托

(3) 子女教育信托的优点不包括（　　）。

A. 鼓励子女奋斗　　B. 规避家庭财务危机

C. 具备强制储蓄功能　　D. 专业理财管理

二、技能实训

1. 方先生的儿子今年 10 岁，方先生希望通过分期投资的方式筹集儿子 18 岁上大学时所需的大学本科教育费用。目前大学 4 年费用为 60 000 元，预计学费增长率为 5%，方先生的投资报酬率为 6%。请帮助方先生确定分期投资所需费用。

2. 某企业的经营者李女士非常重视儿子的教育问题。儿子今年 10 岁，她计划让儿子在 18 岁时出国留学，为此她准备了 100 万元的教育金。但现在企业生意不好，李女士非常担心哪一天生意失败，这笔资金被用来还债。请帮助李女士选择合适的教育规划工具，并拟订操作方案。

3. 王先生今年 45 岁，月收入 5 000 元；张女士今年 40 岁，月收入 3 500 元；两人年终奖共计 1 万元。他们有一对双胞胎女儿，刚上初中。

家庭资产：拥有 20 万元的定期存款和 5 万元的活期存款，没有炒股或者做基金、债券投资；另外，还有 1 万美元存于银行；自住一套现价 80 万元的老房，房屋贷款已还清。

支出方面：家庭的每月基本生活开销维持在3 000元左右；房屋物业管理费每月100元；双胞胎女儿教育费用每月大概800元；王先生夫妇没有任何商业保险支出，只是给双胞胎女儿各投了一份综合险，每年的保费总支出为5 000多元。

理财目标：6年内准备双胞胎女儿的大学教育费用。

请帮助王先生家庭编制教育规划。

课后自检

1. 本任务的知识点：

______

______

2. 本任务的技能点：

______

______

3. 我掌握了哪些知识和技能？

______

______

学习情景八　退休养老规划

情景导入

许强如今30岁出头，家庭稳定，女儿也已经3岁了，一切看起来幸福美满。

这年春节，许强带着老婆和孩子回家看望父母，年三十的团圆饭过后，难得一见的父子俩开始天南海北地聊了起来。最后，两人将话题扯到了人生规划与理财上。爸爸作为“过来人”对许强提议说：“现在你也是有孩子的人了，不仅要为孩子做好充分的打算，也要为自己的将来多打算打算！你不可能一辈子都这么能干，以后如果干不动了，就得有一笔钱养着自己不是？”

许强不以为然地说：“我这才多大啊，就想着退休、养老？再说了，公司给我们交了养老保险，再不成还有孩子呢，都说养儿防老，不然我养她干啥呀，呵呵，我就养个像我这样孝顺的就成。嘿嘿。”

夜里，许强躺在床上，脑海里满是父亲跟自己说的最后一番话：“子女孝顺固然是好事，可是作为父母，总是不愿成为子女的负担。我和你妈就早早地给自己攒了些钱，只要不是什么大病大灾的，我们都能应付。你现在还年轻，更要早早地考虑，到时候，子女孝顺了，那是多出来的幸福，子女没那心，自己也能活得滋润。说不准啊，在孩子困难的时候，还能帮衬孩子一把呢。”

细细回想，父母说的也不是没有道理，这是第一次，他把“退休”当成正事来考虑。

随堂思考：你的养老保障足够吗？

人不一定会生病，但一定会老。我们靠什么养老？退休养老规划是幸福人生的重要一环，如果在年轻的时候做足功课，就会让我们的生活锦上添花。

退休养老规划是为保证个人在将来有一个自立、有尊严、高品质的退休生活而从年轻时就开始积极实施的规划方案。合理而有效的退休养老规划既能够满足退休后漫长生活的支出需要，又能够抵御通货膨胀对自己生活的影响。

做好退休养老规划的基本任务是掌握退休养老规划的编制原则，分析和预测退休养老费用，选择退休养老规划工具，编制退休养老规划。

一、掌握退休养老规划的编制原则

制定退休养老规划的原则包括及早规划原则、弹性化原则、退休基金使用的收益化原则、谨慎性原则。只有遵循上述原则，退休养老规划目标的实现才有保障。

二、分析和预测退休养老费用

编制合理的退休养老规划的重要前提是能够根据个人/家庭的退休生活目标，正确分析和预测退休养老费用。预测的思路就是以当前的支出水平和支出结构为依据，将通货膨胀等各种因素考虑进来后分析退休后的支出水平和支出结构的变化。

三、选择退休养老规划工具

退休生活需要尽早规划，选择适合自己的养老工具尤其重要。随着投资理财方式的多元化，可供养老的工具也日益增多，主要包括：基本养老保险、企业年金、个人储蓄性养老保险、商业养老保险、基金定投、以房养老。

四、编制退休养老规划

退休养老规划方案的具体内容应包括：退休目标、退休后支出、退休后收入、退休资金缺口、退休的投资需求、退休规划工具的选择。执行退休养老规划方案期间，须定期审视评估方案，必要时进行调整。

任务 编制退休养老规划

学习目标

◇ 了解制定退休养老规划的必要性
◇ 掌握退休养老规划的原则
◇ 学会设定退休目标
◇ 学会计算退休费用
◇ 熟悉退休养老规划的工具
◇ 掌握退休养老规划的编制程序
◇ 能够根据实际制订合理的退休养老规划方案

素养目标

◇ 通过退休养老规划方案的学习，弘扬中华美德，将尊老敬老的传统美德传承下去，通过制定专业的规划方案，使老年人过上自立、尊严、高品质的退休生活，安享幸福晚年

任务描述

赵先生 40 岁，预计 60 岁退休，妻子 35 岁，预计 55 岁退休（为计算方便，本案例假设男 60 岁退休，女 55 岁退休），目前家庭 5 人共同生活，退休后 2 人生活。赵先生家庭现在年支出 103 000 元，年结余资金 30 000 元，预计退休后年支出 60 000 元（按现在的时点计算）。赵先生夫妇无任何投资经验。退休后赵先生夫妇估计每年可以从社会保障体系领取 45 000 元，从退休金计划中得到 20 000 元，其他收入 21 353 元；假设赵先生能活到 80 岁，妻子能活到 75 岁，退休前投资报酬率为 9%，退休后退休金报酬率为 10%，费用上涨率为 5%。

任务分析

一、赵先生夫妇退休第一年费用分析

赵先生夫妇退休第一年费用分析具体内容如表 8－1 所示。

表 8-1　赵先生夫妇退休第一年费用分析

支出项目	目前年支出（元）	退休后年支出（元）	费用上涨率（%）	复利终值系数（n=20 年）	退休后第一年支出（元）
饮食支出	12 000	8 000	3	1.806	14 448
衣着美容支出	5 000	3 000	1	1.22	3 660
房租支出	0	0	3	1.806	0
房贷本息支出	30 000	0	0	1	0
水电气费、电话费	6 000	3 000	4	2.191	6 573
交通费	12 000	5 000	4	2.191	10 955
子女教育支出	12 000	0	6	3.207	0
一般休闲娱乐	6 000	10 000	6	3.207	32 070
国外旅游支出	12 000	16 000	6	3.207	51 312
医疗保健费	5 000	10 000	6	3.207	32 070
保险费	5 000	0	0	1	0
其他支出	5 000	5 000	5	2.653	13 265
生活总支出	103 000	60 000	5.1	2.739	164 353

二、退休后总费用

直接相乘法：第一年生活费×预期退休后余寿=16.435 3×20=328.7（万元）

三、预测退休收入

赵先生夫妇退休后年收入=45 000+20 000+21 353=86 353（元）

四、退休资金缺口

赵先生夫妇退休后年资金缺口=86 353−164 353=−78 000（元）
总缺口=−78 000×20=−1 560 000（元）

五、现在每年需投资金额

因赵先生夫妇退休后资产收益率为 10%，退休后年资金缺口为 78 000 元，因此赵先生夫妇应准备本金 780 000（=78 000÷10%）元。

为积累这一本金，赵先生夫妇每年需投资金额=780 000÷51.16（i=9%，n=20 的年金终值系数）=15 246 元，每月需投资金额=15 246÷12=1 270.5 元。

任务精讲

一、为什么要进行退休养老规划

人不一定会生病，但一定会老。我们靠什么养老？这是所有人都要面对的问题。每个人在年轻的时候都有或多或少的担忧，这是人之常情。一连串现实的问题正摆在我们面前：“4-2-1”结构家庭正在增多，未来老龄化现象更为严重，各种风险敞口加大，企业社会养老保险金替代率较低。所谓的“养老储备”也在被不断高涨的CPI蚕食……退休养老规划是幸福人生的重要一环，如果在年轻的时候做足功课，无疑会让我们的生活锦上添花。

（一）养儿防老观念需转变

养儿防老是中国人根深蒂固的传统观念。据统计，目前仍有接近30%的人认为他们的老年生活要靠子女。但中国独生子女政策形成了“4-2-1”家庭结构（即四位老人对应夫妻二人和一个孩子），对传统养老观念提出了挑战。即使子女孝顺，但面对四位老人的养老问题，子女很有可能心有余而力不足，传统的家庭养老转变为社会化养老是必然趋势。

（二）老龄社会加快来临

在老龄社会加快来临的今天，养老问题正考验着亿万中国家庭，如何养老，是全社会关注的焦点。

老龄社会是指老年人口占总人口达到或超过一定的比例的人口结构模型。联合国的传统标准是一个地区60岁以上老年人口达到总人口的10%，新标准是65岁以上老年人口占总人口的7%，即该地区视为进入老龄社会。2020年全国第七次人口普查结果显示，全国60岁及以上人口为2.64亿人，占总人口数的18.7%，其中65岁及以上人口1.9亿人，占总人口数的13.5%。预计2025年60岁及以上人口将突破3亿，2033年将突破4亿，2053年将达到4.87亿的峰值。

（三）退休生活时间在增加，经济积累时间在减少

随着生活水平和医疗水平的提高，现代人越来越长寿。例如，80岁以上高龄老人数量以年均4.6%的速度递增。2020年全国第七次人口普查结果显示，全国（不包括港、澳、台地区）健在百岁老人共有118 866人。人们无法预知自己退休后还要生活多少年，所以要做最充分的准备，以备不时之需。

随着科技的不断进步、经济增长方式的变化以及高等教育的普及等原因，就业年龄大大推迟，导致人们的工作年限减少，意味着为未来进行经济积累的时间减少。因此，人们更需要未雨绸缪，尽早进行退休规划。

（四）通货膨胀形势严峻

社会经济环境的变化会直接影响未来所需准备退休养老金的多少。在准备将来的退

休生活费用时，必须以当时而不是现在的生活消费水平为基准。因此，准备养老金不仅需要把健康保健支出、医疗费用支出、意外风险等所有的问题都考虑进去，还必须考虑到通货膨胀等因素。如果不能很好地保持增值水平，辛苦攒下的退休金也许就会被通货膨胀所吞噬。

此外，在计算退休后费用的时候也要考虑通货膨胀因素。例如，按现在一顿饭 10 元的标准，每人每天的基本生活成本是 30 元，每月就是 900 元。按 4.4％的年均通货膨胀率计算的话，20 年后，一顿饭的成本要增加到 34 元左右，每人每天的基本生活成本就会达到 100 元左右，一年 3.6 万元，如果退休后生存 25 年，需要 90 万元。这 90 万元只是吃饭的钱，还未考虑穿衣等其他生活需要，实际成本要远远高于 90 万元。

（五）社会保障不足以提供养老保障

我们很多人都会面临未富先老的困境。大部分人希望通过退休金来保障老年生活。据某报刊调查显示，“你打算退休后以何种方式进行养老（多选）”的调查选项下，有 79.06％的受访者表示退休后将用社保来养老。那么，退休金保障到底够不够呢？

1. 我国社会保障资金面临巨大的缺口

我国现行社会养老体系只有短短 20 年的时间，这就造成了现在中国离退休的5 000万老年人在有生之年领取的全部养老金，可能是其退休前所缴全部养老金的 10～15 倍。缴的少，拿的多，这意味着正在缴纳养老金的中国青壮年要补上这个巨大的资金缺口，才能使父辈们安度晚年。

2. 老年抚养比大

我国老年抚养比大也是一个残酷的事实，截至 2023 年末，全国常住人口老年抚养比为 22.5％，即每 2.9 个劳动年龄人口抚养一个老人，到 2050 年的时候，就会变成平均每 1.3 个劳动人口抚养一个老人。也就是说，2050 年创造财富的劳动力会大规模减少，而需要赡养的老年人会大规模增加，国民经济将不堪重负。

3. 城镇企业职工的养老金替代率较低

衡量退休金水平的指标中，最有代表性的是养老金替代率。养老金替代率的计算是用退休后月收入除以退休前一定时期（一般为一年）的平均月工资水平，以百分比表示。具体公式如下：

养老金替代率＝退休后月收入÷退休前月收入

养老金替代率越高，表明退休后可享有的生活品质越高。世界银行的理想标准是 70％，而我国城镇企业职工养老金替代率水平较低，越是高收入者，其退休后的养老金替代率就会越低，需要更早做出财务规划。

案例阅读

养老金替代率偏低，储备养老金别太晚

1. 养老金替代率低

目前我国养老金替代率偏低，为社会平均工资的 40％左右。退休前按 10 000 元的工资来算，退休后养老金只有 4 000 元，收入少了一半以上，生活水平当然也会受到影响。

以国际经验来看，如果退休后的养老金替代率大于70%，即可维持退休前原有的生活水平，如果达到60%～70%，即可维持基本生活水平；如果低于50%，则生活水平较退休前会有大幅下降。1999年之前，中国企业职工养老金的替代率总体维持在75%以上，但之后呈逐年下降趋势，到目前已下降至40%左右，而且不同人群养老金替代率的差异巨大，这也引起了各方的广泛关注。

试想，月收入10 000元左右的职场白领，退休后月收入降到4 000元左右，这必然会对他们的退休生活带来较大影响。目前，政府养老金只能起到兜底的作用。

一家外资保险公司养老年金理财师说："从现在来看，每个人的养老保障应由三部分构成：一是社会基本养老保险，二是企业年金，三是个人为养老准备的资金，包括商业保险、基金，等等。"

2. 退休准备别晚于40岁

有关专家说："人们常说的养老金，是指由社保发放的养老金。目前我国社保养老金的定位是'保基本、广覆盖、可持续'。可见，社保养老金的目标是保证退休人员的基本生活，而不是维持退休后的生活水平不变。如果希望退休后维持较高生活品质，建议从年轻时就开始进行养老储备，可通过购买商业养老保险、做金融投资，甚至投资不动产等，为养老积蓄资产。"

也有专家认为，为退休做准备越早开始越好，最迟不要晚于40岁；方式有多种，比如多缴存养老金、购买商业保险、购买理财产品。具备一定经验的投资者可以投资股票、债券；如果投资经验不丰富，可委托专业机构进行投资。近几年来，"以房养老"的概念很热，但需要注意的是，房产的流动性较差，不容易在短时间内转换成现金，一旦老人遇到亟须用钱的情况，比如突然患病，想通过变卖房产获取现金，等待的时间就会比较长。

（六）其他不确定因素

人的一生中需要面对许多不确定性因素，而其中一些因素会对退休生活带来影响，如个人和家庭成员的健康状况、医疗保险制度的变化、市场利率波动等。只有通过制订具有一定弹性的退休养老规划方案，才能应对未来可能出现的不确定因素，保障退休后的生活品质。

二、退休养老规划的含义

（一）退休养老规划的定义

退休养老规划是为保证个人在将来有一个自立、有尊严、高品质的退休生活而适时开始积极实施的规划方案。合理而有效的退休养老规划既能够满足退休后漫长生活的支出需要，又能够抵御通货膨胀的影响。

等我到了60岁，谁来为我的养老买单

（二）制定退休养老规划的原则

在制定退休养老规划的过程中，一些人往往根据自己一些不切实际的主观想法，做出不合理的决策，从而影响了自己退休目标的实现。制定退休养老规划应当遵循以下原则：

1. 及早规划原则

很多年轻人认为现在开始为退休生活做准备似乎为时过早。目前生活有太多压力，每月要还房贷、车贷，还要养育子女等，因而无暇顾及看似遥远的退休生活。这样做的结果是年轻人推迟退休养老规划的时间。其实，若想过上有品质的晚年生活，就要在年轻时早做规划。

由于复利因素的作用，退休基金的建立越早越好，如果起步太晚，压力就会大增。各个年龄阶段开始积累退休金的结果相差很大，具体情况参见表8-2。另外，积累退休金的关键的一点在于坚持不懈、持之以恒，因为复利的魅力是需要时间来体现的。

表8-2　各个年龄段退休金积累表

单位：元

积累期	退休金积累额度					
	每年积累20 000			每年积累50 000		
	年收益率			年收益率		
	4%	6%	8%	4%	6%	8%
10年（55岁）	240 122	263 616	289 731	600 305	659 040	724 328
20年（45岁）	595 562	735 712	915 239	1 488 904	1 839 280	2 288 098
30年（35岁）	1 121 699	1 581 164	2 265 664	2 804 247	3 952 909	5 664 161
40年（25岁）	1 900 510	3 095 239	5 181 130	4 751 276	7 738 098	12 952 826

2. 弹性化原则

退休养老规划，应当视个人的具体情况制定可行的策略与目标。如果发现拟订的目标难以执行，投资者可以进行适当调整；同时要考虑到，在规划未来退休生涯的目标时，遇到一些不确定因素的可能性极大。因此，退休养老规划应具有弹性，以确保退休养老规划能根据环境的变动做出相应调整，增加其适应性。

3. 退休基金使用的收益化原则

准备的退休基金在投资中应遵循稳健性的原则。比较传统的方法是利用储蓄累积退休金，但如果遇到储蓄利率低于通货膨胀率的情况，储蓄收益则为负数。为了有效地积攒退休金，投资者应该考虑在稳健性和收益性之间寻求一个折中方案，在保持稳健性的前提下，寻求收益的最大化。在理财目标上，离退休时间长的年轻人的主要目标是增值，相反，年龄大一点的人，则应将保值作为首要目标，要注意分散风险。

4. 谨慎性原则

在制定退休养老规划的过程中，一部分人对自己退休后的经济状况过于乐观，他们或者高估退休后的收入、低估退休后的开支，或者由于目前家庭负担过重，以及部分人崇尚及时行乐、较少考虑未来等，以致在退休养老规划过程中不愿充分准备退休基金，这样就无法保证退休后有足够的资金可供使用。其实，退休养老规划应当本着谨慎性原则，多估支出，少估收入，至少应该保障退休后相当一段时间内的基本生活支出。

（三）制定退休养老规划需要考虑的因素

每个人对退休生活的预期都不同于他人，制定退休养老规划时需要考虑的因素如图 8-1 所示。

多长时间退休	退休期间是否做兼职	退休期间需要的生活水平	退休期间有多长	是否想依靠投资生活	投资策略和相应的回报	以后的通货膨胀率	退休时需要的收入

图 8-1　制定退休养老规划时需要考虑的因素

（四）退休养老费用的分析

1. 确定退休目标

退休目标是指人们所追求的退休之后的一种生活状态。退休目标一般可以分解成两个因素：退休年龄目标和退休生活目标。大部分人是按照国家法定的退休年龄退休，随着中国人口老龄化趋势的发展，在总体上存在推迟退休年龄的趋势。如果过早退休，将不可避免地面对生活压力。退休后的生活目标应当建立在对收入和支出进行合理规划的基础上。退休生活目标既可简单设定，也可详细设定。具体设定内容如表 8-3 和表 8-4 所示。

表 8-3　退休养老规划生活目标简单设定

现在的生活月支出水平	退休后的生活支出调整系数	希望退休后的生活支出水平相当于现值
________元/月		________元/月

表 8-4　退休养老规划生活目标详细设定

<table>
<tr><th colspan="2">支出项目</th><th>现在月支出额</th><th>退休后支出调整系数</th><th>退休后月实际支出金额现值</th><th colspan="2">支出项目</th><th>现在月支出额</th><th>退休后支出调整系数</th><th>退休后月实际支出金额现值</th></tr>
<tr><td rowspan="4">需要支出</td><td>生活费用</td><td></td><td></td><td></td><td rowspan="4">希望支出</td><td>旅游、休闲、娱乐</td><td></td><td></td><td></td></tr>
<tr><td>房屋维护</td><td></td><td></td><td></td><td>个人爱好</td><td></td><td></td><td></td></tr>
<tr><td>医疗护理</td><td></td><td></td><td></td><td>赠与</td><td></td><td></td><td></td></tr>
<tr><td>其他必备</td><td></td><td></td><td></td><td>其他应备</td><td></td><td></td><td></td></tr>
<tr><td colspan="2">合计</td><td></td><td></td><td></td><td colspan="2">合计</td><td></td><td></td><td></td></tr>
<tr><td colspan="2">备注</td><td></td><td></td><td></td><td colspan="2">备注</td><td></td><td></td><td></td></tr>
</table>

2. 计算退休后总费用

退休生活目标设定后，就应当进一步预测退休后的资金需求。预测的思路是以当前的支出水平和支出结构为依据，将通货膨胀等各种因素考虑进来后分析退休后的支出水平和支出结构的变化。

如果目前有记录家庭收支的习惯，通过目前支出细目的相应调整来编制退休后的支出预算，会让退休后的生活目标更容易实现。具体来说，调整时可遵循以下原则：

（1）按照目前家庭人口数与退休后家庭人口数的差异调整膳食和购买衣物的费用。

（2）去除退休前可支付完毕的负担，如子女的教育费用、房屋贷款等。

（3）减去因工作而必需的额外支出的费用，如交通费和职业置装费用等。

（4）加上退休后根据规划而增加的休闲费用及因年老而增加的医疗费用。

调整完以后的费用就是根据目前的价格水平所计算出来的退休时所需花费的费用，然后参考过去年度的物价变化，设定通货膨胀率，最后可测算出退休后第一年的生活费用。

根据上述程序计算出来的只是退休后第一年的生活费用，随着人均寿命的延长，退休生活的年限逐渐增加，而且越早退休，其退休后的生活期间越长。养老期间需要资金总额的简单算法是：不考虑这笔钱的投资收益率和以后每年的通货膨胀率，或假设两者相互抵消，则退休时需准备的退休养老金应该等于退休后第一年的生活费用乘以退休后余寿。公式如下：

退休后总费用＝退休后每月基本消费×12×估计退休后余寿

其中：

退休后每月基本消费＝现在每月消费×（1＋每年物价上涨率）^{N}

N＝退休年龄－现在年龄

随堂思考：小周的年龄是 25 岁，估计退休年龄为 55 岁，估计退休后再生活年数为 25 年，现在距离退休还有 30 年。假设现在每月基本消费 3 000 元，每年物价上涨率 5%。请计算小周退休后需要的养老金总额。

解析：（1）退休后的每月基本消费（保持相当于现在 3 000 元的消费水准）＝3 000×4.322（i＝5%，n＝30 的复利终值系数）＝12 966 元。

（2）退休后再生活 25 年所需养老金总额＝12 966×12×25＝3 889 800 元。

3. 预测退休收入

退休收入主要考虑退休时点的养老金来源，具体包括：国家基本养老金、住房公积金、医疗保险、企业年金、商业保险、个人储蓄性养老保险、银行储蓄、投资收益、其他收入等。

4. 计算退休资金缺口

退休金年需求缺口＝退休后年生活需要资金－退休后年固定收入

退休金缺口总额＝退休金年需求缺口×退休后余寿

退休后需要保障的退休养老金缺口通过贴现，就是现在需要储蓄或投资的资金需求。

针对退休资金缺口，可以考虑以下理财策略：

（1）消肿法。对退休资金缺口进行分析，削减不适当的养老开支计划，或者通过调整养老生活支出结构，以合理使用退休资金。

（2）增量法。分析家庭养老储蓄能力，通过投资理财增加既定退休养老资金。

三、退休养老规划工具

（一）基本养老保险

1. 基本养老保险的定义

基本养老保险是国家根据法律、法规的规定，强制建立和实施的一种社会保险制度。

在这一制度下，用人单位和劳动者必须依法缴纳养老保险费，在劳动者达到国家规定的退休年龄或因其他原因而退出劳动岗位后，社会保险经办机构依法向其支付养老金等待遇，从而保障其基本生活。基本养老保险与失业保险、基本医疗保险、工伤保险、生育保险等共同构成现代社会保险制度，并且是社会保险制度中最重要的险种之一。

国有企业、集体企业、外商投资企业、私营企业和其他城镇企业及其职工，实行企业化管理的事业单位及其职工，必须参加基本养老保险。参加单位（指各类企业单位）缴费费率确定为16%，个人缴费费率确定为8%，个体工商户及其雇工，灵活就业人员及以个人形式参保的其他各类人员，根据缴费年限实行的是差别费率。参加基本养老保险的个人劳动者，缴费基数在规定范围内可高可低，多交多受益。职工按月领取养老金必须达到法定退休年龄，并且已经办理退休手续；所在单位和个人依法参加了养老保险并履行了养老保险的缴费义务；个人缴费至少满15年。

随堂思考：退休金可以提前支取吗？

解析：公务员、事业单位员工工作满30年，或距离国家法定退休年龄不足5年，且工作年限满20年的可以提前退休。企业职工只有特殊工种和因病无法继续工作的可以提前退休。工资正常发放的情况下，无论是公务员、事业单位员工还是企业员工，提前退休都将比正常退休少拿养老金，特别是病退，每早退一年基础养老金扣除2%发放。

2. 城镇企业职工养老保险金的计算

参加城镇企业职工基本养老保险社会统筹的人员达到国家规定的退休年龄，实际缴费年限（含视同缴费年限，下同）满15年以上的，按月计发基本养老金。根据最新的养老金计算办法，职工退休时的养老金由两部分组成：

养老金＝基础养老金＋个人账户养老金

基础养老金＝(全省上年度在岗职工月平均工资＋本人指数化月平均缴费工资)÷2×缴费年限×1%

＝全省上年度在岗职工月平均工资（1＋本人平均缴费指数)÷2×缴费年限×1%

个人账户养老金＝个人账户储存额÷计发月数

（50岁为195、55岁为170、60岁为139、65岁为101）

本人指数化月平均缴费工资＝全省上年度在岗职工月平均工资×本人平均缴费指数

个人养老金＝基础养老金＋个人账户养老金

＝基础养老金＋个人账户储存额÷139

随堂思考：假定职工老王在60岁退休时，全省上年度在岗职工月平均工资为4 000元。按个人缴费指数分别为0.6、1.0、3.0时，分别计算其累计缴费年限15年、40年时的个人养老金。

解析：(1) 累计缴费年限为15年时：

个人平均缴费基数为0.6时，

基础养老金＝(4 000元＋4 000元×0.6)÷2×15×1%＝480元

个人平均缴费基数为1.0时，

基础养老金=(4 000元+4 000元×1.0)÷2×15×1%=600元

个人平均缴费基数为3.0时，

基础养老金=(4 000元+4 000元×3.0)÷2×15×1%=1 200元

(2) 累计缴费年限为40年时：

个人平均缴费基数为0.6时，

基础养老金=(4 000元+4 000元×0.6)÷2×40×1%=1 280元

个人平均缴费基数为1.0时，

基础养老金=(4 000元+4 000元×1.0)÷2×40×1%=1 600元

个人平均缴费基数为3.0时，

基础养老金=(4 000元+4 000元×3.0)÷2×40×1%=3 200元

(二) 企业年金

1. 企业年金的定义

企业年金即企业补充养老保险，是指企业及其雇员在依法参加基本养老保险的基础上，依据国家政策和本企业经济状况建立的、旨在提高雇员退休后生活水平、对国家基本养老保险进行重要补充的一种养老保险形式。企业年金是对国家基本养老保险的重要补充，是我国正在完善的城镇职工养老保险体系（由基本养老保险、企业年金和个人储蓄性养老保险三个部分组成）的“第二支柱”。

企业年金源于市场经济比较发达的国家，是一种属于企业雇主自愿建立的员工福利计划。企业年金是由企业退休金计划提供的养老金，其实质是以延期支付方式存在的职工劳动报酬的一部分或者是职工分享企业利润的一部分。

2. 企业年金的资金来源

企业年金所需费用由企业和职工个人共同缴纳，建立个人账户，与企业资产实行分账管理。雇主和雇员分担缴费义务的比例，有的是1∶1，总体上雇主多缴、雇员少缴或不缴的情况比较常见。

企业缴费每年不超过本企业上年度职工工资总额的1/12（相当于工资总额的8.33%）。企业缴费和职工个人缴费合计一般不超过本企业上年度职工工资总额的1/6（相当于工资总额的16.7%）。

3. 企业年金的分类

(1) 自愿性企业年金。该类型的企业年金以美国、日本为代表，国家通过立法，制定基本规则和基本政策，企业自愿参加；企业一旦决定实行补充养老保险，就必须按照既定的规则运作；具体实施方案、待遇水平、基金模式由企业制定或选择；雇员可以缴费，也可以不缴费。

(2) 强制性企业年金。该类型的企业年金以澳大利亚、法国为代表，国家立法，强制实施，所有雇主都必须为其雇员投保；待遇水平、基金模式、筹资方法等完全由国家规定。

4. 企业年金与基本养老保险的区别

企业年金与基本养老保险的区别主要体现在实施主体、保障目标、缴费方式、筹资方式、运作模式、支付保证等方面，具体内容如表 8-5 所示。

表 8-5　企业年金与基本养老保险对比表

项目	企业年金	基本养老保险
实施主体	由企业和职工自主决定建立，政府一般对企业年金不直接承担责任，政府对企业年金的作用主要体现在立法、税收和监管等方面	政府通过立法方式强制实施，并由政府有关机构进行统一管理和运作
保障目标	为了提高职工退休后的生活水平，弥补基本养老金替代率的不足	为了保障广大职工退休后的基本生活需要，保障标准和保障水平相对较低
缴费方式	缴费方式和缴费标准由企业和职工自行决定，自愿建立	缴费方式、缴费标准和缴费水平由政府统一规定，并强制实施
筹资方式	采取个人账户完全积累方式，实行个人保障	采用现收现付加部分积累的方式，通过代际赡养提供养老保障
运作模式	采用市场化方式，委托给专业机构进行管理和运作	由政府社保机构统一管理运作
支付保证	由于企业年金由企业和职工自愿建立，因此企业和职工要自行承担企业年金基金运作的风险	由于基本养老保险由政府通过立法强制实施，因此财政对基本养老金的最终支付给予担保

5. 我国现行的企业年金模式

我国现行的企业年金模式为缴费确定型企业年金（DC 计划）。通过建立个人账户的方式，由企业和职工定期按一定比例缴纳保险费（其中职工个人少缴或不缴费），职工退休时的企业年金水平取决于资金积累规模及其投资收益。

随堂思考：张先生所在公司较早地建立了 DC 计划。按照该计划的规定，张先生个人缴费是其当期薪酬总额的 4%，公司实行对等缴费，张先生缴费 20 年，该计划委托金融机构进行投资理财的净回报率在 3%左右，假设张先生的缴费工资为 2 800 元。

计算张先生的企业年金积累情况。

解析：月供款额=2 800×4%×2=112×2=224（元）

年供款额=224×12=2 688（元）

总积累额=2 688×26.87（$i=3$，$n=20$ 的年金终值系数）=72 226.56（元）

因此，张先生退休时的企业年金个人账户资产是 72 226.56 元。

（三）个人储蓄性养老保险

个人储蓄性养老保险是我国多层次养老保险体系的一个组成部分，是由职工自愿参加、自愿选择经办机构的一种补充养老保险形式。

由社会保险机构经办的职工个人储蓄性养老保险，由社会保险主管部门制定具体办法，职工个人根据自己的工资收入情况，按规定缴纳个人储蓄性养老保险费，记入当地社会保险机构在有关银行开设的养老保险个人账户，并按不低于或高于同期城乡居民储蓄存款利率计息，以提倡和鼓励职工个人参加储蓄性养老保险，所得利息记入个人账户，本息一并归职工个人所有。职工达到法定退休年龄经批准退休后，储蓄性养老保险金将一次性支付或分次支付给本人。职工跨地区流动，个人账户的储蓄性养老保险金应随之转移。职工未到退休年龄而死亡，记入个人账户的储蓄性养老保险金应由其指定人或法定继承人继承。

实行职工个人储蓄性养老保险的优点：扩大了养老保险经费来源，可多渠道筹集养老保险资金，减轻国家和企业的负担；有利于消除长期形成的保险费用完全由国家“包下来”的观念，增强职工的自我保障意识和参与社会保险的主动性；能够促进对社会保险工作实行广泛的群众监督。

个人储蓄性养老保险可以实行与企业补充养老保险挂钩的办法，以促进和提高职工参与的积极性。

案例阅读

个人养老金元年开启

退休后能拿多少钱？如何能存更多钱？未来养老怎么办？近两年来，王刚经常和身边同事、朋友聊起他的“养老焦虑”。

尽管王刚目前收入颇丰，足以让他和家人在大城市生活体面，但一想到退休后的养老金将大打折扣，还有赡养老人、抚养小孩的责任在肩，怎么靠自己养老的焦虑再次被放大。和王刚一样，不少年轻人都在思考同一个问题：要做好哪些准备，才能让自己过上还算体面的养老生活？

“个人养老金”成功吸引了王刚的关注。

1. 第三支柱迎来拐点

个人养老金，简单理解就是一个超长期的“个人养老账户”，每个月或每年自愿多攒一笔钱，留着以后养老用。

众所周知，我国的养老体系是在世界银行提出的“三大支柱”基础上建立的。

第一支柱为基本养老保险，缴纳社保满 15 年且达到法定退休年龄可按月领取退休金，是由国家帮你养老。

第二支柱为企业年金和职业年金，一般是机关事业单位和大型企业帮员工缴纳，是公司帮你养老。

第三支柱是商业养老保险和个人养老金，是对第一支柱的有效补充，是自己给自己养老。其中个人养老金是有制度安排、政府政策支持、个人自愿参加、市场化运营的补充养老保险制度，目前已经在个别城市或地区试点。

在商业银行的各种宣导下，王刚第一时间开通了个人养老金账户和个人养老金资金账户。打动王刚开通账户的理由有两点：一是税收优惠。他给自己算了笔经济账，他现在每月收入 2 万元，个人养老金税收抵扣是每年在 12 000 元额度内享受税收优惠，每年可节税 2 400 元，随着收入增长节税力度更大，最高可达 5 400 元/年；二是年度缴纳的金额并不大，每天少喝一杯咖啡就能搞定，关键是强制储蓄、专款专用。

2. 四类产品可供选择

根据个人养老金实施办法，纳入个人养老金的产品共四类，包括储蓄存款、银行理财、商业养老保险和公募基金。

特定养老储蓄试点已于 2022 年 11 月正式启动，由工、农、中、建四家大型银行在个别城市开展，单家银行试点规模不超过 100 亿元，试点期限为一年，储户在单家试点银行特定养老储蓄产品存款本金上限为 50 万元。

特定养老储蓄产品通常包括整存整取、零存整取和整存零取三种类型，产品期限分为 5 年、10 年、15 年和 20 年四档，产品利率略高于大型银行五年期定期存款的挂牌利率，但覆盖人群有限。

3. 合理配置投资产品

如果能做好四类产品的投资搭配，或许会有不错的收益。但面对琳琅满目的产品，王刚犯了难，该如何选择？

专业人士分析称，商业养老保险在保本上最有优势，长期、稳健，且可抵御长寿风险，但锁定期限较长，最短 5 年；公募基金收益性最高，但短期波动也较大，适合高风险偏好的消费者；银行理财产品也有跌破净值的风险。对此，专业人士建议，消费者可根据风险偏好、年龄、养老目标来选择合适的产品，长短期限搭配，收益与稳健搭配。

综合各类产品优劣及自身风险偏好，王刚最终瞄准了一款保险养老产品和某只基金。这个组合兼顾稳定和收益、长期和短期。

（四）商业养老保险

商业养老保险是以获得养老金为主要目的的长期人身险，它是年金保险（是指保险公司用客户每年交纳的保费建立专项个人投资账户，由保险公司的投资专家专门负责这些资金的统一投资运用，提供保底收益，外加投资红利）的一种特殊形式，又称退休金保险，是最常用的养老金补充方式。

由于退休养老规划最基本的要求是追求本金安全、适度收益、抵御通胀，并有一定的强制性，因此需要将养老计划与其他投资分开。商业养老保险作为中国养老保障体系的重要补充，是养老规划的一个不错的选择。个人商业养老保险的优势是可以根据自己的财务能力及对未来的预期进行灵活自主地规划和选择，商业性养老保险的被保险人在交纳了一定的保险费以后，就可以从一定的年龄开始领取养老金。这样，尽管被保险人在退休之后收入下降，但由于有养老金的帮助，他仍然能保持退休前的生活水平。但商业性养老保险属于中长期规划，不宜退保，否则将会承担高额的手续费。

目前主要有四种商业养老险种，即传统型养老保险、分红型养老保险、投资连结险和万能险。传统型和分红型养老保险的回报额度较为确切，投入较少，适合一般工薪阶层。投资连结险和万能险由于投入较高，适合有一定风险承受能力、投资意识强、收入高的人群。目前较畅销的是分红型年金险，它具有保障与投资相结合、分红收益稳定的特点，能够抵御温和的通货膨胀。

运用商业性养老保险工具时，投保人应充分考虑目前的收入水平，并结合自己的日常开销、未来生活预期、通货膨胀等因素，做出合理的选择。投保人选择商业性养老保险时有两个关键点：一是要选好的公司。养老险一般会伴随人的一生，因此不能只看价格，而必须选服务好的公司。二是要选择适合自己的产品。选择具体产品时，首先要注重保障功能，使自己在退休后依然能够有稳定的收入，这是第一重要的功能；其次是要注重保值，也就是说要看为自己未来规划的养老金能否满足当时的消费水平；最后是尽早投保，因为虽然养老是 55 岁、60 岁以后的事情，但年纪越轻，投保的价格越低，自己将来的负担也就越轻。

（五）基金定投

通过基金定投方式储备养老金也是一个不错的选择，与股市的高风险和存款的低利率相比，基金定投属于分批投资，可平衡总体收益率。

基金分为股票型、债券型、货币型等，投资者可根据自身的风险承受能力选择不同类型的基金品种。股票和债券的长期投资收益能够抵御通胀对财富的侵蚀，但投资的专业性较强，耗费时间和精力。普通投资者应以基金投资为主。养老用的基金往往时间跨度较长，最好选择稳定性高的基金。国际公认的基金定投年收益率为 7.137%。

随堂思考：假设基金定投的年收益率为 7%。如果目标是 60 岁时累积 100 万元基金。请分别计算：如果现在为 30 岁、40 岁、50 岁，每月需要投入的资金分别是多少？累积投资总额是多少？

解析：（1）现在为 30 岁时：

每年需要投入金额＝1 000 000÷94.461（$i=7\%$，$n=30$ 时的年金终值系数）

＝10 586.38（元）

每月需要投入金额＝10 586.38÷12＝882.20（元）

30 年间累计投资金额＝10 586.38×30＝317 591.40（元）

（2）现在为 40 岁时：

每年需要投入金额＝1 000 000÷40.955（$i=7\%$，$n=20$ 时的年金终值系数）

＝24 417.04（元）

每月需要投入金额＝24 417.04÷12＝2 034.75（元）

20 年累计投资金额＝24 417.04×20＝488 340.80（元）

（3）现在为 50 岁时：

每年需要投入金额＝1 000 000÷13.816（$i=7\%$，$n=10$ 时的年金终值系数）

＝72 379.85（元）

每月需要投入金额＝72 379.85÷12＝6 031.65（元）

10 年累计投资金额＝72 379.85×10＝723 798.50（元）

（六）以房养老

案例阅读

反向抵押养老保险——养老方式新选择

老年人住房反向抵押养老保险即我们所说的“以房养老”，是一种将住房抵押与终身养老年金保险相结合的创新型商业养老保险业务，即拥有房屋完全产权的老年人将其房产抵押给保险公司，继续拥有房屋占有、使用、收益和经抵押人同意的处置权，并按照约定条件领取养老金直至身故；老年人身故后，保险公司获得抵押房产处置权，处置所得将优先用于偿付养老保险相关费用。

资料显示，随着人口老龄化加剧，家庭成员人口减少，社会养老负担也日益加重，我国的社会环境客观上具备了实行住房反向抵押养老保险的条件。

“以房养老”在国外已不再是新鲜事物，在澳大利亚、美国、新加坡等已推行多年，是养老收入的重要来源之一。

在经济条件良好的青壮年时期购置一套或几套住宅、商铺或写字楼，等到年老退休的时候，既可以出售房屋获取房价增长的利润来养老，也可以利用租金回报来补充自己的养老组合，这种以房养老的方式正在成为很多富裕人群的选择。同时，一些只有一套房的老年人也有相应的方式，如住房反向抵押贷款。

住房反向抵押贷款，也被称作倒按揭，是指拥有住房的老年人将房屋产权抵押给保险公司，保险公司按期向投保人支付现金，直至投保人亡故，才将房屋收回。这相当于保险公司通过分期付款的形式，收买投保人的房屋产权。

住房反向抵押贷款起源于荷兰，而运用最为完善、最具有代表性的是美国。在美国，由联邦全国抵押协会、联邦住房抵押公司共同组成的房地产二级市场，与联邦住房管理局等政府机构提供的担保体系共同保证了反向抵押贷款的低风险和高回报。

住房反向抵押贷款的基本思路是：

（1）家庭成员在其工作时期，只要考虑通过储蓄存款、按揭贷款等形式购买住宅，住宅可选择购买得较大较好一些，并拥有较高的升值潜力，然后于退休前还清贷款累计本息，取得该房屋的全部产权。

（2）在60岁或更高的年龄退休养老时，将所居住房屋的产权抵押或出售给银行、保险公司等金融机构，房屋的使用权仍旧保留供整个养老生活期间继续居住，直到生命的终结或准备迁移、出售该住房时为止。

（3）金融或保险机构综合评估借款人或投保人的年龄、生命期望余值、房产当前价值及预计房主去世时房产价值变动等因素后，按照约定的标准和方式，在整个贷款期间定期或根据房主需要一次性、随时性地给予房主所需要的钱财，供其养老使用。

（4）房主去世后，用房产出售所得偿还贷款累计本息，其升值部分归抵押权人所有，或按照约定在双方之间予以合理分配。

在具体操作层面，住房反向抵押贷款具有很大的灵活性。住房反向抵押贷款有近40种方式，非常个性化，比如老人可以搭配高额的医疗保险，可以要求保险公司以递减、递增或者均衡的方式给付养老金。住房反向抵押贷款产品的定价与抵押住房价值的高低、老人预期寿命的长短和利率的高低有关。

随堂思考： 某60岁老人有一套面积为90平方米的住房，目前市价为40万元。假定利率为单利4%，给付比例为55%，老人预期寿命20年。请计算老人以房养老每年能得到多少现金。

解析：（1）经过对该老人拥有房产价值的评估，预期20年后房屋约折损12万元，附着土地预计的增值为20万元，纯增值8万元。

（2）利率以单利4%计算，保险公司扣除预支的贴现利息大约为45%，按照55%的给付比例，计算整个抵押房屋应给付的房款总额为26.4万元。

（3）再将这一给付总额分摊到该老人的整个预期寿命中（假若以20年计算），平均每年可得到现金1.32万元，每个月为1 100元。

四、退休养老规划的编制程序

退休养老规划的编制程序如图8-2所示。

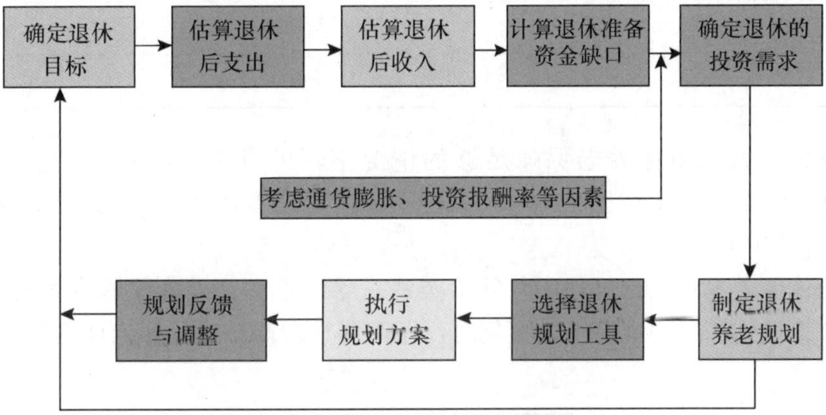

图8-2　退休养老规划的编制程序

任务实施

一、赵先生夫妇的退休养老规划

赵先生夫妇退休时要准备的退休准备金总额为780 000元。也就是说，赵先生夫妇要从现在开始，每年投资15 246元，才能确保夫妇俩能过上一个幸福的晚年。

二、具体方案

（1）每月强制储蓄。赵先生夫妇每月应从结余中取出资金1 270.5元，全年投资15 246元，用来储备退休基金。因为赵先生家庭年结余为30 000元，所以不会影响赵先生夫妇俩的日常生活。

（2）采用定期定额投资方式。原因如下：大多数中国家庭都习惯于通过强制储蓄的方式筹集养老费用，但是由于储蓄的收益率极低，根本不能防御通货膨胀风险，再考虑到赵先生家庭虽无任何投资经验，但具备一定的风险承受能力，并期望退休前投资收益率为 9%，因此建议赵先生采取基金定期定额的投资方式，用每个月储备的退休养老资金购买开放式基金。

（3）组合投资方案。养老储备投资不能激进，要以稳健为主。赵先生家庭可以考虑建立年回报率为 9%的组合基金投资方案，建议其中 50%配置平衡型基金，30%配置债券型基金，20%配置股票型基金。

（4）组合投资收益预期。赵先生家庭组合投资收益情况如表 8－6 所示。

表 8－6　组合投资收益

基金类别	预期收益率	投资比例	折算预期回报率
债券型基金	5.00%	30%	1.50%
平衡型基金	9.00%	50%	4.50%
股票型基金	15.00%	20%	3.00%
总　计	—	100%	9.00%

（5）赵先生家庭退休养老保障足够的情况下，可以考虑将每年结余部分 14 754（＝30 000－15 246）元用来实现其他理财目标，或者考虑进一步提高现在的生活质量。

（6）退休养老规划执行过程中，须检查每一年的进度，以确保退休养老规划执行符合进度。如果遇到法律法规有重大变化时，还需要重新调整退休养老规划方案。

实训练习

一、知识训练

1. 课堂讨论题

（1）什么是退休养老规划？制定退休养老规划的原则是什么？

（2）制定退休养老规划需要考虑哪些因素？

（3）计算退休养老费用的步骤是什么？

（4）如何选择退休养老规划工具？

（5）退休养老规划的编制程序是什么？

2. 判断题

（1）养老金替代率越低，表明退休后可享有的生活品质越高。（　　）

（2）企业年金是对国家基本养老保险的重要补充，是我国正在完善的城镇职工养老保险体系的“第一支柱”。（　　）

(3) 个人储蓄性养老保险是由职工自愿参加、自愿选择经办机构的一种补充保险方式。(　　)

(4) 住房反向抵押贷款相当于保险公司通过分期付款的形式，收买投保人的房屋产权，也被称作“倒按揭”。(　　)

(5) 确定退休的投资需求时需要考虑通货膨胀率、投资报酬率等因素。(　　)

3. 单项选择题

(1) 考虑到在规划未来退休生涯的目标时遇到一些不确定因素的可能性极大，因此，编制退休养老规划时应遵循（　　）原则。

A. 尽早规划　　B. 弹性化　　C. 谨慎性　　D. 稳健性

(2)（　　）与失业保险、基本医疗保险、工伤保险、生育保险等共同构成现代社会保险制度。

A. 基本养老保险　　B. 个人储蓄性养老保险

C. 商业养老保险　　D. 年金保险

(3) 选择商业性养老保险产品时，首先要注重（　　）功能。

A. 保障　　B. 保值　　C. 增值　　D. 融资

二、技能实训

1. 吴先生今年 30 岁，估计退休年龄为 60 岁，退休后再生活年数为 25 年，现在每年消费 36 000 元，预计通货膨胀率为 5%。请帮助吴先生计算未来的退休费用。

2. 李先生今年 30 岁，预计 60 岁退休，退休后所需养老金缺口为 150 万元，如果李先生选择基金定投方式，假设基金定投平均收益率为 7%。李先生每月应投入多少资金，才能满足退休养老费用的需求？

3. 邓先生今年 40 岁，太太 35 岁，他们有一个刚上高中的 14 岁的女儿。邓先生在深圳一家物流企业做技术工程师，年收入 8 万元。邓太太在一家私营房地产公司做会计，年收入约 5 万元。邓先生夫妇将女儿送到大学后家庭的生活开支大大减少，大致是每个月的物业管理费 300 元、水电费 550 元、通信费 500 元（两人各自的手机费及家庭的固定电话费、上网费等合计）、食品费 780 元、交通费 560 元、人情往来 300 元、衣物卫生用品 400 元、理发美容化妆保健开支 200 元、买图书等文化生活开支 200 元、运动保健支出 300 元、日常药品支出 400 元，合计每个月基本生活开支为4 490 元。

邓先生夫妇打算将现有储蓄及房产留给女儿，从现在开始通过靠自己的积累过还算说得过去的晚年生活。邓先生希望能于 20 年后夫妻俩共同退休开始养老生活，届时邓先生 60 岁，邓太太 55 岁，预计寿命为 80 岁。邓先生与太太希望退休后过与现在相同品质的生活。邓先生夫妇没有买过什么商业保险，只是按国家规定缴纳了各种社会保险费。邓先生夫妇退休后每年社保加其他收入约为 60 000 元。

假定通货膨胀率为 3%，退休前投资收益率为 8%，退休后投资收益率为 5%。请帮助邓先生夫妇制订退休养老规划方案。

课后自检

1. 本任务的知识点：

____

____

2. 本任务的技能点：

____

____

3. 我掌握了哪些知识和技能？

____

____

学习情景九　财产分配与遗产规划

情景导入▶

2022年5月，上海商人刘某应酬完客户回家后突然病发身故，留下的遗产主要是一家置业有限责任公司82.5%的股权和该公司与其共同投资的三家物业公司，在这三家净资产均超过500万元的物业公司中，刘某都直接占有51%的股权。此外，刘某在上海、江西、浙江等地以个人名义留有7处别墅类或商品类房产，轿车5辆。

与大多数国人一样，刘某事先并没有制订遗产计划，也没有留下任何遗嘱。在经过最初几天的悲痛后，围绕着刘某遗留的上述财产争夺战，不久就在刘某的未婚妻杨某和刘某父亲之间展开。

这场遗产继承纠纷尽管其间一波三折，可最终在律师的努力下没有进入法院宣判程序，双方达成庭外和解，起诉方撤诉。根据和解协议，刘某遗产中的股权部分、上海的一处别墅和两辆轿车归刘父所有，其余部分归杨某所有。

随着近年来我国经济的不断发展，遗产规划的问题开始凸显。辛劳一生积攒的财富不但没有给亲人带来幸福，反而带来无限的麻烦，这肯定不是逝者的愿望。

统计资料显示，有近70%的遗产继承纠纷是由于被继承人生前未立遗嘱或未制订遗产计划引起的，而在剩下的30%遗产纠纷中，又有将近84%的案件是因为遗嘱欠缺法律要件或形式、内容违法引起的。可见，当下中国人的遗产规划意识和专业知识还是比较欠缺的。如果全社会拥有财产的潜在被继承人都能够提前在律师、私人理财顾问等专业人士的帮助下，制订遗产计划、拟好遗嘱，那么各种遗产纠纷将会大幅减少。

随堂思考：怎样进行财产分配与遗产规划，才可以规避遗产继承纠纷呢？

财产分配与遗产规划是个人理财规划中不可缺少的部分，是家庭财产保全并得以世代相传的切实保障。

财产分配规划是指为了家庭财产在家庭成员之间进行合理分配而制定的财务规划。遗产规划是指当事人在其健在时提前做出合法、有效、全面的计划，将拥有或控制的各种资产或负债精心安排，从而实现身故后按照遗愿进行分配，确保在自己去世或丧失行为能力时资产能够以简单、迅速的方式以及在税务上以最有利的方式转移给继承人的一种合理财产安排。

做好财产分配和遗产规划的基本任务是熟悉财产分配与遗产规划的相关知识，掌握财产分配与遗产规划的编制原则，正确运用财产分配与遗产规划工具，编制财产分配与遗产规划。

一、熟悉财产分配与遗产规划的相关知识

熟悉财产分配与遗产规划的相关知识是编制财产分配与遗产规划的基础，通过学习，应清楚个人/家庭可能遭遇的经济风险、财产分配规划应注意的事项、遗产的内容、遗产规划的目标、遗产规划的影响因素等。

二、掌握财产分配与遗产规划的编制原则

在实际操作中，个人/家庭进行财产分配与遗产规划的动机和目标各有不同，应根据具体需求，确定其财产分配与遗产规划目标。财产分配时应遵循以下原则：风险隔离原则；合法合情原则；照顾妇女儿童原则；有利方便原则；不得损害国家、集体和他人利益原则。遗产规划的编制原则包括：保证遗产规划的可变通性原则；确定遗产规划的现金流动性原则；减少遗产纳税金额原则。

三、正确运用财产分配与遗产规划工具

财产分配与遗产规划工具主要包括遗嘱、遗产委托书、公证、个人信托、人寿保险、赠与。正确运用财产分配与遗产规划工具，可以充分保护自身的财产安全与财产传承的顺利实施。

四、编制财产分配与遗产规划

编制财产分配与遗产规划应做到：准备好个人情况记录（主要为财产的权属证明文件）、计算和评估个人财产、确定财产分配和遗产规划目标、制订具体方案并定期检查和修改。

任　务　编制财产分配与遗产规划

学习目标

◇ 了解个人/家庭可能遭遇的经济风险
◇ 认识财产分配与遗产规划
◇ 熟悉制定财产分配与遗产规划的原则
◇ 掌握财产分配与遗产规划工具
◇ 能够分析财产分配与遗产规划涉及的财产问题
◇ 能够正确运用财产分配与遗产规划工具
◇ 能够编制财产分配与遗产规划

素养目标

◇ 通过夫妻财产分配与遗产规划的学习，紧跟时代发展的要求，具有较强的法律意识，尊崇法律，坚持法律至上，坚持公平正义，维护公共利益，保护社会弱势群体，德法兼修、德才兼备

任务描述

陈先生已退休多年，有两个儿子、一个女儿，都已成年，且有工作。3 年前太太去世，目前陈先生独居台北市。陈先生身体状况不错，有一栋自住、位于台北市的不动产（市价约 2 500 万元新台币）；名下有美元外币存款约 10 万美元，新台币存款约 1 000 万元，股票投资约 500 万元新台币，平常生活费靠退休金，每月约有 7 万元新台币。

陈先生有一个女朋友，交往快 2 年了，对方想结婚，但女儿反对父亲再婚。陈先生既不想失去这段老年之爱，又担心财产成为未来太太的嫁妆。

陈先生希望通过理财规划达到以下目标：一是可以说服未来的太太，将来不能继承遗产，但是结婚后会采取逐年赠与的方式让太太也过上好日子；二是三个孩子中，两个儿子常年在国外，陈先生想将全部的财产留给女儿。

（注：1 元新台币＝0.220 0 元人民币，为表述方便，此处均以新台币为货币单位）

任务分析

一、不规划，未来的太太可以拿到陈先生 5/8 的遗产

股票市值约 500 万元新台币，房屋与土地现值约 800 万元新台币（不动产部分以公告现值约为市价 1/3 来看）；陈先生若完全不事先规划，将来与现女友结婚后，太太若利用剩余财产请求权将拿到 5/8 的遗产（1/2＋1/2×1/4），同时陈先生的遗产必须缴纳约 159 万元新台币的遗产税。

计算如下：

现金 1 000 万元新台币＋美元等值台币 320 万元新台币＋股票 500 万元新台币＋不动产 800 万元新台币＝遗产 2 620 万元新台币

[遗产 2 620 万元新台币－(免税额 779 万元新台币＋配偶扣除额 445 万元新台币＋子女免税额 45 万元新台币×3＋丧葬费 111 万元新台币)]×税率 26%－累进扣除额 139.93 万元新台币＝159 万元新台币遗产税

二、结婚前做信托规划（基于我国台湾地区关于信托方面的法律规定及社会实况）

若要将遗产完全留给女儿，必须在婚前完成规划，方能完全避开法律有关夫妻剩余财产请求权的规定。

但若现在完全将资产赠与女儿，则必须付出高达 634 万元新台币的赠与税，且赠与财产给女儿后，陈先生就会丧失财产主导权。

任务精讲

一、个人/家庭可能遭遇的经济风险

随着经济的发展，个人/家庭财产的构成也发生了很大的变化，股票、基金和企业股权等在财产中的比重逐渐增大，每一种财产所面临的经济风险是不同的。在实际生活中，个人/家庭可能遭遇的经济风险如图 9－1 所示。

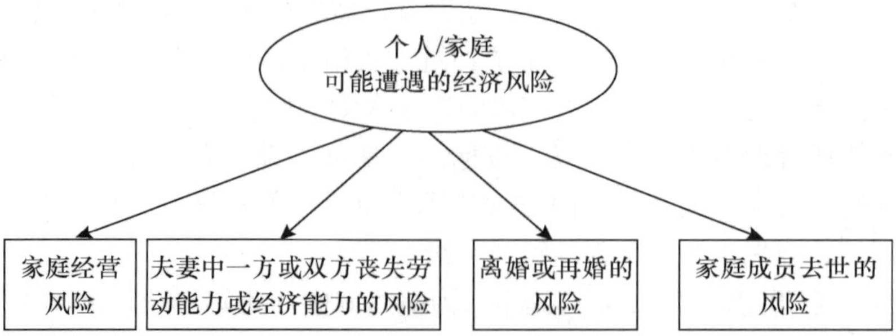

图 9－1 个人/家庭可能遭遇的经济风险

财产分配和传承规划具有风险隔离、减少损失的功能，通过制定财产分配与遗产规划，能够最大限度地消除上述风险带给个人及家庭的不利影响。

二、什么是财产分配规划

财产分配规划是指为了家庭财产在家庭成员之间进行合理分配而制定的财务规划。通常意义上的财产分配规划是针对夫妻财产而言的，是对婚姻关系存续期间夫妻双方的财产关系进行的调整。

在进行财产分配规划时，要全面考虑分割家庭财产的因素，如离婚时进行的财产分割要考虑婚姻持续的时间及财产分割生效时双方的经济状况等。

（一）财产分配规划中应注意的事项

财产分配规划应注意的事项主要有抚养、赡养、夫妻债务等。具体规划时，首先应界定个人/家庭财产和其个人财产的范畴，对夫妻共有财产或夫妻约定财产中属于夫妻共有的财产进行理财规划时，应征得夫妻双方的同意，否则只能对个人的财产或夫妻约定财产中属于个人财产的部分进行规划。

1. 抚养

抚养通常是指父母对子女在经济上的供养和生活上的照料，包括负担子女的生活费、教育费、医疗费等。父母必须按照法律规定对未成年子女无条件地进行抚养，对不能独立生活的尚在校接受高等教育、学历教育的子女，或者对丧失或未完全丧失劳动能力等非主观原因而无法维持正常生活的成年子女在一定条件下也要进行抚养。即使解除了婚姻关系，也不能解除对孩子的抚养、教育的义务。

抚养问题是有子女的家庭进行财产分配时所必须考虑的问题，在夫妻离婚、家庭解体的情况下尤其值得深究。子女抚养问题对财产分配规划的影响也不仅仅体现在对子女本人的经济和生活上的照顾，还包括子女对外所欠的债务等。

2. 赡养

子女对父母的赡养义务也是财产分配规划中需要考虑的重要因素之一，赡养费用是子女的必要支出。

赡养主要是指子女在经济上为父母提供必需的生活用品和费用的行为，即承担一定的经济责任、提供必要的经济帮助、给予物质上的帮助。赡养父母是子女的法定义务，不得以放弃继承权或者其他理由拒绝履行赡养义务。

赡养义务的承担主体不仅包括生子女，同时也包括养子女和与继父母形成抚养教育关系的继子女。

3. 夫妻债务

夫妻对外的债务是影响夫妻财产分配规划的一个因素，它直接影响夫妻实际待分配财产的总额。夫妻对外所欠债务的性质也直接影响家庭及夫妻个人实际的财产数额。

夫妻债务，是指夫妻双方因婚姻共同生活及在婚姻关系存续期间履行法定扶养义务所负的债务。一般包括夫妻在婚姻关系存续期间为解决共同生活所需的衣、食、住、行、医等活动以及履行法定义务过程中所负的债务。夫妻债务包括夫妻个人债务和夫妻共同债务。

（1）夫妻个人债务。夫妻个人债务是指夫妻约定为个人负担的债务或者一方从事无关家庭共同生活时所产生的债务。夫妻个人债务主要包括以下几种：

第一，夫妻一方的婚前债务。如夫妻一方为购置房屋等财产负担的债务，该房屋没有用于婚后共同生活的，应当认定为个人债务。

第二，夫妻双方依法约定由个人负担的债务。夫妻双方将本属于共同生活所负的债务，约定由一方负担的，可以视为夫妻个人债务。这种约定原则上不对债权人产生对抗效力，除非债权人事先知道该约定或者事后追认该约定。

第三，夫妻一方因个人不合理的开支（如赌博、吸毒、酗酒）所负债务。

第四，遗嘱或赠与合同中确定只归夫或妻一方的财产为一方个人财产，随这份遗嘱或赠与合同而来的债务也应由接受遗嘱或赠与的一方单独承担，他方无清偿责任。

第五，夫妻一方未经对方同意，擅自资助没有扶养义务人所负担的债务。

第六，夫妻一方未经对方同意，独自筹资从事生产或者经营活动所负债务，且其收入确未用于共同生活的。

第七，其他依法应由个人承担的债务，包括夫妻一方实施违法犯罪行为、侵权行为所负的债务。

（2）夫妻共同债务。夫妻共同债务必须具备两个特征：一是为了共同生活或婚姻关系存续期间；二是为履行法定义务所负债务。夫妻共同债务主要包括以下几种：

第一，夫妻为家庭共同生活所负的债务。如购置共同生活用品所负债务，购买、装修共同居住的住房所负的债务，为支付一方医疗费用所负的债务。

第二，夫妻共同从事生产、经营活动所负的债务。

第三，履行法定赡养义务所负的债务。

第四，为支付夫妻一方或双方的教育、培训费用所负的债务。

第五，为支付正当必要的社会交往所负的债务。

第六，夫妻一方或双方为履行法定扶养义务所负的债务。

第七，夫妻协议约定为共同债务的债务。

夫妻共同债务的认定：

第一，夫妻双方共同签字或者夫妻一方事后追认等共同意思表示所负担的债务，应当认定为夫妻共同债务。

第二，夫妻一方在婚姻关系存续期间以个人名义为家庭日常生活需要所负的债务。

第三，夫妻一方在婚姻关系存续期间以个人名义超出家庭日常生活需要所负的债务，债权人能够证明该债务用于夫妻共同生活、共同生产经营或者基于夫妻双方共同意思表示，认定为夫妻共同债务。

随堂思考： 2015年3月1日、2016年4月26日，被告傅某因生意需要两次向原告王某借款10万元和20万元，借期都为一年。被告洪某系被告傅某前妻（两被告于2018年3月7日协议离婚）。借款到期后原告王某多次催讨该借款，两被告都未履行还款义务，遂诉诸法院。此案于2018年7月22日在法院开庭。

解析：此案的焦点在于该债务是否属于夫妻共同债务，两被告是否应该共同承担还款义务。

针对该焦点，被告洪某代理人结合有关证据提出了自己的代理意见：该债务发生在两被告分居期间，被告洪某对该债务不知情，也没有用于家庭共同生活，或为家庭共同生活的经营活动，且双方在离婚协议中明确双方各自承担婚姻存续期间各自的债务，故该债务不属于共同债务，被告洪某对该债务不承担共同还款义务。

原告代理人针对被告洪某代理人提出的证据及发表的代理意见，向法庭提交了以下证据：（1）借条2份，证明被告傅某向原告王某借款的事实。（2）两被告离婚登记信息，证明上述借款系被告傅某婚姻存续期间所负债务。（3）房屋所有权存根两份，内容为两被告于2017年6月、2017年7月共同出资购买了两套房产，且所有权人至今未发生变更。（4）傅某名片及两公司工商登记信息，内容为傅某为两公司副经理，且傅某在两公司占有50%的股份，证明涉案债务的确为傅某用于经营。（5）两被告离婚协议。其中约定，两被告共有的房产归被告洪某所有，并在离婚协议生效后一个月内办理房产变更登记。结合以上证据，原告代理人提出以下辩护意见：（1）两份借条足以证明借款的真实性，结合离婚登记的时间则说明该债务发生在婚姻存续期间，符合夫妻共同债务最基本的条件。（2）两份房屋所有权存根，则通过其内容反映出两被告至少在2017年7月前关系密切，若社区证明两被告自2014年起分居的事实无误，两被告在2017年共同购房的可能性微乎其微，所以分居证明的真实性有待商榷。（3）两房屋所有权人至今尚未变更，仍然由两被告共同所有，两被告并未按离婚协议如期办理房屋所有权变更登记，过户到被告洪某名下，结合离婚协议“两被告各自清偿所负债务，与对方无涉”的约定，原告有理由确信两被告离婚有逃避债务的嫌疑。（4）被告傅某系两公司经营者，且该债务用于公司的经营，两被告又在2017年共同出资购买房产，符合夫妻共同债务的认定条件。综上，原告代理人认为涉案债务属于夫妻共同债务，应由两被告共同偿还。

判决结果：

法院采纳了原告代理人的代理意见，当庭判决两被告于判决生效后10日内支付原告王某借款。

4. 夫妻共有财产的股权构成

在现实生活中，夫妻共同发起设立公司或以夫妻一方的名义投资于公司的情形并不鲜见，这种情况下，对夫妻共同财产进行分配时，就会涉及股权问题。这时，不仅需要考虑《中华人民共和国民法典》对夫妻财产的规定，还要考虑《中华人民共和国公司法》《中华人民共和国合伙企业法》《中华人民共和国证券法》等法律的相关规定。企业投资权益的性质、种类及分配都会影响财产分配规划的制定，如何防范企业投资权益所遭受的风险对家庭财产的涉及是制定财产分配规划的首要任务。

一般情况下，在夫妻财产中的企业投资权益有以下几类：

（1）有限责任公司股权。在婚姻关系存续期间，夫妻双方或一方作为出资人，以夫妻共同财产依法投资于有限责任公司，从而成为有限责任公司的股东，并因此依法享有了从有限责任公司获得经济利益并参与公司经营管理的权利。

夫妻双方共同出资设立公司的，应当以各自所有的财产作为注册资本，并各自承担相应的责任。因此，夫妻双方登记注册公司时应当提交财产分割证明。未进行财产分割的，应当认定为夫妻双方以共有财产出资设立公司，在夫妻关系存续期间，夫或妻名下的公司股份属于夫妻双方共同共有的财产，作为共同共有人，夫妻双方对该项财产享有平等的占有、使用、收益和处分的权利。

夫或妻一方转让共同共有的公司股份的行为，属于对夫妻共同财产做出重要处理，应当由夫妻双方协商一致并共同在股权转让协议、股东会决议和公司章程修正案上签名。

（2）合伙企业合伙份额。合伙企业，是指自然人、法人和其他组织依照《中华人民共和国合伙企业法》在中国境内设立的普通合伙企业和有限合伙企业。因为合伙企业是由两个以上的合伙人组成的，所以一方在处理自己的权利时要征得其他人的同意。

如果夫妻双方都是合伙企业的合伙人，可以通过协商或法院判决的方式来分割两人的财产。

如果一方本身是该合伙企业的经营者，那么出于利于经营活动的需要，一般都会由其保留在该合伙企业的出资，而对另一方给予经济补偿。当然也可能会出现转让的情况，此时涉及分割夫妻共同财产中以一方名义在合伙企业中的出资。

此种情况下制定财产分配规划时，应首先考虑风险隔离的安排。在这里最有效的工具是信托，即将个人或家庭财产中的一部分以委托人的身份将财产权转给受托人，并根据信托目的指定信托财产的受益人。通过一个或数个信托安排使这些财产从合伙经营所带来的无限连带责任风险中解脱出来，形成财产的有效保护。

（3）个人独资企业。夫妻以一方名义投资设立个人独资企业的，人民法院分割夫妻在该个人独资企业中的共同财产时，应当按照以下情形分别处理：一方主张经营该企业的，对企业资产进行评估后，由取得企业资产所有权一方给予另一方相应的补偿；双方均主张经营该企业的，在双方竞价基础上，由取得企业资产所有权的一方给予另一方相应的补偿；双方均不愿意经营该企业的，按照《中华人民共和国个人独资企业法》等有关规定办理。

财产分割时应当特别注意的问题主要有两种情形：一是财产经营方为了达到侵占夫妻共同财产的目的，往往会采取隐瞒、转移、变卖、毁损夫妻共同财产等多种手段，有的甚至串通他人伪造或虚构债务来欺骗另一方。由于我国财产登记制度的不完善，婚姻存续期间妇女对家庭财产的知情权难以得到保障。二是在实践中进行公司股权折价补偿时，折价标准难以确定。这种情形下，通常应当尽量由财产分割双方协商确定股权的实际价值，协商不成的，一般以股权所在公司当年每股净资产额确定其价值。

5. 房屋财产

对我国家庭而言，房屋是一项重大财产。家庭在对房屋财产进行理财规划时，要充分考虑到家庭解体可能导致的房产分割的问题。在实践中，夫妻对共同房屋进行产权分割时主要涉及的问题有：

（1）婚前双方父母出资给子女购房，应当认定为对各自子女的赠与，但父母明确表示赠与双方的除外。婚后父母出资给子女购房，依照约定处理，没有约定或者约定不明确的，按照《中华人民共和国民法典》第一千零六十二条的规定处理，遗嘱或赠与合同中确定只归一方的为个人财产，未确定为夫妻共同财产。具体包括以下两种情形：一是婚后一方父母出资为其子女购买不动产，产权登记在其子女名下，视为只对自己子女一方的赠与，但如果不动产登记在夫妻中非子女一方名下或夫妻双方名下，认定为夫妻共同财产；二是婚后双方父母出资购买的不动产，产权登记在一方子女名下，该不动产应当认定为双方按照各自父母出资份额按份共有，但当事人另有约定的除外。父母出资时在未有明确表示出资系赠与的情况下，一般应认定该出资款为对儿女的临时性资金出借，儿女理应负担偿还义务。

随堂思考：陈先生与张女士于2021年结婚，婚后由于双方感情不和，现起诉离婚，双方对夫妻感情破裂没有争议，但是对于房产分割产生了纠纷，房子是他们结婚后两家共同购买的，价值80万元。当时陈先生父母负担60万元，张女士父母负担剩下的。家里所有东西和装修为两家共同负担。不动产权证上的名字为陈先生，陈先生与张女士没有做财产公证，现在双方起诉到法院要求分割房产。

解析：此问题涉及结婚时双方共同出资购买的房屋离婚时应该如何分割的问题。

首先，根据相关的法律规定，陈先生与张女士在结婚后两家共同出资购买的房屋，该出资应当认定为对夫妻双方的赠与。

其次，由于此房产是他们婚后双方父母共同出资购买的，不动产权证上虽然为陈先生的名字，但是根据相关法律的规定，此房产可以认定为双方按照各自父母的出资份额按份共有。

综上所述，此房产应该按照当时出资时双方所占的出资比例进行分割。

(2) 夫妻一方父母或其本人婚前支付全部房款，并取得不动产权证，那么该房屋是婚前财产，另一方无权要求分割。婚后一人以婚前个人财产出资的，如果已经支付全部房款，房屋属于个人财产的转化，算个人财产。

(3) 夫妻一方婚前签订不动产买卖合同，以个人财产支付首付款并在银行贷款，婚后用夫妻共同财产还贷，不动产登记于首付款支付方名下的，离婚时该不动产由双方协议处理。依规定不能达成协议的，人民法院可以判决该不动产归登记一方，尚未归还的贷款为不动产登记一方的个人债务。双方婚后共同还贷支付的款项及其相对应财产增值部分，离婚时应根据《中华人民共和国民法典》第一千零八十七条第一款规定的原则，由不动产登记一方对另一方进行补偿。

随堂思考：夏某与李某于2016年经人介绍结婚，后由于双方感情不和分居两年。现夏某起诉要求离婚，并同时提出对夫妻共同财产进行分割。李某对夫妻感情已经破裂没有争议，对房产如何分割产生了异议，这套房屋是李某在婚前以自己的名义购买的，并支付了首付款，婚后取得不动产权证，不动产权证上登记的所有权人为李某，李某同时用自己的工资按期还贷。经评估现住房已增值到购买时的2倍。李某主张这房屋是婚前个人财产，而夏某主张是夫妻共同财产。

解析：此案涉及婚前用个人财产购买房屋，婚后个人还贷，并且登记到一方名下的房产归属问题，以及对房屋增值部分如何分割这样两个问题。

本案中，李某在婚前以自己的名义购买并支付了首付款，同时房屋的所有权人是李某。因此房屋并不能因为李某的结婚而变成夫妻共同财产。根据法律的规定，该房屋应属于产权登记一方即李某所有。

对于婚后李某用个人工资缴纳的按揭款，根据相关的法律规定，这属于用夫妻共同财产偿还的个人债务，对于这部分要进行相应的分割。

那么对于此房屋的增值部分应该如何分割呢？根据相关法律规定，对于房屋的增值部分也要按照相应的比例进行分割，但是应该扣除李某首付款所占的增值部分。首付款所占的增值部分属于李某的个人财产。

（二）确定财产分配的原则

在实际操作中，个人/家庭进行财产分配的动机和目标互有不同，应根据具体需求，确定其自身财产分配目标。确定财产分配目标时应遵循以下原则。

1. 风险隔离原则

进行财产分配规划的时候，首先要考虑财产的安全，一般来说，需要财产分配规划的个人/家庭是参与各种形式经营活动、多婚多子女的家庭、跨国婚姻以及婚前就有大量财产的人。他们需要对婚前和婚后财产通过财产分配工具的运用进行不同的财产安排，保障个人财产的安全和更好地履行对其他家庭成员的义务。参与各种经营的个人/家庭还需要在经营风险和家庭财产之间布下防火墙，以抵御经营风险对家庭财产的侵扰，从而保证家庭成员的正常生活不受影响。

2. 合法合情原则

确定财产分配目标时，不仅要合法，而且要合情。所谓合法，是指不违反与财产分配有关的法律规定，比如为个人/家庭进行风险隔离规划时要遵守相关法律法规的规定，不能违法操作。因此，在为个人/家庭提供财产分配意见时，理财规划人员要避免为了迎合客户需要而损害其他家庭成员的利益，否则客户可能要承担相关责任。所谓合情，是指财产分配要合乎情理，从协调客户及其家庭成员间关系入手，并考虑各个家庭成员主要是夫妻二人对家庭的付出和贡献，这样可以减少财产分配方案在实施过程中可能遇到的障碍。

随堂思考：张先生与王女士都是再婚，婚后，张先生将自己位于某小区的一套住房卖掉，获得 30 万元房款，重新购买了另一套住房，王女士参与购买住房与装修的全过程，并且该房屋登记在王女士名下，如今，这套住房价值约 100 万元。现在，王女士起诉离婚，王女士认为房产登记在自己名下，属于自己的个人财产，王先生的出资购房可以看成对自己的赠与，而张先生否认赠与，认为房子是为了双方共同居住生活而购买，并且考虑自己已经退休，月收入不足千元，不具备一次性赠与 30 万元房屋的经济实力。双方对房产归属发生争议。

解析：此问题涉及在离婚中，一方出资买房，登记在另一方名下，离婚时房产如何定性和分割的问题。

双方争议的房屋是婚后张先生卖掉一套住房后，所获得的房款应该属于张先生的婚前个人财产。

婚后张先生用个人财产购买了一套住房用于居住，虽然登记在王女士的名下，但不能认定为对王女士的赠与，没有赠与协议，此外从张先生的现实情况看，也不能认定为赠与。

对于此套房屋的分割问题，由于房产登记在王女士的名下，同时双方又没有其他关于此住房属于张先生个人财产的约定，因此此住房应该看成双方婚姻存续期间的共同财产。进行分割的时候应该按照共同财产进行分割。由于此房是张先生购买的，因此在分割的时候张先生应该分得较多的份额。

3. 照顾妇女儿童的原则

抚养教育未成年子女是家庭的一个中心问题，因此，在财产分配规划的制定过程中，要充分考虑子女的问题。在夫妻离婚的情况下，为了防止夫妻因离婚而影响未成年子女的学习和生活，减轻未成年子女因父母离异所带来的心理阴影，保证未成年子女的健康成长，在分割夫妻共同财产时，对子女的利益予以考虑就显得尤为重要。

4. 有利方便的原则

通常情况下，在共同共有关系终止时，对共有财产的分割，有协议的按协议处理；没有协议的，应当根据等分原则处理，同时考虑共有人对共有财产的贡献大小，适当照顾共有人生活的实际需要等情况。分割夫妻共同财产时，原则上也应当均等分割。当然，根据生活的实际需要和财产的来源，具体处理时也可以有所差别。这就是夫妻离婚时财产分割坚持有利方便原则的法律依据。

5. 不得损害国家、集体和他人利益的原则

权利不得滥用，这既是公民行使权利的基本准则，也是离婚分割夫妻共有财产的原则之一。根据这一原则要求，夫妻在离婚分割财产时，不得把属于国家、集体和他人所有的财产作为夫妻共同财产进行分割，不得借分割夫妻共同财产之名损害其他人的利益。例如，夫妻作为合伙人与他人合伙，在离婚分割共同财产时，不能擅自分割合伙财产，必须从合伙财产中扣除其他合伙人的财产份额，属于夫妻共同财产的部分才能分割。

三、什么是遗产

遗产是指被继承人死亡时遗留的个人所有财产和法律规定可以继承的其他财产权益，包括积极遗产和消极遗产。积极遗产是指死者生前个人享有的财物和可以继承的其他合法权益，如现金、证券、公司股权、不动产和收藏品等。消极遗产是指死者生前所欠的个人债务，如未偿还贷款、应付医疗费用和税收支出等。

根据《中华人民共和国民法典》的有关规定，遗产必须符合三个特征：第一，必须是自然人死亡时遗留的合法财产；第二，必须是公民个人所有的财产；第三，必须是合法财产。这三个条件必须同时具备，才能成为遗产。

（一）遗产的内容

遗产包括以下几项：

（1）公民的合法收入，如工资、奖金、存款利息、从事合法经营的收入、继承或接受赠与所得的财产。

（2）公民的房屋、储蓄、生活用品。

（3）公民的树木、牲畜和家禽。树木，主要指公民在宅基地上自种的树木和自留山

上种的树木。

（4）公民的文物、图书资料。公民的文物一般指公民自己收藏的书画、古玩、艺术品等。如果上述文物之中有特别珍贵的文物，应按《中华人民共和国文物保护法》的有关规定处理。

（5）法律允许公民个人所有的生产资料，如农村承包专业户的汽车、拖拉机、加工机具等，城市个体经营者、华侨和港澳台同胞在内地投资所拥有的各类生产资料。

（6）公民的著作权、专利权中的财产权利，即基于公民的著作被出版而获得的稿费、奖金，或者因发明被利用而取得的专利转让费和专利使用费等。

（7）公民的其他合法财产，如公民的国库券、债券、股票等有价证券，复员、转业军人的复员费、转业费，公民的离退休金、养老金等。

（二）遗产的分配原则

根据《中华人民共和国民法典》的规定，依法继承中遗产分配应遵循以下原则。

1. 遗嘱优先于法律规定的原则

继承开始后，按照法定继承办理；有遗嘱的，按照遗嘱继承或者遗赠办理；有遗赠扶养协议的，按照协议办理。

2. 法定继承中实行优先顺序继承的原则

根据家庭成员与死者关系的远近，第一顺序继承人为配偶、子女、父母；第二顺序继承人为兄弟姐妹、祖父母和外祖父母。第二顺序继承人只有在被继承人没有法定的第一顺序继承人和合法遗嘱指定的继承人，或者法定的第一顺序继承人声明放弃，或者依法剥夺继承权的情况下，才享有继承权。

随堂思考：张文与哥哥张东争吵，被张东杀害。张文无妻无子，父母在十年前就双双去世了。张文还有弟弟张北、妹妹张茜。张文死后留下大笔遗产，没有任何遗嘱和遗赠扶养协议。他的亲属都想继承他的遗产。哪些亲属享有法定优先继承权？哪些合法继承人会丧失继承权？

解析：继承权是指继承人依照法律的直接规定或者被继承人所立的合法有效的遗嘱而享有的继承被继承人遗产的权利。根据法律规定，第一顺序继承人包括配偶、子女、父母，第二顺序继承人包括兄弟姐妹、祖父母、外祖父母。不过也有特殊情况，比如可以代位继承。尽了主要赡养义务的儿媳或女婿可以分别作为公婆或岳父母的第一顺序继承人。

继承除了法定继承还有遗嘱继承，如有遗嘱继承则不实行法定继承，前提是遗嘱内容要合法，并且是立遗嘱人的真实意思表示。

继承权丧失的法定条件如下：故意杀害被继承人；为争夺遗产而杀害其他继承人；遗弃被继承人或者虐待被继承人情节严重；伪造、篡改、隐匿或者销毁遗嘱，情节严重；以欺诈、胁迫手段迫使或者妨碍被继承人设立、变更或者撤回遗嘱，情节严重。

本案例中，张北、张茜均享有法定继承权，但是张东丧失了继承权。

3. 同一顺序继承人原则上平均分配的原则

按照法律规定，同一顺序继承人继承遗产的份额，一般应当均等；继承人协商同意的，也可以不均等。

4. 照顾分配的原则

对生活有特殊困难又缺乏劳动能力的继承人，分配遗产时，应当予以照顾。

5. 鼓励家庭成员及社会成员间的扶助的原则

对被继承人尽了主要扶养义务或者与被继承人共同生活的继承人，分配遗产时，可以多分。有扶养能力和有扶养条件的继承人，不尽扶养义务的，分配遗产时，应当不分或者少分。

（三）遗产的处理方式

遗产的处理方式有两种，一种是限定继承，另一种是无限继承。《中华人民共和国民法典》第一千一百六十一条规定：继承人以所得遗产实际价值为限清偿被继承人依法应当缴纳的税款和债务。超过遗产实际价值部分，继承人自愿偿还的不在此限。继承人放弃继承的，对被继承人依法应当缴纳的税款和债务可以不负清偿责任。司法实践中一般先偿还死者遗留的债务，然后就余额协商分割遗产。在按限定继承方式处理遗产时，应将死者个人债务和家庭共同债务，以及扶养人未尽义务而遗留的债务（如医疗费）区别开，后者不应列为消极遗产，而应由有关当事人承担。

四、什么是遗产规划

遗产规划是指当事人在其健在时提前做出合法、有效、全面的计划，将拥有或控制的各种资产或负债精心安排，从而实现身故后按照遗愿进行分配，确保在自己去世或丧失行为能力时资产能够以简单、迅速的方式及以税务上最有利的方式转移给继承人的一种合理财产安排。遗产规划是个人理财规划中不可缺少的部分，是家庭财产得以世代相传的切实保障。

遗产规划主要是有关财产的安排，也会包括医疗护理意愿、葬礼计划和对未成年子女指定监护人等。遗产规划不仅可以实现自己的愿望，通常还会减少可能的税务费用和时间耽搁，以及为资产提供保护。一般来说，制定遗产规划需要私人理财顾问、律师、会计师等专业人士的帮助。

具体规划前要明确各家庭成员在遗产规划中的地位、继承顺序。

（一）参与遗产继承的主要家庭成员

1. 配偶

构成家庭财产继承关系的配偶是指合法的婚姻关系的当事人，或者符合法律关于事实婚姻关系的当事人。

2. 子女

此处的子女包括婚生子女、非婚生子女、养子女和有扶养关系的继子女。

婚生子女是指婚姻关系成立后，妻受孕后出生的子女。依法享有法定继承权的婚生子女，无论是男是女，无论是已婚还是未婚，无论是随父姓还是随母姓，无论婚后女到男家落户还是男到女家落户，均是法定继承人，依法享有平等的继承权。即使“声明”与父母脱离父母子女关系，或者离婚后由另一方抚养，其继承权都不会消除。

非婚生子女是指没有婚姻关系的男女所生子女。非婚生子女享有与婚生子女同等的权利，任何人不得加以危害和歧视。

养子女是指养父母或养父、养母收养的孩子。对收养人来讲，养子女叫被收养人。对送养人来讲，养子女叫被送养人。自收养关系成立之日起，养父母与养子女间的权利义务关系，适用法律关于父母子女关系的规定；养子女与养父母的近亲属间的权利义务关系，适用法律关于子女与父母的近亲属关系的规定。养子女与生父母及其他近亲属间的权利义务关系，因收养关系的成立而消除。据此，我国养子女的法律地位与婚生子女的法律地位完全相同，与婚生子女依法享有平等的继承权。

继子女是指夫与前妻或妻与前夫所生的子女。在我国，继父母与子女间的亲属法律地位分为两种：一是继父母子女间没有通过共同生活形成事实上的扶养关系，双方属于直系姻亲关系；二是继父母子女形成了事实上的扶养关系，双方由姻亲关系转化为拟制血亲的关系，形成法律拟制的父母子女关系。前者，继子女作为其生父母的法定继承人继承遗产，但不能作为继父母的法定继承人继承遗产；后者，继子女既可以作为其生父母的法定继承人继承遗产，同时也可作为其继父母的法定继承人继承遗产。由此可见，继子女的法律地位并不等同于婚生子女的关系，继子女与继父母之间，只有双方在形成了扶养教育关系后，才适用《中华人民共和国民法典》中的父母子女关系的法律规定。

被继承人的子女先于被继承人死亡的，由被继承人的子女的直系晚辈血亲代为继承。

随堂思考：未婚女子张某与有妇之夫王某同居期间怀孕，后迫于家庭压力，二人分手。张某和李甲结婚，婚后5个月生下女儿李乙。现王某亡故，李乙持有关证据材料起诉要求继承王某的遗产。王某的家人对李乙与王某之间的血缘关系予以认可，但认为张某和王某同居时李乙并未出生，李乙是张某和李甲结婚后才出生的，李乙无权继承王某的遗产。

解析：该案的特殊之处在于李乙是张某和王某同居期间孕育的，其出生则在张某和李甲结婚之后。虽然李乙在张某和王某同居期间只是胎儿，但在张某和李甲结婚后出生的李乙，和王某之间的血缘关系没有改变。对于非婚生子女，生父母也有亲权，且该亲权并非需要通过生父母认领才能获得。因王某没有遗嘱，故对其遗产适用法定继承，李乙作为其非婚生子女是其法定继承人，有权继承王某的遗产。

该案的难点，即李乙和李甲之间的身份关系的确定。李甲显然不是李乙的生父，那他是否是李乙的养父呢？养子女是指因收养关系的成立与养父母形成父母子女关系的子女，养子女的地位是因收养关系的成立而取得的，只有存在合法的收养关系，才能形成养父母子女关系。法律规定收养应当在县级以上人民政府民政部门登记，收养关系自登记之日起成立。可李甲并没有登记收养李乙，而且有配偶者收养子女，须夫妻共同收养，而张某却系李乙的生母，不存在收养问题，故李乙也不是李甲的养子女。李乙也未与他人形成养子关系，故不排除其对生父王某遗产的继承权。

李乙是否就是李甲的继子女呢？继子女与继父母之间的关系是一种拟制血亲关系，实质是继子女的生母或者生父与他人结婚，而其生父母之间是否为合法夫妻，该婚姻属初婚还是再婚并不影响其继子女地位的取得。如上所述，王某与张某系非婚同居关系，张某与李甲是初婚，不影响李乙与李甲之间继子女关系的成立。继子女不同于养子女，对其生父的遗产享有继承权，李乙作为法定继承人有权继承生父王某的遗产。

3. 父母

此处的父母包括生父母、养父母和有扶养关系的继父母。只有在生子女被他人收养时，父母与子女间的权利义务关系才会解除，生父母对其子女不享有法定的遗产继承权。父母离婚后不影响对其生子女的继承权，离婚后不直接承担抚养义务的父方或母方仍依法享有对其子女的继承权。但如果该子女的继父或继母依法经该子女的生母或生父同意而收养该子女，该子女的生母或生父则不再享有对该子女的继承权。

4. 兄弟姐妹

依据《中华人民共和国民法典》的规定及有关司法解释，兄弟姐妹在一定条件下，相互负有法定的扶养义务，同时也是法定的继承人，相互享有继承遗产的权利。作为法定继承人的兄弟姐妹，包括同父同母的兄弟姐妹、同父异母或者同母异父的兄弟姐妹、养兄弟姐妹和有扶养关系的继兄弟姐妹。被继承人的兄弟姐妹先于被继承人死亡的，由被继承人的兄弟姐妹的子女代位继承。

5. 祖父母、外祖父母

依据《中华人民共和国民法典》及有关司法解释的规定，有负担能力的祖父母、外祖父母，对于父母已经死亡或者父母无力抚养的未成年孙子女、外孙子女，有抚养的义务。祖父母、外祖父母作为孙子女、外孙子女的法定继承人，依法对孙子女、外孙子女的遗产享有继承权。

6. 对公婆、岳父母尽了主要赡养义务的丧偶儿媳、女婿

正常情况下，儿媳、女婿与公婆、岳父母之间没有自然的血缘关系，也没有赡养、抚养的权利义务关系。因此，他们之间不发生法定继承关系。但《中华人民共和国民法典》规定：丧偶儿媳对公婆，丧偶女婿对岳父母，尽了主要赡养义务的，作为第一顺序继承人。一般从以下三个方面来看：一是对老人进行了生活上的照料和精神上的抚慰；二是对老人进行了经济上的扶助和供养；三是对老人的赡养具有长期性、经常性和稳定性。

（二）遗产规划的目标

制定遗产规划的最终目标是帮助某家庭在家庭成员去世或丧失行为能力后分配和安排其资产和债务。与其他的财务目标不同，遗产规划的目标只有在家庭成员去世或丧失行为能力后才能实现。

制定遗产规划的目标首先要考虑其直接债务的偿还，如果某家庭成员突然去世，其债务不会解除，而要以其遗产加以偿还。

常见的遗产规划的目标有：

（1）确定谁将是遗产所有者的继承人（或受益人），以及每位受益人获得的遗产份额。

（2）确定遗产转交的方式。

（3）在与遗产所有者的其他目标保持一致的情况下，将遗产转移的成本降到最低水平。

（4）为遗产提供足够的流动性资产以偿还其债务。

（5）保持遗产计划的可变性。

（6）确定由谁来清算遗产，即选择遗嘱执行人。

（7）计划慈善赠与。

（三）制定遗产规划的原则

1. 保证遗产规划的可变通性

遗产规划从它的制定到生效有一段不确定的期间，在此期间的家庭财务状况和目标是处于不断变化中的，因此，要对遗产规划不断进行修改，以保证它能满足不同时期家庭的需要。

2. 确保遗产规划的现金流动性

家庭成员去世后，遗产要先用于支付相关的税及遗产处置费用，如办理遗产评估的费用、法律和会计手续费、丧葬费等，还清其所欠债务后，剩余部分才可以分配给受益人。所以，如果家庭成员遗产中的现金数额不足，反而会导致其家庭陷入债务危机。因此，家庭成员遗产中要预留充足的现金以满足支出。遗产中的现金收入来源通常有银行存款、存单、可变现的有价证券等，应尽量减少遗产中的非流动性资产，如房地产、长期债券、珠宝和收藏品等，这些资产不仅无法及时变现为所需的现金，还会增加遗产处置的费用，规划时可以考虑将它们出售或捐赠给他人，从而降低现金支出。

3. 减少遗产纳税金额

多数人都希望尽可能地留下较多的遗产，然而，在遗产税很高的国家，遗产数额较大者的遗产往往需要支付较高的遗产税，而且遗产税不同于其他税种，受益人要在将全部遗产登记并计算和缴纳税金之后，才可以处置财产。所以，减少遗产纳税支出也是遗产规划的重要原则之一。一般来说，采用捐赠、不可撤销性信托和资助慈善机构等方式都可以减少纳税金额。

需要强调的是，我国（不含港、澳、台地区）目前并未开征遗产税，因此理财规划人员在制定遗产规划时首先应考虑如何将遗产正确地分配给客户希望的受益人，而不是减少纳税额。即使在遗产税率较高的国家，理财规划人员也不能过于强调遗产税的影响，因为客户的目标和财务状况在不断变化，如果为了降低纳税额而采用许多降低遗产规划可变性的遗产筹划工具，可能会导致客户的目标最终无法实现。

（四）影响遗产规划的因素

一般来说，能够影响遗产规划的因素主要有以下方面：

（1）子女的出生或死亡。

（2）配偶或其他继承人的死亡。

（3）结婚或离异。

（4）本人或亲友身患重病。

（5）家庭成员成年。

（6）遗产继承。

（7）房地产的出售。

(8) 财富的变化。

(9) 有关税制和遗产法律的出台。

五、财产分配与遗产规划工具

(一) 遗嘱

遗嘱是指遗嘱人生前在法律允许的范围内，按照法律规定的方式对其遗产或其他事务所作的个人处分，并于遗嘱人死亡时发生效力的法律行为。因为我国（不含港、澳、台地区）目前还没有征收遗产税，所以普通人遗产规划的主要形式是设立遗嘱，遗嘱要考虑的主要是遗产的范围与继承人或受赠人的确定。

当然，立遗嘱虽然完全是个人的事，看起来也比较简单，但法律对遗嘱的内容和形式都有严格的要求，并非随便立一个遗嘱便万事大吉。

随堂思考：2019 年 10 月 27 日，一起遗产纷争案在法院宣判。纷争缘于两份不同的遗嘱。法院一审认定，小儿子持有的遗嘱有瑕疵，长子的遗嘱合法有效，故判决张老太生前留下的房屋、退休金及报销所得医药费由长子继承。

解析：法院经审理查明，长子提供的代书遗嘱有母亲本人签名及手印，有代书人及两位见证律师的签名，其内容指向为母亲所有的房屋，故该代书遗嘱的形式和内容均合法有效。小儿子提供的录像和代书遗嘱则存在瑕疵：母亲在录像中对于诉争房屋如何处理无清晰完整的表述，而是在提问人引导性提问下被动应答。该代书遗嘱内容指向的并非诉争房屋。代书人是小儿媳，与继承人具有利害关系。同时，小儿子未能提供证据证明代书人及见证人将代书遗嘱的内容详细告知母亲。法院认为，不能据此认定后一份遗嘱是张老太的真实意思表示，法院对其效力不予认定。

遗嘱的有效要件包括以下几点：

在设立遗嘱时，遗嘱人必须具有遗嘱能力。在国外，遗嘱能力并不等于行为能力，可以是达到一定年龄的未成年人。在中国，指民事行为能力。

遗嘱人的意思表示必须真实。因受胁迫、欺骗所立的遗嘱或者伪造、篡改的遗嘱无效。

遗嘱的内容必须符合法律和社会道德。在中国，凡违背法律规定剥夺未成年人和无劳动能力的继承人的继承权的部分，归于无效。

遗嘱中所处置的财产须为遗嘱人的合法财产。

随堂思考：何某是高级白领，比较富有，与妻子付某生育一女。后何某与妻子和女儿的感情发生裂痕，便立一遗嘱，明确死后自己的个人财产全部归自己的父母所有。女儿 5 岁时，何某意外死亡。何某父母依据儿子留下的遗嘱主张继承何某名下的两套商品房、两辆小汽车和 100 万元存款的一半。付某不同意，双方闹上法庭，结果法院判决何某留下的遗嘱无效。

解析：何某的遗嘱只处分了属于他个人所有的财产，为什么会无效呢？因为公民虽然可以通过立遗嘱的方式指定法定继承人中的某人继承自己的财产，而剥夺其他法定继承人的继承权，但是，应当对缺乏劳动能力又没有生活来源的继承人保留必要的遗产份额。付某女儿属于何某的法定继承人且尚未成年，没有生活来源，应该在遗嘱中为其保留必要的遗产份额。

随堂思考：胡某立遗嘱将自己的一套大房子和20万元存款留给小女儿，另一套房子留给大女儿。胡某死后，小女儿拿着父亲的遗嘱向母亲李某要20万元存款，并要求将房子过户到自己名下。母亲不同意，起诉至法院，结果母亲胜诉。

解析：遗嘱人只能处理自己的个人财产。关于个人遗产的范围界定，法律作了明确规定。两套房屋和20万元存款属于胡某与妻子李某的共同财产，胡某对于属于妻子的那一部分财产是无权处理的。

我国的遗嘱有六种法定形式，分别是公证遗嘱、自书遗嘱、代书遗嘱、打印遗嘱、以录音录像形式立的遗嘱和口头遗嘱，每一类遗嘱形式都有法定的要件、格式要求，不合法定格式或形式要求的遗嘱很可能是无效的。具体要求如下：

（1）公证遗嘱由遗嘱人经公证机构办理。

（2）自书遗嘱由遗嘱人亲笔书写，签名，注明年、月、日。

（3）代书遗嘱应当有两个以上见证人在场见证，由其中一人代书，并由遗嘱人、代书人和其他见证人签名，注明年、月、日。

（4）打印遗嘱应当有两个以上见证人在场见证。遗嘱人和见证人应当在遗嘱每一页签名，注明年、月、日。

（5）以录音录像形式立的遗嘱，应当有两个以上见证人在场见证。遗嘱人和见证人应当在录音录像中记录其姓名或者肖像，以及年、月、日。

（6）遗嘱人在危急情况下，可以立口头遗嘱。口头遗嘱应当有两个以上见证人在场见证。危急情况消除后，遗嘱人能够以书面或者录音录像形式立遗嘱的，所立的口头遗嘱无效。

随堂思考：赵老太有3个儿子，都不孝顺。倒是邻居的女儿对她非常关心，老人觉得邻居的女儿比自己的儿子还亲，便亲手写了一份遗嘱将自己的一套旧房子送给了邻居的女儿。3个儿子不服，官司打到法院，结果是邻居的女儿败诉。

解析：为什么赵老太的遗愿实现不了呢？原来，赵老太书写遗嘱时没有写上日期。按照法律规定，自书遗嘱必须由本人亲笔书写、亲笔签名，还要注明年、月、日，缺少一样则无效。

《中华人民共和国民法典》规定的遗嘱形式中，除自书遗嘱、公证遗嘱外，都把见证人作为合法有效遗嘱的重要条件之一。因为见证人的证明真实与否直接关系到遗嘱的法律效力，所以法律规定见证人必须具备一定的资格，无民事行为能力人、限制民事行为能力人、继承人、受遗赠人、与继承人及受遗赠人有利害关系的人、其他不具有见证能力的人不能成为遗嘱见证人，其所见证的遗嘱无效。

随堂思考：张老太在儿子小张的陪同下立下遗嘱，遗嘱由小张媳妇作为见证人。张老太去世后，小张以此遗嘱主张继承房产，遭到其他兄弟的反对。法院经审理，认定该遗嘱无效，遗产按法定顺序由几兄弟继承。

解析：法律规定，无行为能力人、限制行为能力人、继承人、受遗赠人、与继承人或受遗赠人有利害关系的人，不能成为遗嘱见证人。

遗嘱不管以什么形式成立，都应具备下列五项内容：

（1）遗产的名称和数量。

（2）遗嘱人或受遗赠人的称谓。

（3）遗产的分配方法和具体份额。

（4）明确某项遗产的用途和使用目的。

（5）明确遗嘱执行人。

立遗嘱后，遗嘱人实施与遗嘱内容相反的民事法律行为的，视为对遗嘱相关内容的撤回。立有数份遗嘱，内容相抵触的，以最后的遗嘱为准。

（二）遗产委任书

遗产委任书是遗产规划的另一种工具，它授权当事人指定的一方在一定条件下代表当事人指定其遗嘱的订立人，或直接对当事人的遗产进行分配。通过遗产委任书，当事人可以授权他人代表自己安排和分配其财产，从而不必亲自办理有关的遗产手续。被授予权利代表当事人处理其遗产的一方称为代理人。在遗产委任书中，当事人一般要明确代理人的权利范围。后者只能在此范围内行使其权利。

遗产规划涉及的遗产委任书有两种：普通遗产委任书和永久遗产委任书。如果当事人本身去世或丧失了行为能力，普通遗产委任书就不再有效。所以必要时，当事人可以拟订永久遗产委任书，以防范突发意外事件对遗产委任书有效性的影响。永久遗产委任书的代理人在当事人去世或丧失行为能力后，仍有权处理当事人的有关遗产事宜。所以，永久遗产委任书的法律效力要高于普通遗产委任书。许多国家对永久遗产委任书有着严格的法律规定。

（三）公证

1. 夫妻财产约定公证

夫妻财产约定公证，是指公证机构依法对夫妻双方或未婚男女双方就各自婚前财产（或婚后财产）和债务的范围、权利义务归属问题所达成的协议的真实性、合法性给予证明的活动。

案例阅读

婚前买房婚后还贷催热夫妻财产约定公证

随着人们法律意识的增强和社会经济关系的复杂化，夫妻财产约定公证逐渐深入人心。按照相关法律的规定，婚前个人财产婚后仍然视为个人财产，所以婚前财产公证的现象少了。但不少夫妻面临的是婚前买房婚后还贷的现实，即婚前房产是一方购买的，婚后是夫妻共同还贷的。这就在一定程度上催热了夫妻财产约定公证，夫妻另一方期望通过这种公证获得公正待遇。

刘某婚前按揭购买了一套商品房，当时的购房合同及不动产权证上写的都是他的名字。但结婚后，妻子邹某与他一起供房，心里难免有疙瘩：要是将来夫妻感情不好，房产还会有自己的份吗？为表达自己对婚姻的诚意，刘某与邹某商议后，办理公证，约定该房产归夫妻二人共同所有，每月还贷由二人共同承担，待房屋抵押贷款还清后，在该房屋所有权证上加邹某的名字。

公证专家认为，婚姻中应该提倡办理财产约定，财产明晰以后就好支配。例如，约定双方财产的各自所属后，若出现一方想拿住房做抵押的话，就只能动用属于个人部分的财产，这就有利于另一方规避债务。

夫妻财产约定公证可分为婚前财产约定公证和婚后财产约定公证两类。

（1）婚前财产约定公证。进行婚前财产约定公证的双方不仅包括未婚男女，还包括有意愿进行公证的夫妻，由公证机构依法对他们各自婚前财产和债务的范围、权利义务归属问题所达成的协议的真实性、合法性给予证明。

（2）婚后财产约定公证。夫妻婚后办理夫妻财产约定，即约定夫妻各方个人名下的财产归各自所有，对方不得任意支配。夫妻财产约定公证是公证机关根据申请人的申请，对双方意思表示的真实性和合法性表示确认的行为。经过公证的《夫妻财产约定》将受到法律的保护，可以作为今后产生纠纷时，法院进行判决或调解的证据。

办理夫妻财产约定公证时，由当事人一方的住所地或协议签订地公证处受理。夫妻双方须共同亲自到公证处来提出公证申请，应当提交的材料如下：

（1）双方当事人的身份证明材料（居民户口簿、身份证、护照等）。

（2）相关财产证明材料。

（3）结婚证明。

（4）财产约定书或协议书草稿。

当事人在夫妻财产约定协议书中，应对各方婚前财产（或婚后财产）在婚后的使用、维修、保养、处分以及财产孳息归属做出约定，对各方婚前（或婚后）债务清偿做出约定。约定内容的意思表示必须真实、具体、清晰，没有歧义，没有任何被胁迫或被欺诈的情况。协议书内容应符合社会公共利益。经过公证员的审核，就可以出具《夫妻财产约定》公证书。

办理夫妻财产约定公证应注意以下问题：

（1）不要违背法律的规定。夫妻不要想借约定来逃避债务，这样做明显违反法律规定，不仅会导致夫妻财产协议的无效，还可能会承担相应的民事责任。

（2）注意约定的对外效力。如果夫妻一方涉及个人合伙企业经营或私营企业经营，该类经营个人须承担无限连带责任，为防止经营失败给家庭带来风险，可以通过约定将婚后部分财产如房产、汽车等贵重财产归一方所有，这种约定是合法的。但要注意，在日常的经营活动中，对夫妻二人的婚后财产约定内容，从事经营的一方应告知第三人，否则该约定对第三人无效。这种告知最好是书面形式，以防止发生纠纷时因不能举证而带来风险。

（3）要尽量将法律未明确的重要事项在具体的约定中加以明确。这些内容包括夫妻财产约定的生效、变更或撤销约定的程序问题等，同时要了解夫妻财产约定适用的法律，以避免在公证书中出现引用法律错误。

（4）应注意到约定财产的静态性和动态性问题。所谓财产的静态性，是指约定书中所涉及的某项具体财产，如具体现存的房屋、汽车、银行存折、股票账户等，这些财产是现实中已存的特定物，在夫妻财产约定书中，表现为静态财产；所谓财产的动态性，是指在夫妻财产约定书中约定的某项财产随着夫妻关系的存续而发生增值、减值、消灭、所有权的转移等情况。约定当事人需要对财产动态性有一定的认识，约定时要有一定的预见性，做出合理的处理。最好直接对某类财产进行约定，如约定婚前财产、婚后工资、奖金、知识产权、生产经营收益为个人或双方共同所有，尽量避免直接对特定的某项具体财产进行约定，确有必要的，在约定某项财产归属时应同时约定该财产所产生权益的归属。

随堂思考：当事人谷某（男）与王某（女）2012年1月登记结婚并育有一子，于2016年7月来到公证处，申请办理一份夫妻财产约定公证书，协议内容如下："将来不论谁提出离婚，均将现住房（商品房一套）转到儿子名下，产权归儿子所有。儿子18岁前不能转让或租赁该房，且离婚后带孩子的一方享有居住权……"公证处经审查，发现该房有银行按揭5万元尚未归还，无其他债务。公证员遂告知协议可以公证，但双方对房产的约定仅对双方发生效力，其效力不能对抗抵押权人，在清偿按揭后对房产的约定才能发生法律效力。谷某、王某对此表示认可。公证处给协议出具了公证书。

2016年年底，谷某欲与王某离婚，考虑到法院可能会判决儿子归女方抚养，依据协议，房产将归属其子且带孩子的女方将享有房产居住权。经咨询律师后，谷某遂向公证处提出撤销公证的申请。理由为：（1）房产系婚前男方单独购买，属其个人财产。当时订立协议时其认为双方已结婚4年多，房产已属共同财产，将个人财产当成共同财产参与约定，属重大误解。（2）约定书不是赠与合同，赠多赠少是个人的事，女方以夫妻约定书的形式强迫其将本属其个人的房产转给儿子，且约定书中未明确表示赠与，因而不能推定为赠与。

解析：夫妻财产约定在法律上并不仅限于对夫妻共同财产的归属做出约定，还可以对属于夫妻的个人财产的归属做出约定。约定的内容对夫妻双方产生约束力，如涉及房产、土地等权属等方面的约定，还应办理过户手续，附带条件的，待条件成熟时办理。故办理公证时把个人财产误解为共同财产并不影响约定书签订的法律效力，任何人均可以处分自有的财产。

约定书当然不同于赠与合同，公证约定书中仅对于夫妻双方将来可能发生的离婚及离婚后的房产的处理作了约定，这是谷某本人的真实意愿，况且房产在银行设立了抵押，即使赠与也属无效的行为，只有在还清银行贷款，解除抵押后方能处分，故谷某对将来房产的归属做出约定，也是基于解除抵押后的考虑，仅是一种可能的事实，并未真正的明确，更不能等同于赠给了孩子。谷某和妻子王某来办理公证，并未发现王某强加意图给谷某，而事后谷某提出是王某强加给他的，显然与事实相悖。

基于以上理由，谷某提出的撤销公证的理由不能成立，公证处决定不予撤销公证。

2. 遗嘱公证

遗嘱公证是指公民生前对自己的财产做出安排，并经国家机关公证，于死亡时立即发生法律效力的法律行为。一般来说，遗嘱不需要公证也能发生法律效力，公证只是加强了遗嘱的效力，向立嘱人提供法律上的保障，即其在生前按自己的意志处分其财产，对预防和减少纠纷具有积极的意义。

案例阅读

广东遗嘱公证呈现温情化、年轻化等特征

温情遗嘱正在逐渐增多、立遗嘱的人群趋向年轻化、遗嘱处分财产更加多样化……随着社会的进步与发展，广东的遗嘱公证呈现出一些新变化。

得益于公证服务创新，遗嘱内容逐渐呈现温情化趋势。不少立遗嘱人在指定继承的同时，通过遗嘱交代身后事，在公证处自书或录像，给后辈留下“爱的留言”。指定公证机构或其他亲属作为遗嘱执行人，在立遗嘱人去世后召集继承人并当面宣读遗嘱、分配财产等新情况也时有出现。

随着公民法律意识增强，立遗嘱不再是老年人的专利，呈现年轻化的趋势，甚至连“00后”都已加入立遗嘱的行列。

与此同时，遗嘱处分财产呈现多样化趋势。遗嘱处分的财产除了传统的房、车、存款，股权、债权、合同权益、理财产品等财产也逐渐增多，不少年轻人遗嘱中还有支付宝、微信、QQ、游戏账号、网络店铺等虚拟财产。

办理遗嘱公证须具备以下条件：

（1）遗嘱人必须具备完全民事行为能力。

（2）遗嘱人的意思表示真实。

（3）遗嘱的内容和形式不得违反法律或社会公共利益。

（4）遗嘱人处分的财产必须是其个人合法财产。

（5）遗嘱人申办遗嘱公证应当亲自到公证处提出申请，不能委托他人办理；如行动不便，也可邀请公证员到立嘱人居住地办理。遗嘱人生命垂危时立遗嘱，应有两个以上符合条件的公证人证明，公证机关可在审查其合法性后，予以确认公证。

遗嘱公证的程序如图 9－2 所示。

图 9－2　遗嘱公证的程序

（四）个人信托

1. 个人信托的概念与特点

个人信托是指委托人（特指自然人）基于财产规划的目的，将其财产所有权委托给受托人，受托人按照信托文件的规定为受益人的利益或特定目的，管理或处分信托财产的行为。很多西方国家的遗产税非常高，个人信托就成为保全财富的方法。在我国（不含港、澳、台地区），因为并没有设立遗产税，信托公司并没有主推类似的业务，但也有一些高资产净值客户试图通过这种方式为自己的财产做规划，其中遗嘱信托最受欢迎。

个人信托对委托人而言，本身除有法律的明确保障外，还有以下信托特点：

（1）专业的信托财产管理。委托人通过签订信托契约，将财产权移转给受托人。受托人是专业的信托公司，委托人可借助其专业人才的管理、经营能力，促使信托财产创造最大的效益。

（2）信托财产的独立性。信托财产在法律上具有独立性。其外观上所有权虽属于受托人，但法律上信托财产权却独立于受托人自有财产之外，不归属于受托人的遗产、破产的财产范围，且受托人的债权人亦不得对该信托财产实施强制执行、抵消等行为。

（3）合法节税管理规划。经由信托财产规划，可实现合法节省赠与税及遗产税。现在，我国的个人财产移转大都采取赠与或遗产继承的方式，但考虑到相关法律、行政法规迟早要颁布实行，而对照国外相关的法律，此二者税率均高达50%。因此，税赋就成为移转财产所面临的主要问题，如何降低移转成本，将成为个人信托财产规划的重心。

（4）财产妥善存续管理。人的生命再长，也有终止的时候。因此，如何让财产保持完整性，并使财产权于原所有人生命终止后，仍可依照其意旨去执行，让财产权的效益得以持续，就成为财产规划的重心。《中华人民共和国信托法》中明确规定，信托不因委托人或者受托人的死亡、丧失民事行为能力、依法解散、被依法撤销或者被宣告破产而终止，也不因受托人的辞任而终止。因此，信托法律关系的建立就提供了一个得以让信托财产达到继续经营的目的。

个人信托在实际运作上极富弹性，在符合法律规定的前提下，其目的、范围或存续期间等均可依委托人的个别需要而制定，进而达到保存财产、避免浪费、执行遗嘱、监护子女、照顾遗族等多样化目的。

个人信托依设立时间可分为生前信托与遗嘱信托。生前信托是委托人在世时所设立，其目的包含财产的规划、财产增值及税负的考虑。遗嘱信托是以遗嘱的方式设立，其目的在于遗产的分配与管理。

2. 个人信托类业务

个人信托类业务主要包括四种，即财产处理信托业务、财产监护信托业务、人寿保险信托业务和特定赠与信托业务。

（1）财产处理信托业务。财产处理信托业务是指信托机构接受个人的委托，对信托财产进行管理、运用的一种信托业务。按设立方式的不同，财产处理信托业务可分为契约信托和遗嘱信托两种。

契约信托是委托者与受托者订立契约（合同）并在委托者生前发生效力而成立的信托，是生前信托。这种信托多为那些工作繁忙或长期身居海外的人以及老年人而设立。设立这种信托的目的在于：增值财产、保存财产、管理财产和处理财产等。这类个人信托业务最为普遍，常见的产品有：个人资金信托、有价证券信托、不动产信托、证券投资基金等。

随堂思考：保存财产等同于保管财产吗？

解析：保存财产与保管财产不同，保管财产是一种代理行为，目的是为该财产不被遗失、偷盗和损害等，代理人对该财产不拥有所有权，一般也无使用权；保存财产是一种信托行为，是委托者为避免自己的财产因发生某种意外或不正当的子女浪费而丧失，委托信托机构代为管理保存产业，或为特定的受益人而管理保存产业的信托行为。

遗嘱信托是根据个人遗嘱而设立并在遗嘱人死后发生效力的信托业务，是身后信托。遗嘱信托一般又分为遗嘱执行信托和遗产管理信托。遗嘱执行信托是为了实现遗嘱人的意志而进行的信托业务，其主要内容有清理遗产、收取债权、清偿债务、缴纳税款及支付其他等。遗产管理信托是主要以管理遗产为目的而进行的信托业务。遗产管理信托的内容虽与遗嘱执行的内容有交叉，但侧重于管理遗产方面。

在欧美地区，富裕人群常常选择遗嘱信托作为身后财产的规划方式，需求对象可以分为三类：第一类是“托孤”，即对遗产管理及配置有专业管理需求的人，由于继承人年幼、年长或其他原因无法亲自打理财产而规定遗产的运作方式；第二类是对继承人不够放心的人，通过第三方对财产的管理，可以更好地延续遗产，这类信托表面看起来无情，实则用心良苦；第三类是出于避免家族争产，妥善照顾遗族的人。

将遗产通过信托方式打包可以起到以下作用：一是为防止他人侵占遗产，遗产的分配可以按委托人的意愿进行分配；二是可以在很大程度上避免税收引起的损失，起到节税的作用；三是通过专业机构的受托人对遗产进行管理和运作，对遗产的保值、增值很有作用；四是保证受益人未来更长时间的生活有财力支持，不至于短时间内任意挥霍以致未来生活无法保障。

遗嘱信托架构如图 9－3 所示。

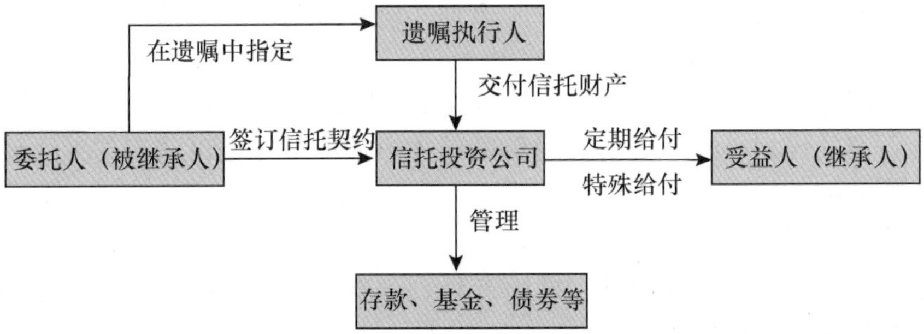

图 9－3 遗嘱信托架构

（2）财产监护信托业务。财产监护信托业务是指信托机构接受委托为无行为能力者的财产担任监护人或管理人的信托业务。这里的无行为能力者主要指的是未成年人或禁治产人，故这种业务又称为未成年人或禁治产人财产监护信托。财产监护信托与财产处理信托有明显区别，前者重在护养人而不在物，如未成年人的教育、培养，禁治产人的疗养、康复等，当然既然要护养人，管理其财产也是当然；后者重在理财而不在人。

（3）人寿保险信托业务。人寿保险信托业务是人寿保险的投保人，在生前的保险信托契约中或以遗嘱形式委托信托机构代领保险金并交给受益人，或对保险金进行管理、运用，再定期支付给受益者的信托。人寿保险信托包括个人保险信托和事业保险信托、无财源人寿保险信托和有财源人寿保险信托。

（4）特定赠与信托业务。特定赠与信托业务以资助重度身心残疾者以使其生活上稳定为目的，以特别残疾者为受益人，由个人将金钱和有价证券等委托给信托银行，作长期、安全的管理和运用，并根据受益人生活和医疗上的需要，定期以现金形式支付给受益人。该信托的财产必须是能够产生收益并易于变卖的，故限定如下财产作为其客体：货币资金、有价证券、金钱债权、树木及其生长的土地，能继续得到相当代价的租出不动产，供特别残疾者（受益人）居住用的不动产。这种信托业务在日本比较普遍，我国目前尚未开设此类业务。

3. 实现个人信托的步骤

如何成立信托呢？建议采取以下步骤：

（1）确定信托目的。信托目的包括照顾未成年子女、维护祖产完整不致分割、退休安养、财产隐匿、不动产的管理等。

（2）确定要交付信托的财产。财产主要有货币资金、有价证券、不动产等。

（3）确定受益人。受益人就是依据信托合同享有信托利益的人。受益人的确定有以下三种情形：自益信托，即受益人就是委托人本身；他益信托，即由委托人指定本人以外的他人享受全部利益；部分自益、部分他益。

（4）选择受托人。受托人除了需要有良好信用评级、资产雄厚、专业人才充裕、正派经营，还要有阵容强大的理财规划团队为财产做最有效的配置与规划，妥当执行客户托付的任务。

（5）签订信托合同。确定了信托目的、信托财产及受益人，并慎选值得信赖的受托人后，接下来就是签订信托契约。

（6）移转信托财产。信托是要物行为，财产权必须移转，信托才能发生效力。

（7）受托人履行职责。受托人对于信托事务的执行负有恪尽职守，履行诚实、信用、谨慎、有效管理的义务，并应以善良管理人的注意依合同及法律的规定执行其职务，如有违约，应负赔偿责任。

（8）完成信托日的，交付财产。

随堂思考：李先生，40岁，控股多家公司，总资产上亿元。虽然尚处于中年阶段，儿子才刚满10岁，可是身边不少同龄富翁的遭遇——遗产纷争、法律诉讼、子女败家——让李先生觉得提前安排家庭财产很有必要。李先生认识到家庭财产安排不只是简单地订立遗嘱，如何使得家庭财产能够安全永续地传承下去，成为他近几年来考虑的重点。为达到这一目的，李先生通过某大型银行与信托公司签订了一份信托契约，将自己5 000万元的股权资产以家庭信托的方式委托给信托公司，由信托公司按照李先生的意愿以信托公司的名义管理这些资产，并指定在一定的条件下，李先生的儿子作为信托受益人获得信托契约约定的信托收益。

解析：李先生设立家庭信托主要是基于以下考虑：自己的儿子还小，将来或许不具备经营企业、掌控财富的能力，通过设立家庭信托，可以使得自己的财富以信托收益的方式顺利传承给下一代，保证他们也能衣食无忧，从而不必担心他们能否接管自己的企业；另外，考虑到自己的儿子将来可能不想结婚，也不想有后代，从而有违李先生的价值取向，李先生在信托受益的支付条款中加上了“受益人的子女出生”这一前提条件，从而对儿子加以约束。

（五）人寿保险

保险作为财富传承工具具有以下几个特点：

（1）保险受益人明确，法律关系清晰，通过指定身故保险金受益人的方式，可以由投保人（委托人）明确将财富转化为保险金形式，依照投保人的意愿将保险金按照比例或是顺序分配给受益人。

（2）经过指定受益人的保险金，当被保险人去世后，其保险金不列入被保险人的遗产，从而达到财产隔离的目的。

（3）财产以保险费的形式由保险公司（受托人）管理、运用及分配，对遗产可以起到保值、保全的作用，此时要注意保险的种类及产品的投资风险评级。

（4）在许多国家（包括我国），身故保险金属于免税资产，终身寿险具有规避遗产税的功能，能减少遗产转移的成本。

进行遗产规划所购买的人寿保险是指遗产规划人以本人死亡为保险标的，指定希望成为本人遗产继承人的人为保险的受益人的保险，也就是通常所称的终身险。遗产规划人一旦购买了该险种，当本人去世后，受益人就得到保险金，其他继承人不能继承此笔保险金。只要将受益人的名字写成子女，就可以在身后规避遗产税。

随堂思考： 王先生，40 岁，男性。现有的资产在进行遗产税可扣除项目计算之后，缴税的资产刚好为 1 000 万元。假设遗产税适用的税率是 50%，也就是说，如果其本人身故，家人要缴纳高达 500 万元的遗产税。

解析： 假设在第 10 个年头王先生因意外身故。王先生购买 500 万元的终身人寿保险，保费每年 7.76 万元。如果资产总值没有变化，仍然是 1 000 万元。那么交费基数变为：1 000 万元－7.76 万元×10＝922.4 万元。此时如果适用的税率变为 40%，可以计算出应缴纳遗产税为：922.4 万元×40%＝368.96 万元。同时，保险公司赔付 500 万元。此时，家庭总资产为：1 000 万元＋500 万元－77.6 万元－368.96 万元＝1 053.44 万元，不但没有缩水，反而增加了 53.44 万元。

（六）赠与

由于我国（不含港、澳、台地区）目前仍没有开始征收赠与税，以赠与方式进行遗产规划是一种不错的选择。赠与是指赠与人将自己的财产无偿给予受赠人。这是遗产规划人生前进行法律行为，与遗赠不同，遗赠是指遗产规划人以遗嘱的方式将个人合法财产的一部分或全部赠送给国家、集体组织或法定继承人以外的人，并于本人死亡后生效的单方面民事法律行为。因此，两者发生的时间不同，前者于遗产规划人生前发生，后者于遗产规划人去世后发生。

但根据法律规定，一般情况下，财产权利一旦向受赠人转移后，赠与行为不能撤销。因此一旦财产赠与他人，则当事人就失去了对该财产的控制，可能无法将其收回。

六、财产分配和遗产规划的编制程序

财产分配和遗产规划的编制遵循如下程序：

（1）准备个人情况记录。审核有关财产的权属证明原件，保留财产权属证明复印件，并填写相关表格。

（2）计算和评估财产。首先是确定个人财产范围，然后确定财产的种类和价值。

（3）确定财产分配和遗产规划目标。例如财产分配和遗产规划受益人、继承人或受赠人确立，财产分配和遗产规划执行人选择等。

（4）制订财产分配和遗产规划方案。

（5）定期检查和修改。

任务实施

根据陈先生的规划目标，建议依财产性质规划如下：

一、女儿方面

（1）存款：利用信托方式赠与。将存款部分在婚前成立“部分自益、部分他益金钱信托”——约 1 320 万元新台币利用每年 111 万元新台币的赠与免税额，以 1 200 万元新台币为基础，在信托契约中分 4 年完成赠与，在赠与时即调整受益权比例，此架构中完成财产赠与移转后陈先生仍拥有控制权。

赠与税估算如下：(300－111)×6%－1.34＝10 万元新台币，现金赠与，每年赠与税 10 万元新台币。

（2）不动产：利用负债赠与。不动产部分以公告现值约为市价 1/3 来看，不动产估值约为 800 万元新台币，可由父亲担任借款人，女儿担任保证人，即可缩减赠与财产规模，并完成不动产的生前赠与。

以上两项规划可以确保陈先生的女儿在陈先生百年之后完全得到遗产，在合适的税负下，又不必担心遗产无法顺利移转的问题。

二、妻子方面

妻子晚年用信托照顾。现有股票部分，建议在婚后另外成立信托以照顾太太晚年，由于夫妻之间赠与免赠与税，陈先生健在时，退休金应足以应付生活所需，若不幸陈先生比太太早走，所成立的信托则启动每年定额给付的设计，令太太晚年生活无忧。

实训练习

一、知识训练

1. 课堂讨论题

（1）个人/家庭可能遭遇的经济风险有哪些？

（2）什么是财产分配规划？财产分配规划中应注意哪些事项？

（3）什么是遗产规划？常见的遗产规划目标有哪些？

（4）如何运用财产分配与遗产规划的工具？

（5）简述财产分配与遗产规划的编制程序。

2. 判断题

（1）通常意义上的财产分配规划是针对夫妻财产而言的，是对婚姻关系存续期间夫妻双方的财产关系进行的调整。（　　）

（2）做财产分配规划的时候，首先要考虑财产的安全。（　　）

（3）子女“声明”与父母脱离父母子女关系，其继承权就会消除。（　　）

（4）制定遗产规划目标时首先要考虑其财产的传承问题。（　　）

（5）家庭房产的出售不会影响遗产规划的制定。（　　）

3. 单项选择题

（1）普通人遗产规划的主要工具是（　　）。

A. 遗嘱　　B. 遗产委任书

C. 公证　　D. 个人信托

（2）办理遗嘱公证所具备的条件不包括（　　）。

A. 遗嘱人必须具备完全民事行为能力

B. 遗嘱人的意思表示真实

C. 遗嘱的内容和形式不得违反法律或社会公共利益

D. 遗嘱人处分的财产必须是其家庭合法财产

（3）下列（　　）不是个人信托的特点。

A. 信托财产的独立性　　B. 合法节税管理规划

C. 财产妥善存续管理　　D. 信托财产的收益性

二、技能实训

1. 余某一直在父亲承包的商场上班，2021 年上半年，余某以父亲商场急需周转资金为由向毛某借款 4 万元，并出具了借条。2023 年，父亲承包的商场因父亲与他人发生债务纠纷而被某法院查封抵债。2024 年 2 月，余某将借款利息进行了结算，并由余某重新出具了欠条。欠条中注明月息 1 分，截至 2024 年 2 月 10 日结欠利息 13 180 元，2024 年 12 月底，毛某以余某借款至今本息分文未还为由，将余某夫妇作为共同被告向法院提起了诉讼，要求余某夫妇共同偿还 4 万元借款本息。4 万元是否属于夫妻共同债务？

2. 李芳于 2024 年 5 月结婚。同年 7 月，李芳父母出资购买了一套价值 90 万元的商品房供李芳和其丈夫居住，李芳和丈夫未出分文。在办理产权登记手续时，李芳的父母把他们自己的名字和李芳的名字写入不动产权证，而没有将李芳丈夫的名字写入不动产权证。婚后不久李芳和丈夫打算离婚。可丈夫说，离婚可以，但这套房子的三分之一的产权算作夫妻共同财产，应当平均分割。李芳丈夫的观点正确吗？

3. 王某和前妻于 2015 年离婚，育有一子小王（15 岁），约定随母亲生活。2016 年初，王某和张某登记结婚，与张某的女儿小李（12 岁）共同生活，共同生活过程中，相互身份认可，关系融洽。2024 年 11 月，王某因公死亡，留下遗产共计 20 万元。小王和小李有继承权吗？

4. 张某夫妇为再婚家庭，再婚后共同购买房屋一处，价值 50 万元，张某于今年初亲笔书写一份遗嘱，签名并注明年月日。遗嘱中写明他去世后所有遗产包括再婚后共同购买的房屋都由其儿子继承。这份遗嘱是什么形式的遗嘱？这份遗嘱有效吗？

5. 王平与赵兵原系夫妻关系，夫妻育有一女赵媛。2020 年 11 月 6 日夫妻进行婚后财产约定时约定：双方同意若离婚时将共有的某小区 1 号楼 3 单元 401 室赠送给女儿赵媛，并进行了公证。后双方因感情不和，于 2024 年 3 月 8 日办理了离婚登记手续，赵媛归母亲王平抚养。后因赵兵未履行房屋过户手续，王平、赵媛向法院提起诉讼，要求判令赵兵依约将某小区 1 号楼 3 单元 401 室过户至赵媛名下。赵兵提出赵媛系未成年人，现在还不能独立监管自己的财产，应等到女儿赵媛满 18 周岁时才同意过户的抗辩意见。法院是否会支持王平、赵媛的诉讼要求？

6. 刘先生是私营业主，个人财产达 5 000 万元，刘夫人为全职家庭主妇，二人育有一子一女，另有前妻所生一女。2023 年刘先生身患重病，为避免继承人之间发生家族纠纷，刘先生希望通过遗产规划将企业传承给儿子，并妥善安排刘夫人及两个女儿今后的生活。请帮助刘先生制订遗产规划方案。

课后自检

1. 本任务的知识点：

____

____

2. 本任务的技能点：

____

____

3. 我掌握了哪些知识和技能？

____

____

学习情景十　综合理财规划

情景导入▶

王先生今年29岁，建筑业从业人员，月薪6 000元。他的妻子25岁，与朋友合伙经营服装店，年收入6万～7万元（因为做生意有淡季、旺季，每月收入不能准确确定）。儿子3岁，在上幼儿园。一家人都是农村户口。

王先生全家跟父母住在老家的自建房，生活费用由父母承担（父母50岁，现在无工作，名下有铺面价值大概为50万元，老家自建房面积为500平方米，近几年将被拆，铺面年收租金30 000元，作为生活费用）。全家人都有新型农村合作医疗，父母有社保。

目前资产：今年已贷款买房一套，价值30万元。门市投资现金价值为15万元左右。借给别人5万元（两年内不能收回）。无存款。负债15万元。流动资金是门市每天的收入。

支出情况：生活及其他开支为3 000元/月，房贷为18万元，10年付清，月交2 100元。给儿子买了一份交到14岁的少儿成长分红保险，年交2 000元。

家庭理财目标：规划儿子的教育金、赡养父母、保险费用等。

家庭资产配置分析与理财建议如下：

一、家庭财务状况分析

首先，分析该家庭的各项财务指标，观察该家庭现有的财务状况，评估各项指标是否处于理想的范围之内。

鉴于该家庭的收支和资产负债情况，列表进行如下财务分析：

家庭财务指标	比率	合理范围	诊断
投资与净资产比率	55.6%	50%左右	基本合理
流动性比率	0	3～6	偏低
结余比率	48.6%	30%	偏高
负债比率	35.7%	50%以下	基本合理

从财务数据上来看，该家庭收入基本来自工作收入以及门市收入，现金流、收入算不上稳定，且理财收入比例较低，财务自由度不高。该家庭目前无金融资产投资、无流动性资产、孩子教育费用未准备、投资结构不是很合理、家庭保障覆盖低。以上凸显的问题都是该家庭在理财中需要注意的方面。家庭结余比率偏高，表明该家庭资产有一定的抗风险、应付财务危机的能力，同时也为投资规划提供了很好的前提条件。由于出现子女教育、父母养老问题，因此建议该家庭养成储蓄的好习惯，在不过度降低生活品质的前提下，提高每月净结余金额。从目前来看，该家庭资产配置中安全保障方面略有不足，家庭财富积累的平台尚需搭建。该家庭离财务自由的理财目标虽然有较远的距离，但并不难以实现。

二、家庭理财目标分析

(1) 合理规划，为孩子提供充足教育金，保证孩子的教育质量。

(2) 合理规划，为父母提供充足养老金，保证父母的生活质量。

(3) 增加适当的保险投入进行风险管理。

三、家庭理财建议

（一）预留家庭备用金

在合理的、足额的资产安全保障的基础上，可以预留部分家庭备用金。一般情况下，家庭备用金为3～6个月的家庭月收入，主要用以满足家庭的应急资金需求。这方面的资金可以用流动性极强的货币型基金来储备。对于每月收入不是很稳定的家庭，尽可能开源才是进行理财的主要策略。该家庭目前收入为10 833元/月，建议至少保留相当于家庭月支出6倍的家庭日常生活储备金，即65 000元，作为家庭日常生活支出备用。这些备用金可以以现金及活期存款或货币市场基金等方式持有，也可以办张信用卡，以其透支额度用于家庭的应急。

（二）规避风险保平安

该家庭资产安全保障方面有所欠缺。家庭资产配置中，安全性、流动性、收益性缺一不可。安全性是家庭财富的基础，安全性资产的配置是预防意外事件对家庭资产安全冲击的主要途径。保障家庭资产安全的理财工具主要是保险、实物黄金等，其中保险是现代家庭资产配置不可或缺的组成部分。家庭保险的配置一般是按照“双十定律”来计算，保费支出的合理比重在家庭年收入的10%，或者保险的保额为家庭年收入的10倍。以该家庭目前年收入13万元来估算，家庭合理的保费支出每年应该为13 000元，每月合理支出约1 083元。这是基本保障支出，以后随着家庭年收入的增长，保险费用的支出也应该相应增加。通过保险保障来提前锁定未来家庭的潜在、意外支出，以后就可以安心地将更多的资金用于投资来获取投资性的家庭收入。若目前家庭成员均有社保，本人亦参加了公司的年金保险，该家庭就应在保险品种选择上主要针对意外、健康、养老这几方面选择险种及产品；在购买保险的顺序方面，应遵循家庭主要经济收入者、配偶、子女的顺序进行保险配置；在保险额度安排上，以6∶3∶1的比例分配为宜。

（三）提供充足教育金

子女未来需要的高等教育金对于家庭来讲是比较大额的支出，加之孩子今年3岁，距离18岁上大学还有15年的时间，因此必须提前进行规划。但是考虑到该家庭无存款准备，因此建议该家庭加大结余比例，努力增加资产规模。在存款得到有效积累之后，可以利用5万元作为孩子教育账户的启动资金，每月再追加954元定投于年预期回报率为6%的平衡型基金，15年后即可累积资金40万元，这40万元可用于孩子的教育支出。

（四）稳健投资备养老

父母现年50岁，假定二人的预期寿命至少为85岁，以目前的生活标准，通货膨胀率设定为每年3%，目前父母年开销33 000元左右。经过推算，35年共需准备养老金大致200万元。因为两位老人仅有农村医保及社保，目前夫妇双方没有积蓄，所以需要用强制储蓄方式为老人建立养老基金。可以考虑以流动性强的活期储蓄为主，辅以七天通知、短期定期存款结合，亦可进行基金定期定投。在基金选择上，建议以平衡型基金和股票型基金、指数基金组成投资组合，以此进行稳健投资，保证两位老人的生活品质。

（五）提升家庭财富收益

实现家庭资产的稳健增值也是财务规划的重点。从该家庭的财务结构来看，子女教育是一个中长期的目标，夫妻养老是一个长期的目标，现在还要偿还房贷，这些都是必须达成的理财目标，有一定的强迫性。所以资产配置组合的核心工具应以稳健型理财产品为主，风险型资产比如股票等的配置需要谨慎对待。考虑到该家庭目前没有金融资产的投资，建议将今后资产的40%投资于中长期债券类产品和中短期银行理财产品，也可以考虑把债券基金作为增值的渠道，此类投资相对安全，收益也高于存款。将资产的40%投资于平衡型基金，20%投资于股票和混合型基金，使得资产可以保值增值。另外，也可以利用财务杠杆提高家庭的资产利用率，使家庭财务结构更趋于合理。

总结：该家庭要想真正实现自身的理财目标，开源节流和保值增值是重中之重。所以建议该家庭适当增加平时的资金结余，同时开源节流，从而加快自身的资金储备速度，提高每月净结余金额。为了提高该家庭资产的综合收益率，虽然该家庭每月结余较多，但是仍然建议该家庭在每月除去偿还贷款和生活日常开支外，将结余部分稍加调整，在充分权衡风险与收益的关系后提高金融资产在投资资产中的比重，让家庭资产快速积累，合理地安排资产的保值增值。此方案可以帮助该家庭解决现有的困惑和后顾之忧。

随堂思考：谁能为我们提供好的理财规划方案？

王先生家庭理财目标的实现离不开专业的、综合性的理财规划方案。因为个人理财规划方案贯穿人的一生，是针对客户不同阶段的各种理财目标进行的全方位、多层次、个性化的服务，而且每个客户都有自己独特的财务与非财务状况，这就决定了理财规划服务不可能有一成不变的模式，而是因具体情况而异。因此，个人理财规划方案通常由专业的理财人士或资深的投资人士为客户提供。

理财规划人员做好综合理财规划方案的基本任务就是建立客户关系，收集客户信息，分析客户财务状况，制订理财规划方案（综合理财规划建议书），执行理财规划方案，持续提供理财服务。

一、建立客户关系

建立客户关系的方式主要有客户见面、电话交谈、网络沟通、书面交流等。与潜在客户面谈是建立客户关系的一种重要方式。面谈既可以全面地了解客户，判断双方合作的可能性，还可以加深客户对个人理财规划重要性的认识。

二、收集客户信息

收集、整理和分析客户的财务信息和理财有关的非财务信息，是制订理财规划方案的关键一步。如果无法收集到准确的财务数据，理财规划人员就无法准确了解客户的财务状况和理财目标，就不可能针对客户提出切实可行的理财方案。

三、分析客户财务状况

理财规划人员在收集了客户的相关信息后，需要先将收集到的信息进行整理和分析，全面和深入地了解客户目前财务状况和客户财务目标之间的差距，之后才进入制订理财规划方案阶段。

四、制订理财规划方案（综合理财规划建议书）

在制订理财规划方案时，理财规划人员有必要将已掌握的信息进行一次全面的回顾，确定客户的理财目标与要求，然后综合考虑每一个具体项目的规划，运用掌握的专业知识，结合客户的实际情况，形成整体理财规划方案。

五、执行理财规划方案

具体执行理财规划方案前，应该制订一个周详、具体的财务方案实施计划。该实施计划是对理财规划方案的具体化和现实化。在执行理财规划方案时，执行者要遵循准确性、有效性和及时性三原则。

六、持续提供理财服务

理财规划方案执行后还需要有持续的理财服务。理财规划方案执行过程中可能会面临宏观环境和客户自身状况及理财目标等方面的变化，如果理财规划方案不相应变化，会导致方案的最终效果与当初的预定目标产生较大的差异。

任　务　制订综合理财规划方案

学习目标

◇ 能够建立客户关系
◇ 学会收集、整理、分析客户的信息
◇ 学会分析客户的财务状况和财务目标的差距
◇ 学会撰写家庭理财规划书
◇ 学会制订财务实施计划方案
◇ 能够提供持续理财服务

素养目标

◇ 通过理财规划师工作流程的学习，培养爱国守法、爱岗敬业的精神，要以为人民服务为宗旨，在工作中树立高度责任意识，务实求真、一丝不苟、兢兢业业，勇于承担社会责任和历史使命
◇ 通过理财规划师工作要求的学习，培养时代精神，培养开拓创新、专注专业、团结协作、追求卓越品质的精神，主动学习、释放潜能

任务描述

李先生，40 岁，工作稳定，年收入 10 万元，年底有 20 万元奖金。由于李先生单位的福利非常好，因此每月家庭开支较少。李太太在一家外企工作，年收入工资加奖金约 15 万元。夫妻俩有一个 9 岁的儿子，正在上小学。家庭自住用房是单位分配的，夫妻两人几年前对房产投资都比较看好，所以还另购置了一套面积不大的房子用于投资，现在已经升值到了 230 万元左右，年租金 3 万元。除 42 万元分 10 年期未还完的部分房贷，家庭还积攒下来约 50 万元现金资产和 10 万元基金。夫妻二人忙于工作，这部分资金并没有做具体的规划，只是放在银行作为定期存款或者做一些短期银行理财产品。他们计划过两年再买一套房。

任务分析

家庭对投资理财的需求在不断扩大。一些中小企业主也将实体经营的结余资金投入金融资产中。市场上的投资品种大量增加，证券公司、银行、信托公司都在为高净值客户提供越来越多的创新理财产品和服务。第一代创业者从青壮年逐渐进入中老年，事业接班与财富传承的需求逐渐显现，即更多的家庭从“简单理财”进入了“理财规划和管理”阶段。

李先生家庭的资产负债表和收入支出表详见表 10-1 和表 10-2。

表 10-1　资产负债表

20××年 12 月 31 日　　　　单位：万元

资产	金额	负债	金额
生息资产	50	住房按揭	42
金融性资产	10		
房产	230		
资产总计（1）	290	负债总计（2）	42
净资产（1）－（2）	248		

表 10-2　收入支出表

（20××年度）　　　　单位：万元

收入项目（税后）	金额	支出项目	金额
工资薪金	45	生活支出	7.2
房租收入	3	房屋按揭贷款	4.2
		子女教育费用	3.6
		旅游支出	3
总收入	48	总支出	18
结余	30		

李先生一家经过对家庭的用心经营，在不知不觉中已经拥有了超过百万元的资产，且立即可用于投资的现金资产也已经超过 50 万元。如果善于理财，李先生一家的财富积累将会逐渐加速，经过 8～10 年便可以达到财务自由。

任务精讲

一、综合理财规划流程

综合理财规划流程如图 10-1 所示。

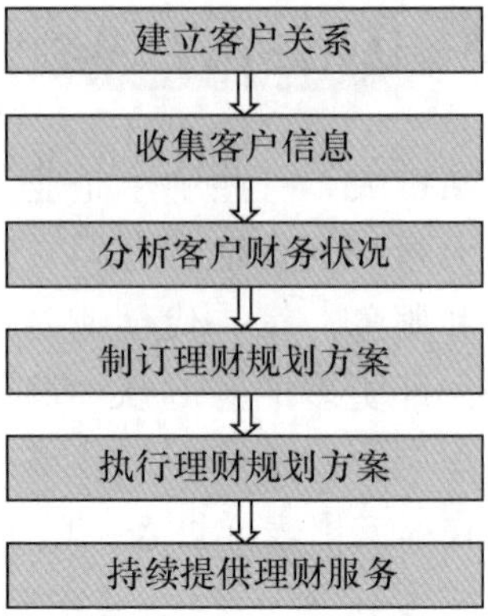

图 10－1　综合理财规划流程

（一）建立客户关系

建立客户关系的方式有许多种，包括但不限于客户见面、电话交谈、网络沟通、书面交流等方式。与潜在客户面谈是理财规划人员建立客户关系的一种重要方式。通过面谈，理财规划人员既可以全面地了解客户，判断双方合作的可能性，还可以加深客户对个人理财规划重要性的认识。理财规划人员与客户进行面谈的目的，通常是为了掌握客户的基本情况，了解客户的理财目标、投资偏好及其他相关信息，寻求建立客户关系的可能性。

在很多情况下，理财规划人员能否与客户建立业务关系与会谈的效果密切相关，因此，理财规划人员必须掌握与客户交流的基本方法和技巧，并在实际工作中不断总结和提高自己的沟通能力。

无论采用何种方式沟通，沟通技巧都十分重要，除了语言沟通技巧，理财规划人员还要懂得运用各种非语言的沟通技巧，包括眼神、面部表情、身体姿势、手势等。

知识拓展

沟通时的体态语言

在与客户会谈过程中，体态语言十分重要，如何通过体态语言来瓦解对方的抗拒心理，也是存在一定技巧的。

（1）微笑。微笑是理财规划人员拉近与客户距离的第一武器，理财规划人员应带着浅浅的微笑，用眼神鼓舞对方，使客户解除戒备心理，从而拉近双方距离。

（2）开放的肢体语言。理财规划人员的体态语言要开放，既不要抱胸，也不要把手插在口袋里，要坐在椅子上同客户交谈，不能躺着或者是斜着身体，要表现出对客户的信任，用开放式的、不设防的身体语言与客户交流。

（3）身体前倾。这一姿势表示理财规划人员愿意主动为客户提供服务。

（4）接触。理财规划人员应当注意以适当方式主动与客户接触，从而激励对方，无论是握手还是身体接触。

（5）眼神接触。在会谈的过程中，理财规划人员的眼睛一定要看着客户，当然要注意方式方法，否则可能会适得其反，使客户有压迫感。不要长时间盯着客户的眼睛，可以看他的眉毛，看他的眉宇之间，这样无论看多久也不会失态。再通过眼神来传达信息，取得客户的信任。

（6）点头。理财规划人员要在适当的时候用点头或其他方式表明对客户的认同。

这几个身体的动作可以在很大程度上瓦解客户对理财规划人员的敌意和抗拒心理。

理财规划人员在与客户交流前应该做好以下准备：

（1）明确与客户沟通的目的，同时确定谈话内容。

（2）准备好所有背景资料，如宏观经济指标、理财规划样本等。

（3）选择适当的时间，并估计所需的时间。

（4）确认客户是否有财产决定权，是否清楚自身的财务状况。

（5）做好相关的事务安排，以免受到干扰。

此外，理财规划人员在与客户交流时应尽量使用专业化语言，并且在涉及投资回报率等财务指标时，不要给出过于确定的承诺，避免因达不到目标而承担不必要的法律责任。

（二）收集客户信息

收集、整理和分析客户的财务信息和理财有关的非财务信息，是制订理财规划方案的关键一步。如果无法收集到准确的财务数据，理财规划人员就无法准确了解客户的财务状况和理财目标，就不可能针对客户提出切实可行的理财方案。理财规划人员所需信息可通过不同的方式获得，如与客户见面、要求客户填写调查表和问卷、收集客户的财务记录和文件等。

财务信息主要包括客户目前的收支情况、资产负债状况、社会保障信息、风险管理信息、遗产管理信息等。

非财务信息主要包括客户姓名、性别、职业、职称、工作的安全程度、出生日期和地点、健康状况、子女信息、婚姻状况以及客户联系方式等。

需要强调的是，如果客户无法提供所需信息中相当部分或关键性内容，理财规划人员就应该向客户声明仅在所获得的信息基础上保证理财建议的质量，或者终止提供理财服务，以避免在理财规划执行过程中出现责任纠纷。

（三）分析客户财务状况

理财规划人员在收集了客户的相关信息后，需要先将收集到的信息进行整理和分析，全面和深入地了解客户目前财务状况和客户财务目标之间的差距，之后才进入理财规划的阶段。

理财规划人员对客户财务状况的分析主要包括客户家庭资产负债表分析、客户家庭现金流量表分析以及财务比率分析等。其中资产负债表分析主要是分析客户家庭资产和负债在某一时点上的基本情况。现金流量表分析主要是分析客户在某一时期的收入和支出，为进一步的财务分析与理财目标设计提供基础资料。需要分析的财务比率包括：结余比率、投资与净资产比率、清偿比率、负债比率、即付比率、负债收入比率和流动性比率等。

（四）制订理财规划方案（综合理财规划建议书）

首先，在制订理财规划方案前，理财规划人员有必要要将已掌握的信息进行一次全面的回顾，必要时还可以再次与客户取得联系，以确保所掌握的相关信息真实、完整，能客观反映客户的整体财务状况。

其次，理财规划人员要确定客户的理财目标与要求。需要特别注意的是，有些客户本身对于投资产品和投资风险的认识不足，因此可能会提出一些不切实际的要求，如要求达到高额的投资回报率等。理财规划人员必须加强与客户的沟通，增加客户对于投资产品和投资风险的认识，在确保客户理解的基础上，共同确定理财目标。

最后，理财规划人员要综合考虑每一个具体项目的规划，运用掌握的专业知识，结合客户的实际情况，最终形成整体理财规划方案（综合理财规划建议书）。

随堂思考：理财规划方案初步制订后，哪些情况下需要修改？

解析：最初制订的理财规划方案制作完毕后，理财规划人员应将方案文本交付给客户。下列三种情况下，需要对理财规划方案进行修改：一是理财规划方案涉及税收筹划、遗产规划、保险规划等专业内容时，可征求税务师、律师、保险从业人员等专业人士的意见，并据此改进理财规划方案；二是客户可能对理财规划方案的某一方面或某些方面不太满意，因而会要求修改方案；三是理财规划人员对客户的当前状况或理财目标出现了理解偏差，也会导致客户对理财方案的不满并要求修改。

当理财方案经过了必要的修改并最终交付客户后，客户相信自己已经完全理解了整套方案，并且对方案内容表示满意，此时，理财规划人员应要求客户签署客户声明，这样有助于明确责任。

一般来说，客户声明应包括如下内容：

（1）已经完整阅读该方案。

（2）信息真实准确，没有重大遗漏。

（3）理财规划人员已就重要问题进行了必要解释。

（4）接受该方案。

客户声明并不局限于上述内容，理财规划人员可以根据不同客户的具体情况，适当进行必要的增补。

（五）执行理财规划方案

理财规划方案的执行者，既可以是经过客户授权或指定的专业人士，也可以是在专业人士指导下的客户本人。如果是前者，应注意：在执行理财规划方案之前，客户和执行者双方都应该积极主动地进行沟通和交流，共同参与到理财规划方案的制订和修改过程中来。确保明确执行责任的范围，要达成口头或者书面上的一致，并且妥善保管理财规划方案的执行记录。

在执行理财规划方案时，执行者要遵循准确性、有效性和及时性三原则。所谓准确性原则，主要是针对所制定的资产分配比例和所选择的具体投资品种而言的，如用于保险规划的资金数量。所谓有效性原则，是指要使计划实施能够有效地完成财务规划方案的预定目标，使客户的财产得到真正的保护或者实现预期的增值。所谓及时性原则，是指理财规划方案的执行者要及时地落实各项行动措施。因为很多影响理财规划方案的因素，如利率、汇率、证券价格、保险费用等，都会随着时间的推移而发生变化，客户自身各方面的情况也是不断变化的。

具体执行理财规划方案前，应该制订一个周详、具体的方案实施计划。该实施计划是对理财规划方案的具体化和现实化，它需要列出针对客户各个方面不同需求的各子规划（如保险规划、投资规划等）的具体实施时间、实施方法、实施人员、实施步骤等。执行理财规划方案过程中，当理财规划方案的假设前提发生变化或者客户的财务情况发生重大变化时，理财规划方案需要及时进行调整。

（六）持续提供理财服务

理财规划方案执行后还需要提供持续的理财服务。这是因为制订理财规划方案所依据的数据是建立在预测基础上的，对未来的预估不可能完全准确，这会导致方案的最终效果与当初的预定目标产生较大的差异。因此，完成方案后的很长时期内，仍需要理财规划人员根据最新情况来不断调整方案，帮助客户更好地适应环境，达到预定的理财目标。

持续提供理财服务的内容包括对于客户状况和理财规划方案的策略评估以及对于客户投资资产组合的评估。此外，理财规划人员还可以提供其他持续服务，如向客户提供有关新的投资机会的信息、为客户持续咨询等。但是在提供这些持续服务之前，理财规划人员应确定客户已经完全清楚将要接受服务的主要内容以及由此可能产生的新增费用。

对方案进行修改时，应按照如下的程序进行：

（1）情况说明。理财规划人员应向客户出具书面意见，说明理财方案原先的设计依据发生了变化，新情况有可能导致客户预定的财务目标无法顺利实现，因此完全有必要对理财策略、建议，甚至理财目标进行修订。

（2）会谈记录。理财规划人员要详细记录双方就方案修改所进行的讨论内容。

（3）客户声明。客户应当出具书面声明，同意理财规划人员根据新情况对理财方案进行修改。

（4）方案确认。理财规划人员在方案修改完毕后，应及时与客户讨论沟通并取得客户签署的确认函。

（5）修订执行计划。方案修改完毕后，理财规划人员应根据修改内容对执行计划进行相应的调整。

二、综合理财规划建议书

综合理财规划建议书是理财规划人员在对客户的家庭状况、财务状况、理财目标及理财偏好等详细了解的基础上，通过与客户充分沟通，运用科学的方法，利用财务指标、统计资料、分析核算等多种手段，对客户的财务状况进行描述、分析和评议，并对客户财务规划提出方案和建议的书面报告。

随堂思考：综合理财规划建议书对个人/家庭会有什么帮助呢？

（一）综合理财规划建议书的作用

1. 认识当前财务状况

综合理财规划建议书能够帮助客户用科学的方法认识自身当前的财务状况。由于大多数客户很少审视自己的财务状况，因此，理财规划人员通过条理清晰的分析，可以使客户认清自己的财务状况，便于将来进行规划和调整。

2. 明确现有问题

综合理财规划建议书中的内容包含对客户财务状况的分析及评价。理财规划人员要用专业的眼光分析评价客户的财务状况，帮助客户了解家庭财务中存在的问题。

3. 改进不足之处

理财规划人员通过分析客户的财务问题，提出意见及建议，使客户能够尽快调整财务行为与财务计划，选择最优方案，最终实现理财规划效益最大化。

（二）综合理财规划建议书的特点

1. 操作的专业性

综合理财规划建议书的撰写要求撰写者具有极强的专业能力，具备财务、金融、税务等多方面的专业知识，因此必须由理财规划人员来操作。其专业性主要体现在如下几个方面：参与人员的专业要求、分析方法的专业要求和建议书行文语言的专业要求。

2. 分析的量化性

综合理财规划建议书需要对客户的资产状况、现金流状况、投资状况等多个指标进行量化，通过数字来分析和表述。数量化分析和数量化对比是理财规划的操作方法，同时也体现了理财规划建议书的专业性特点。

3. 目标的指向性

综合理财规划建议书写作的目标是指向未来的。分析客户一定时期的财务状况属于回顾，但这种回顾并不是它的目的，而是为了分析这一时期存在的问题，以便使这些问题能得到及时的解决和改正，为今后更好地进行理财规划提供充分、真实的决策依据。

（三）综合理财规划建议书的写作过程

在综合理财规划建议书的写作过程中，最重要的工作是理顺材料本身的内在结构，在此基础上拟订写作提纲。

综合理财规划建议书的写作准备，主要是指收集材料、分析材料的研究过程。这一部分工作需要有条不紊、有计划地进行，具体步骤可以根据实际需求调整。

1. 明确目的，制订计划

理财规划建议书的写作目的，是根据客户当前财务方面存在的问题，有针对性地确定调整方案。制订计划是指未来的行文写作计划，但是更重要的是它首先应该是整个调研工作的计划。

2. 收集材料，分类汇总

收集材料时，要根据计划进行，宁多毋缺。但是有些情况是制订计划时未能考虑到的，如果没能及时收集，事后还要返工补充。并不是所有收集到的材料都必须运用到分析和写作中去，但如果缺乏材料，则会导致分析结论的错误。

收集材料时，理财规划人员应该重点收集如下几方面的材料：

（1）账面资料。一些家庭有记账的习惯，对其家庭的收支状况会有较详细的记录。这类资料理财规划人员可以直接取得，从而减少工作量。

（2）现实资料。这是需要理财规划人员通过与客户面对面交流才能得到的资料，如客户的风险偏好，客户的理财观念和习惯等。

（3）历史资料。历史资料可以提供纵向比较的参照。对比客户过去几年各项资料，对制定以后的理财规划有着重要意义。

（4）参照资料。通过与相似家庭各方面情况的对比，理财规划人员可归纳出目标家庭的一些问题，为进行正确的理财规划打下基础。

（5）市场状况资料。家庭的理财和市场状况是密切相关的，各个市场（金融、信贷、消费等）的"气候"对理财规划方案起着至关重要的作用。

（6）政策、行政法规资料。政策、行政法规对理财活动既有规定性、衡量性的标准，也有强制性的要求。收集这方面的资料是为了在政策法规允许的范围内进行理财规划，让客户合理合法地享受到理财带来的益处。

3. 辨别真伪，梳理材料

（1）辨别真伪，精选材料。用来做分析的材料一定要真实、准确，否则分析的结果和理财规划的方案将失去意义。理财规划人员应通过辨别真伪，剔除虚假、含有水分的材料，选取具有典型意义的材料。

（2）梳理材料，系统分析。理财规划人员应根据分析目的和写作计划对材料进行分类整理，然后根据专业知识和经验对各类材料进行系统深入的分析，提出理财规划的建议。系统分析要做到有条不紊、扎扎实实，充分体现出写作者的分析能力。

4. 一鼓作气，运思行文

分析结论一旦得出，行文就容易了。根据工作时拟订的计划和材料所反映的实际情况，使整个文本围绕中心目的，平实、清晰地展开。

（四）综合理财规划建议书写作的操作要求

1. 全面性

涉及理财规划的因素是多种多样的，理财规划人员要从复杂的诸多因素中找到它们相互的关系，并分析出前因后果。这要求理财规划人员有宽广的视野，有总揽全局的视角。全面掌握客户的情况，是制定出最优理财规划的必要基础。

2. 细致性

收集和分析资料是一份专业性很强、要求细心从事的工作。在制订计划的时候，理财规划人员要细致考虑工作的每一个环节，设立架构时更要反复地考虑各种因素。在收集资料阶段，理财规划人员要细心发现有价值的典型，稍有疏忽，就可能导致下一步的分析出现偏差。分析工作更需要理财规划人员细心开展，对各种因素的关系进行细致辨认、谨慎判断。

3. 条理性

条理性主要表现在整个工作步调的安排和行文表述两个方面。有条理地工作会取得事半功倍的效果，有条理地表述更是理财规划建议书的基本要求。无论前面的工作做得多么好，理财规划人员都必须通过条理清晰的综合理财规划建议书将分析思路和结论表达出来，使客户理解理财规划建议。

知识拓展

综合理财规划建议书范例

● 家庭情况分析

1. 基本情况

从您提供的家庭情况来看，您是一名高学历的文职军人，风华正茂，身体健康，职业基本稳定。您虽然收入不算太高，但预期每年都会有所增长，且退休后的基本生活费用是有保障的。您妻子目前的月收入看来明显要高于您，但因她在民营律师事务所从事行政管理工作，用您的话来说，虽然目前看来工作还算稳定，但对未来收入增长不能有太高的预期，所以您对她将来的养老问题特别关心。

您没有明确告诉我您孩子的具体情况，但从您家庭年度支出表上教育费一项为零来估计，您的孩子一定年龄还小，那我就假设他（或她）为 3 岁吧。从您理财需求的 3 个目的（为妻子养老、为家人医疗以及为孩子将来的教育做准备）来看，您真是一位疼爱妻子、关心孩子的好丈夫、好父亲！虽为军人，但“说句心里话，我也很想家”这样的侠骨柔肠，令人感佩。

从您的自述来看，您的家庭正处在稳定发展阶段。之前您和妻子已经通过辛勤工作，具备了一定的经济基础，家庭正处于财富积累阶段。我注意到：您的家庭已经拥有了单位分配的基本自有住房，生活无负债，银行定期、活期存款及债券投资占据了可用资产的绝大部分，这些资产安全性良好，为未来投资奠定了基础。

生活需要规划，财富需要打理，你不理财，财不理你。在当今社会从传统储蓄型向投资理财型转型的过程中，顺应潮流，积极投资，科学理财，才会拥有美好的明天。

下面我努力对您的家庭财务及收支等情况做一个详尽的分析。在此基础上，我将提出一套可供参考的理财建议，希望能为您的家庭未来提高生活质量带来帮助。

2. 资产负债情况

资产负债情况如表 10－3 所示。

表 10－3　资产负债情况　　单位：万元

资产	金额	负债	金额
现金及活期存款	30 000	信用卡贷款余额	0
预付保险费	10 000	消费贷款余额	0
定期存款	100 000	汽车贷款余额	0
债券	60 000	房屋贷款余额	0

续表

资产	金额	负债	金额
债券基金	0	其他	0
股票及股票基金	0		
汽车及家电	无汽车，家电 30 000		
房地产投资	0		
自用房地产	0		
其他	0		
资产总计	230 000	负债总计	0

您的家庭属于无负债家庭，流动性尚好的可变现资产（注：债券及定期存款的保值、变现能力还是相对较强的）占总资产（因本案例中未给出住房估值，暂不计入）的84%以上，具体如图10-2所示。这种资产配置虽然抗风险能力极强，但太偏重于安全性、流动性，保守有余，进取不足，需要改善，也为我们下一步制订投资理财规划提供了条件。

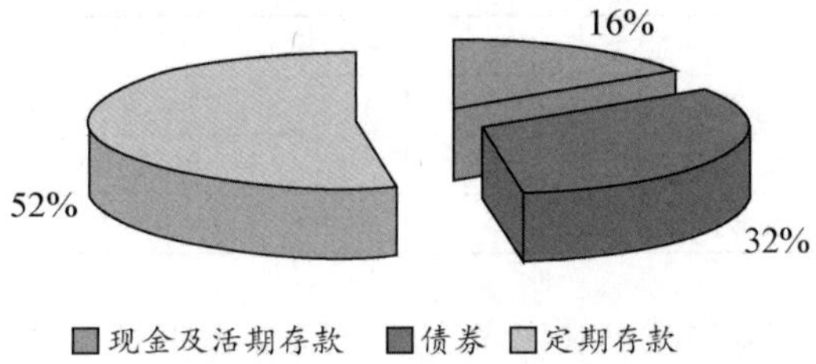

图 10-2　家庭可变现资产组成图

3. 家庭收支情况

家庭收支情况如表10-4和图10-3所示。

您家庭年度税后奖金（年终奖）是10 000元，这样您目前家庭年收入应该是73 600元，年度开支为24 000元，收支相抵，目前每月结余3 300元，年度结余49 600元。

表 10-4　家庭月度税后收支表　　单位：元

收入	金额	支出	金额
本人收入	1 600	房屋支出	200
其他家人收入	3 700	公用费	—
其他	—	衣食费	1 500
		交通费	300
合计	5 300	合计	2 000

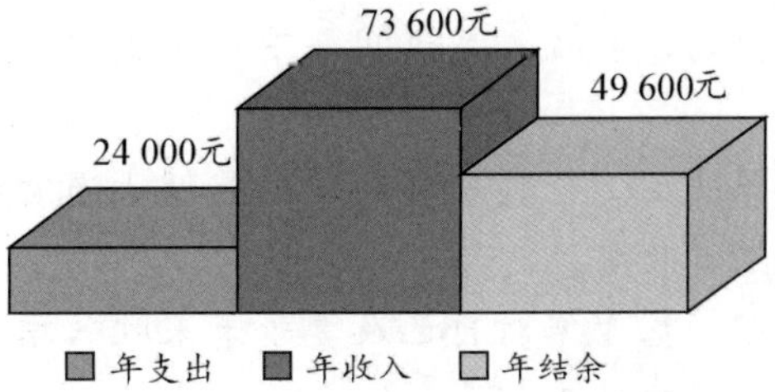

图 10-3　家庭年度收支示意图

家庭的流动性比率如下：

流动性比率＝流动性资产/每月支出＝30 000÷2 000＝15

资产的流动性是指资产的快速变现能力。因您的家庭无负债，流动性比率反映的是您家庭的“现金与活期存款”与“每月支出”之比。财务管理中的流动性比率要求一般视企业或家庭或个人的具体情况不同而有所差别。

由于流动性资产的收益一般较低，对于像您这样工作稳定、收入有保障的家庭来说，资产的流动性比率可以相对低些，从而可以将更多的资金用于像股票、基金等资本产品的投资，以期获得更高的收益。目前您家庭的流动性比率为 15，说明您的流动性资产可以满足 15 个月以上的家庭开支，远远高于适用水平，所以接下来我会为您提出对资本市场投资的建议。

4. 家庭保障情况

家庭保障情况如表 10－5 所示。

表 10－5　家庭保障情况

成员	保障项目	
	商业保险	其他保障
本人	已投保平安分红型保险	部队已为军人安排医疗保险
妻子	平安保险的住院补助型保险	社保三项（失业、大病医疗、退休养老）

从成熟家庭的保障情况看，一般建议年度保险费支出占投保人年收入总额的 10%～20%，家庭预付保险费金额为 10 000 元，占年度总收入的 13.6%。您和妻子所在单位又分别为你们安排了军人医疗保险及社保三项，故我个人倾向性认为：您家庭的保障情况与您家庭的收入状况已基本上相适应。

5. 情况小结

通过上述分析可以看出，您家庭的财务状况和收支情况相对稳定，家庭的保障情况也相对良好，且无负债之忧。但家庭资产配置中，银行储蓄及债券投资所占比重太高，没有股票、基金等资本市场投资，整个家庭的财务管理过于保守。过分追求资产的安全性、流动性，往往会导致投资收益率低，影响收入预期，并制约未来生活质量的提高。

您和妻子都还年轻，未来孩子教育等开支都需要未雨绸缪。我的建议是：要充分利用证券市场理财，尽快调整资产结构，适度投资股票、基金等，以实现您家庭资产长期保值、增值的理财目标。

● 家庭理财计划

1. 几点基本假设

作为一个长期的理财规划，有必要先说明一下目前我国的通货膨胀情况，并结合您家庭的具体情况进行分析。

(1) 通货膨胀压力值得关注。最近实际利率仍然低于通货膨胀水平，在可预期的一段时间内，这种情况难以根本改变。

(2) 家庭收入增长可期。基于您对自己及妻子未来收入增长预期的描述，我们在此假定您家庭未来的年收入增长幅度为 10%。

(3) 孩子教育费用大致估算。您目前没有教育费支出，假设孩子现在 3 岁，学历教育一般分三个阶段。假定您孩子上大学之前每月开支500元，14年后上大学每年1.7万元（以目前每年1万元起算，按4%的年通货膨胀率计）。

（4）最低现金持有量。从维持必要、合理的支出角度出发，您的家庭应拥有满足3个月以上支出的现金流。以您家庭目前月支出约2 000元的水平计，维持约1万元的活期存款已经足够。

2. 风险承受能力分析

您与妻子目前的工作与收入都相对稳定，正处于事业发展阶段，年富力强，身体健康，这些因素会使您的家庭风险承受能力较强。

我注意到：您考虑到目前家庭资产的配置太偏重于稳定型，准备拿出一部分资金进行投资，并表示本人能够承受中等程度的投资风险，主要看重的是投资的长期收益，特别是每年5%～10%的收益；您还说，投资风险只要不影响家人的正常生活及孩子的教育就可以。

据此，我理解为：您和您的家庭对投资资本市场的风险已有一定认知，并对风险具有中等偏上的承受能力，已经做好必要的心理准备。

● 投资理财建议

1. 对现有资产进行处置

您目前除家电资产、预付保险费共4万元外，共有19万元属于可变现用于证券投资的资金。按上述分析，除留出1万元现金存活期以备急用外，其余包括债券投资、定期储蓄在内的18万元资产均可套现重新进行资产配置。

理由如下：

活期及定期储蓄虽然无风险，但众所周知，其年收益率极低，在通货膨胀加剧的背景下连保值都困难，根本谈不上升值，不能算是真正意义上的投资。活期存款一般是为生活日常开支或应急准备的，以您家庭月开支2 000元、每月收支相抵有3 300元结余的生活情况看，留有1万元就足够了；定期存款及直接投资债券虽有一定的利息，但因流动性受限（提前支取或提前兑现常常会损失利息），故适用于一些年长者。

2. 建立新的资产组合

您是一名现役文职军人，妻子在律师事务所从事行政管理工作，从您家庭目前的资产配置和您的自我描述来看，似乎从未涉足过股票、基金等证券品种，投资经验相对不足，估计直接进行股票投资在时间、精力上也不够，况且根据有关规定，现役军人不得以自己军人的身份开户炒股。有鉴于此，我并不建议您家庭现在就直接进入股市投资，而改以购买证券投资基金的方式间接投资股市。

明确了投资思路后，下面我来为您家庭的投资组合提些建议。我对您家庭投资基金产品的配置是这样考虑的：股债混合的平衡型基金投资占50%，股票型基金投资占30%，债券型基金投资占20%。

理由如下：

（1）平衡型基金是一种介于股票基金与债券基金之间、比较中庸的配置基金，也就是在基金组合中相对均衡地投资股票和债券，由基金经理人根据他对市场的判断适时地调整股票和债券的投资比重，以期取得较好收益。这类基金的投资回报一般要高于债券型基金，但风险小于股票型基金。鉴于您家庭对风险具有中等偏上的承受能力，建议重点配置该类基金，占投资组合的50%。

（2）股票型基金是以投资股票为主（通常投资组合中股票的比重占60%以上）的一种积极进取型的投资基金。从世界各国证券市场的发展历史来看，股票型基金的长期回报一般要高于其他投资基金。基金专家为您选股理财，免去了您直接投资的许多困惑，是提高您投资组合总体收益的重要一环。但鉴于其高收益、高风险的市场属性，建议配置该类基金占投资组合的30%。

（3）债券型基金主要投资于各种债券（包括国债和企业债等）。这类基金投资回报率相对较低，但是价格波动小，收益稳定。由基金经理对不同品种、不同期限结构的债券灵活地组合投资，其收益率往往要高于普通投资者自己直接投资债券。有的债券型基金还采取边缘化投资策略，可投资于上市公司发行的可转换债券，甚至有的在募集说明书中明示，可以将部分资金用于目前几无风险的新股申购，故实际收益率常常超出市场预期。

债券型基金一般具有净值相对稳定的保值功能，如果家庭一时急用现金，可按净值赎回，避免了直接投资债券在提前套现时可能会损失期间收益的尴尬，所以我建议您将原来直接投资债券的资金改为投资债券型基金，投资比例占投资组合的20%。

基金投资组合配置如图10-4所示。

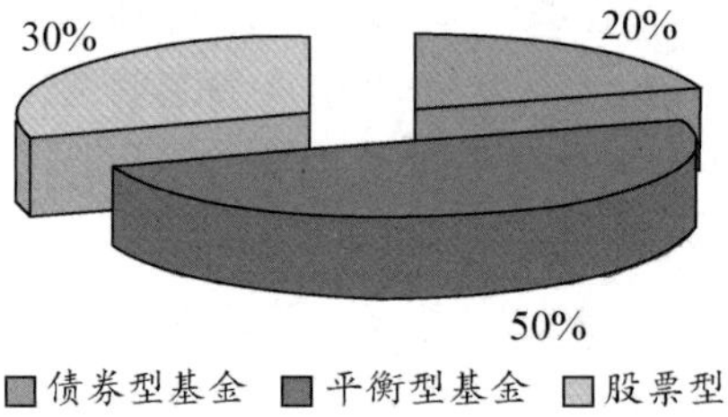

图10-4 基金投资组合配置

3. 投资组合收益预期

考虑到证券市场的一些不确定因素，我们根据国际通行的惯例，并结合我国证券市场的历史情况，排除了一些波动剧烈的非常态数据，以审慎、严谨、保守的原则，对新建立的基金投资组合做了年收益率的大致预测：债券型基金预期收益率5%，投资比例20%；平衡型基金预期收益率9%，投资比例50%；股票型基金预期收益率15%，投资比例30%，该组合综合预期回报率为10%，可以满足您关于年收益率在5%～10%的理财要求。具体情况如表10-6所示。

表10-6 组合投资收益预期

基金类别	预期收益率	投资比例	折算预期回报率
债券型基金	5%	20%	1%
平衡型基金	9%	50%	4.5%
股票型基金	15%	30%	4.5%
总计		100%	10%

当然，未来实际的市场情况与您家庭的情况都会发生变化，这个投资组合主要是反映一种投资理财思路，需要根据实际回报率定期进行回顾，以适应市场和您家庭收支的变化。建议每年对投资组合进行一次考核，以此决定是否进行调整，确保您投资理财目标的实现。

如果按照上述基金投资组合的收益率测算，假设您以红利再投资的复利方式进行，以您目前 18 万元的本金投资，5 年后将增值到 $18\times(1+10\%)^{5}=29$ 万元，届时可考虑拿出 11 万元购车，满足您拥有一辆汽车的“最高目标”，余下的 18 万元本金可继续投资；又假设您妻子与您年龄相当，55 岁退休，则继续投资 16 年将升值到 $18\times(1+10\%)^{16}=82.7$ 万元，届时满足您妻子养老已较充裕，并能让孩子接受良好的教育。

如果您在 5 年后放弃购车或用年度结余的累计款项满足购车欲望，一直将 18 万元的本金投资下去，则在妻子退休时，投资升值将达到 $18\times(1+10\%)^{21}=133.2$ 万元；等到您自己 60 岁退休时，投资升值将达到 $18\times(1+10\%)^{26}=214.5$ 万元，这样，您就能够过上比较稳定、富足的生活了。

上面我针对您家庭的资产、收支情况以及投资理财需求，给出您未来投资理财的建议，并进行了详细的分析，您从中可以大致看到您家庭未来资产累积增值的前景。您的理财目标在我建议的理财规划中已经得到了良好体现，故此理财规划具有现实的可行性。

如果您对本理财规划有任何疑问，欢迎您进一步垂询。

任务实施

李先生家庭理财规划应包含三项内容，即家庭资产的保护、积累和分配。

一、家庭资产的保护——重点在于风险管控

在家庭理财过程中，必须对财务风险具有足够的认知，并规划出风险的规避、转移方案。

常见的财务风险有如下来源：患重大疾病导致的收入减少和额外开支的增加；责任期（也是收入高峰期）因意外、疾病身故而导致的收入中断；经济环境、资本市场波动产生的大比例投资亏损；家庭财产（如房屋等）因自然灾害、火灾而导致的重大财产损失等。这些风险一旦发生，就会使家庭产生重大的经济损失，而其本身或个体是无法消除的。李先生必须利用金融保险工具转移风险发生时的财产损失，让爱与责任得以延续。

李先生的单位福利非常好，在医疗方面，可以 100%报销。李太太的单位有基础社保，但仍然要考虑在风险发生时带来的附加费用支出，如营养费、护工费、维持现有生活水平不被改变以及因收入能力下降而需要弥补的损失等。

对李先生一家应强化保险配置。李先生的收入占家庭的 60%，是家庭的支柱，建议购买 100 万元保额的寿险和 50 万元保额的重疾险，保费约为 2 万元/年；为李太太购买 50 万元保额的寿险和 50 万元保额的重疾险，保费约为 1.5 万元/年；为孩子购买重疾险和寿险的保额各为 20 万元，保费约为 1.3 万/年；同时为房屋购买 300 万元保额的财产

保险，保费约 1 000 元/年。

通过上面的保险规划，李先生在面对重大财务风险时，将会变得从容有度，且家庭核心资金得到有效的保护。

二、家庭资产的积累——从“人赚钱”到“钱赚钱”

提到财产的积累，大多数人的概念还停留在“挣工资、做生意、炒股票”的三部曲中。随着资产的积累，人们已经逐渐有条件在单纯的“人赚钱”基础上加上“钱赚钱”部分了。随着年龄的增长，“钱赚钱”的比例更应该逐渐加大。但赚钱不等于有钱，一时有钱不等于一世有钱。

当前投资理财的主要方式，除房产外，还包括保险、信托、股票、黄金、私募基金、期货、收藏等。选择适合自己的投资产品，需要坚持如下原则：一是重新认识自己，明确自己的知识领域和风险偏好；二是敢于尝试，合理配置；三是合理留余，落袋为安。

（1）李先生家庭年结余 30 万元，对于这部分资金可按比例分配到储蓄和投资项目中。

（2）储蓄部分。李先生家庭主要针对孩子教育金及夫妇二人养老金进行规划，可拿出 5 万～10 万元，设置 3～5 年存期，配置家庭中长期稳健的现金流。

（3）投资部分。不建议直接参与既不感兴趣也不够熟悉的高风险投资，李先生家庭可再配置一些资金到基金定投中。

（4）在第三年，李先生家庭可投资现金资产将达到 100 万元以上。在目前全球经济形势低迷的情况下，李先生家庭可将灵活的现金资产配置到固定收益类信托产品中，避免大量银行资金承受高通货膨胀的损失。

三、家庭资产的分配——让钱为人生活的目标服务

理财规划中有一句让人深思的话：“对于很多人来讲，花钱比赚钱要难。”花钱的过程实际上是家庭现金分配的过程。人们经常会遇到这样的问题：是否为子女教育进行了合适的拨备？是否为自己的养老退休生活进行了合适的拨备？是否对于遗产传承中可能的税务问题进行了准备？是否考虑到了身后向多个家庭成员进行遗产分配？等等。有些富有的人希望无论生前还是身后，都可以满足特定的慈善项目，这也是一种重要的财产分配去向。

无论财产分配的形式如何，重要的一点是：资产最终是要为人的生活目标服务。

在资产分配的过程中，主要生活目标应做到专款专户专用。对李先生而言：（1）建立风险保障，对家庭支柱的挣钱能力进行保护，建立养老金专项款，确定且有计划地储蓄下来，同时会在将来确定地、有计划地提取使用。（2）建立专门的子女教育金专户，以零存整取的方式，逐渐积累子女高等教育所需要的资金，防止随意挪用。（3）选择机构理财的方式会以低风险获得稳健收益，通过固定收益类信托抵御通货膨胀，保值增值，又能避免投资不动产而产生的房价不确定和占用大量现金。

理财规划可大可小，可逐步实施，而不是可有可无。现金是现在要用的钱，储蓄是短期要用的钱，投资是基本不用的钱，保险是长期可用的钱。小到保险、银行理财产品，

大到千万级别的信托、年金、遗产等，都需要进行科学规划。对于有一定存量家庭资产的人士来说进行家庭理财规划注意以下几点：(1) 选择正规金融理财机构，避免“一夜暴富”的心理，尽量不要选择民间、私下的协议或项目。(2) 专业的事找专业的人，选择具有个人品牌的，有一定从业经验的理财规划人员，因为选对人是成功的一半。(3) 追求合理的报酬率，以稳健、持续的积累合理配置资产。(4) 理财宜早不宜迟，注重运用复利，因为时间是理财中最大的财富。

实训练习

一、知识训练

1. 课堂讨论题

(1) 与客户交流前应做好哪些准备?

(2) 执行理财规划方案时要遵循哪些原则?

(3) 理财规划方案实施计划中应包含哪些内容?

(4) 撰写综合理财规划建议书重点应收集哪几方面的材料?

(5) 综合理财规划建议书的写作有哪些操作要求?

2. 判断题

(1) 为了争取客户，与客户交流时可以给出确定的承诺。(　　)

(2) 制订理财规划方案时仅收集客户的财务信息就可以了。(　　)

(3) 理财规划人员对客户的财务状况的分析主要包括客户家庭资产负债表分析、客户家庭现金流量表分析。(　　)

(4) 理财规划方案一旦确定，就无须调整。(　　)

(5) 综合理财规划建议书能够帮助客户用科学的方法认识当前自身的财务状况。(　　)

3. 单项选择题

(1) 理财规划人员拉近与客户距离的第一武器是(　　)。

A. 握手　　B. 点头　　C. 微笑　　D. 身体前倾

(2) 综合理财规划建议书的特点不包括(　　)。

A. 操作的专业性　　B. 分析的量化性

C. 目标的指向性　　D. 写作的程序性

(3) 需要理财规划人员通过与客户面对面交流收集到的资料(如客户的风险偏好资料)属于(　　)。

A. 账目资料　　B. 现实资料

C. 历史资料　　D. 参照资料

二、技能实训

请根据本学习情景导入案例中提供的相关资料，为王先生撰写一份综合理财规划建议书。

课后自检

1. 本任务的知识点：

2. 本任务的技能点：

3. 我掌握了哪些知识和技能？

参考文献

1. 中国就业培训技术指导中心．理财规划师基础知识［M］．5版．北京：中国财政经济出版社，2013.

2. 中国就业培训技术指导中心．理财规划师专业能力［M］．5版．北京：中国财政经济出版社，2013.

3. 阿瑟·J. 基翁．个人理财：第8版［M］．郭宁，汪涛，张茵凝，译．北京：中国人民大学出版社，2021.

4. 卡尔·理查兹．99%的人一看就会的理财书［M］．梁卿，译．北京：中信出版社，2016.

5. 卡尔·理查兹．理财最重要的事［M］．金笙，译．北京：中信出版社，2016.

6. 艾正家．金融理财学［M］．3版．上海：复旦大学出版社，2021.

7. 杰夫·马杜拉．个人理财：原书第6版［M］．北京：机械工业出版社，2018.

8. 潘静波，陶永诚．个人理财［M］．3版．北京：高等教育出版社，2018.

9. 黄祝华，韦耀莹，孙开焕．个人理财［M］．6版．大连：东北财经大学出版社，2023.

10. 廖旗平．个人理财［M］．3版．北京：高等教育出版社，2019.

11. 张云，陈兵．金融理财实践与案例分析［M］．北京：中国财政经济出版社，2020.

12. 张颖．个人理财：流程与案例［M］．北京：机械工业出版社，2021.

13. 李燕．个人理财［M］．北京：机械工业出版社，2014.

14. 余玮．金融理财入门［M］．北京：中国财政经济出版社，2023.

图书在版编目（CIP）数据

个人理财实务 / 孙黎主编. -- 4 版. -- 北京 ：中国人民大学出版社，2025. 1. --（新编 21 世纪高等职业教育精品教材）. -- ISBN 978-7-300-33352-6

Ⅰ. F830. 59

中国国家版本馆 CIP 数据核字第 20248GN459 号

新编 21 世纪高等职业教育精品教材 • 金融类

个人理财实务（第四版）

主　编　孙　黎

副主编　蔡　璨

Geren Licai Shiwu

出版发行	中国人民大学出版社		
社　　址	北京中关村大街 31 号	**邮政编码**	100080
电　　话	010－62511242（总编室）		010－62511770（质管部）
	010－82501766（邮购部）		010－62514148（门市部）
	010－62515195（发行公司）		010－62515275（盗版举报）
网　　址	http://www. crup. com. cn		
经　　销	新华书店		
印　　刷	北京市鑫霸印务有限公司	**版　　次**	2012 年 8 月第 1 版
开　　本	787 mm×1092 mm　1/16		2025 年 1 月第 4 版
印　　张	17 插页 1	**印　　次**	2025 年 1 月第 1 次印刷
字　　数	388 000	**定　　价**	45. 00 元
